新时代哲学系列教材

LIFE
AND
HAPPINESS

人生与幸福

孙伟平　陈新汉
尹岩　等
　　　著

中国社会科学出版社

图书在版编目（CIP）数据

人生与幸福 / 孙伟平等著. -- 北京：中国社会科学出版社，2025.7（2025.9重印）. --（新时代哲学系列教材）. ISBN 978-7-5227-4609-8

Ⅰ. B82

中国国家版本馆 CIP 数据核字第 2024LR0862 号

出 版 人	季为民	
责任编辑	喻　苗	
责任校对	胡新芳	
责任印制	李寡寡	
出　　版	中国社会科学出版社	
社　　址	北京鼓楼西大街甲 158 号	
邮　　编	100720	
网　　址	http://www.csspw.cn	
发 行 部	010-84083685	
门 市 部	010-84029450	
经　　销	新华书店及其他书店	
印　　刷	北京明恒达印务有限公司	
装　　订	廊坊市广阳区广增装订厂	
版　　次	2025 年 7 月第 1 版	
印　　次	2025 年 9 月第 2 次印刷	
开　　本	710×1000　1/16	
印　　张	15	
字　　数	235 千字	
定　　价	78.00 元	

凡购买中国社会科学出版社图书，如有质量问题请与本社营销中心联系调换
电话：010-84083683
版权所有　侵权必究

目　录
CONTENTS

导　言　1

第一章　生命、人生和人生价值　4
  一　宇宙演化中人的生命　4
  二　千姿百态的人生　13
  三　价值与人的价值、人生价值　20
  四　个体对人生价值的意识、肯定和塑造　28

第二章　幸福与马克思主义幸福观　38
  一　什么是幸福　39
  二　幸福的误区　53
  三　马克思主义的科学的幸福观　59
  四　个人幸福与他人幸福的关系　64

第三章　金钱、权力与幸福　72
  一　金钱与幸福　72
  二　权力与幸福　85
  三　财富、权力的最大化与幸福的最大化　93

第四章　劳动与幸福　100
  一　劳动是幸福的源泉　100

二　职业观与幸福　111
　　三　事业观与幸福　118
　　四　智能时代的劳动与幸福　122

第五章　爱情、婚姻、家庭与幸福　130
　　一　爱情与人生幸福　130
　　二　婚姻与人生幸福　143
　　三　家庭与人生幸福　154

第六章　在曲折人生中追寻幸福　163
　　一　在复杂、坎坷的人生路上把握幸福　163
　　二　逆水行舟做幸福的划桨人　171
　　三　挫折亦能成就人生幸福　179
　　四　降伏"心魔"才能叩开人生幸福之门　187

第七章　生死观与幸福　199
　　一　树立正确的生死观是收获幸福人生的重要条件　199
　　二　树立正确生死观的三个要点　211
　　三　生与死的困惑：当代社会自杀问题的分析　219

后　记　232

导　　言

　　人生是一场充满风雨和阳光的旅程，既有顺境和坦途，也有逆境和挫折；既有收获和快乐，也有悲伤和不幸。每个人的人生经历可能千差万别，每个人的人生目标也可能各不相同，但有一点往往是共通的，即每个人都渴望与幸福结缘。在漫漫旅程中，每个人都希望自己可以乐享童年、志享青年、畅享中年、安享晚年，幸福地走完一生。幸福是一个人终身的价值追求，也是一个人努力奋斗的不竭动力。

　　幸福是人生中最宝贵的财富之一，也是每个人生活的意义之所在。幸福与人对人生价值的理解紧密相连，人终其一生都在追问生命的意义，都在追寻幸福的源头活水。虽然每个人都在追求幸福，然而，幸福是什么？或者幸福不是什么？如何看待金钱、权力等对于幸福的影响？如何看待爱情、婚姻、家庭等对于幸福的影响？怎样看待物质幸福与精神幸福的关系？怎么处理个人幸福与社会幸福的关系？以及究竟怎样才能走上一条幸福之路？……这些问题很常见，却一直都没有清晰的答案。这正如康德所说："幸福的概念是如此模糊，以致虽然人人都在想得到它，但是，却谁也不能对自己所决意追求或选择的东西，说得清楚明白、条理一贯。"①

　　幸福作为人的一种生活状态，它既具有事实维度，又具有价值维度。它既以客观方面的生活过程和物质条件作为基础，又以主观方面的个人

---

① ［德］康德：《道德的形而上学基础》，载周辅成编《西方伦理学名著选辑》（下卷），商务印书馆1987年版，第366页。

需求和价值目标作为前提。幸福必须以客观的物质条件和生活过程为基础，所以它具有客观性。同时，幸福又是一个人按照主体尺度来衡量的，是人依据自己对生活意义的理解进行的价值判断，所以它又具有主观性。

咀嚼历史，环顾现实，我们发现，幸福与人们面对欲望、金钱、权力、爱情、劳动、困境、生死等的态度息息相关。在一定程度上，幸福可以理解为一种生活态度，即一种积极的心态，一种对生活的热爱，一种对自己的肯定。然而，当我们冷静地审视我们生活在其中的现代社会，往往不难发现，许多人都生活得不幸福，有些人的一生不仅失败，而且悲惨。即使是风华正茂的青年学生，有些人在面对学习和就业的压力、人际关系的挑战、经济问题的困扰，以及其他各种各样的困境时，也表现出紧张、焦虑、迷茫、困惑和不安。个别青年学生甚至陷入迷途而难以自拔，为抑郁症之类所困扰，更有甚者令人惋惜地过早地结束了自己的生命。

现代社会的加速发展虽然提高了生产力水平，创造了前所未有的物质财富，但也给人们带来了更多的问题和挑战，使得对幸福的追求变得更加复杂，更加扑朔迷离。例如，单向度发展的工业社会造成了人们内心深处的抑郁而不欢畅。以往人们普遍认为，在满足了基本的物质文化需求之后会过上幸福的生活，但如今高度发展的生产力、琳琅满目的商品，不仅没有带给人们想象中的幸福，反倒带来了比较普遍的紧张、不满和焦虑，特别是抑郁症患病率、自杀率呈现不断攀升的趋势。当代美国人的抑郁症患病率比20世纪60年代高了10倍；随着中国经济的飞速发展，中国儿童和成年人的抑郁症患病率同样也在急剧上涨。又如，官本位思想、拜金主义观念、消费主义文化使人深陷追名逐利的泥沼而无法自拔，让人们以为对权力的掌控、对商品的占有就是对幸福的拥有，从而被权力和金钱异化，远离了幸福的真谛。此外，在追求幸福的路上，逆境、挫折与苦难常常无法避免。很多人一经打击，便轻易放弃，从此一蹶不振。可见，实现人生幸福并不像有些人想象得那样简单。

面对这样的情况，只有从哲学上正确认识幸福，树立正确的幸福观，才可能过上真正意义上的幸福生活，在人生的旅程中走得更加自信和从容。马克思主义的幸福观是人类历史上最先进、最合理的幸福观。它立足全体人民的立场，扬弃了历史上各种剥削阶级的幸福观，使我们能够正确理解幸福，正确认识幸福与金钱、权力、爱情、劳动、困境以及生死等的关系，为我们追求幸福人生提供了现实的指导。金钱和权力作为社会中的重要因素，往往被视为成功和幸福的象征。然而，在马克思主义的视域中，金钱和权力并不是幸福的真正源泉，而只是实现幸福的一种手段。过度追求金钱和权力往往只会被它们异化，导致内心陷入空虚、孤独和迷惘。真正的幸福源自对生活的热爱和内心的满足，劳动才是实现人生价值和幸福的重要途径。劳动着或者说工作着的人往往是最幸福的。通过劳动，一个人不仅可以过得充实，实现自我价值，还可以实现社会价值，获得他人的承认和尊重。爱情是人生中最美好的情感之一，它能够给予我们无限的温暖、力量和勇气，让我们享受到生活的滋味和幸福。而各种各样的挫折、困境以及死亡是人生中不可避免的一部分。面对挫折和困境，我们需要学会乐观和坚韧，通过自己不懈的奋斗走出困境，令自己的品格、力量和智慧闪光。面对死亡，我们要有向死而生的智慧和勇气：珍惜每一个活着的日子，活得精彩，活出意义；坦然面对死亡，死得其所，死而无憾。

迈入充满机遇与挑战的新时代，青年学生面临着前所未有的新情况、新问题，经常需要做出影响人生幸福的重要的评价和抉择。由于青年学生涉世不深，世界观、人生观、价值观、幸福观尚在形成过程中，难免在追寻幸福的路上感到焦虑、紧张、迷惘和困惑，有时甚至可能误入歧途，付出沉重的代价。也正因为此，关于人生与幸福的系统探讨，以及健康合理、乐观向上的幸福观的确立显得尤为重要。我们真诚地希望，能够与广大青年学生一起，从哲学上深度探讨幸福是什么、幸福不是什么，探讨幸福与人生、金钱、权力、爱情、劳动、困境、生死等的关系，从而拨开重重迷雾，树立健康合理、乐观向上的人生态度和幸福观。我们真诚地希望，广大青年学生都能够清晰地认识到幸福对于人生的意义，从而通过自己坚持不懈的创造性劳动，不断地实现自我价值和社会价值，令自己的一生过得既充实又幸福！

第 一 章
生命、人生和人生价值

　　人生在世,每个人都希望能过上幸福生活,幸福是人生活在世上的永恒追求。人的幸福是与对人生、人生价值的意识联系在一起的。要理解人的幸福,就需要研究人的生命、人生和人生价值。生命是宇宙演化的必然产物,"我"是主体形成的标志。人生作为生存和生活的统一,与生存意识和生活意识直接相关,从而在人生中实现由应然向实然的转化。人在构建"为我而存在"的关系中创造价值。人具有创造价值的"元价值",人生价值是作为客体的人的所作所为对于作为主体的人所具有的现实效应,人生具有自我价值和社会价值,而实践则是双重人生价值统一的基础。人在反映自身的自我价值和社会价值中,通过自我塑造来追求自己的人生价值。

一　宇宙演化中人的生命

　　幸福是什么?古往今来,人们对此有不同的理解,以致成为古希腊神话中的一个斯芬克斯式的谜。为了理解人的幸福,我们需要首先理解在众多的生命形式中所凸显出来的人的生命。

1. 生命的诞生是宇宙演化的"铁的必然性"

　　"大约在135亿年前,经过所谓的'大爆炸'(Big Bang)之后,宇宙的物质、能量、时间和空间才成了现在的样子";"在这之后过了大约30万年，物质和能量形成复杂的结构，称为'原子'，再进一步构成'分子'";"大约38亿年前，在这个叫作地球的行星上，有些分子结合起来，形成一种特别庞大而精细的结构，称为'有机体'"，① 于是地球上就出现了蛋白质。1953年美国学者S. L. 米勒模拟原始的地球环境，在对水蒸气、氨、甲烷和氢等进行"电闪雷鸣"后发现了多种有机物（包括生物的蛋白质所含有的多种氨基酸），这就是有名的"米勒实验"。

"无论在什么地方，只要我们遇到不处于分解过程中的蛋白体，我们也无例外地发现生命现象。"② 生命是蛋白质存在的一种形式。21世纪的生命科学家普遍接受生命的化学起源说：生命是地球上的"原子"和"分子"在相互作用中形成蛋白质，然后通过蛋白质的进化，"以铁的必然性"形成的产物。地球上原本没有生命，无机物经过一系列化学反应形成蛋白质，进而形成了原始生命。生命的产生是宇宙进化中的一个飞跃。

"有机体的新陈代谢是生命的最一般的和最显著的现象"③，生命机体从周围环境中摄取适当的物质和能量并同化之，又把其他比较老的部分分解并排泄掉。遗传和变异是生命体的又一个"最一般的和最显著的现象"，生命机体的构造和生理机能通过遗传和变异，既由上代传给下代，又在与环境的适应中发生变异。在同化和异化的相互作用中所发生的遗传和变异的统一，使生命体成为一个相对稳定的自我凝聚中心。每一个生命体都以自己为界面，与周围环境区别开来。由此，生命体以自身为界面，形成了生命体内各部分之间的内部联系和生命体与外部事物之间的外部联系，形成了宇宙中无限多样联系的两种具体联系形式。

自地球上出现了由有机体构成的单细胞生物后，生命通过"自然选择"和"获得性遗传"等机制，经历了漫长的进化历程，"进化是一个试错的过程"，这就致使"地球上所有生存过的物种中，99%已经毁灭"，

---

① ［以色列］尤瓦尔·赫拉利：《人类简史——从动物到上帝》，林俊宏译，中信出版集团2017年版，第3页。
② 《马克思恩格斯选集》第3卷，人民出版社1995年版，第458页。
③ 《马克思恩格斯选集》第3卷，人民出版社1995年版，第457页。

"我们所看到的生命世界绝不是唯一可能的世界"。地球上的生物进化历经藻类、植物、动物等阶段,逐渐形成了目前仍在加速发展中的人类社会。如果我们形象地把地球已具有的46亿年历史浓缩为一天,那么在经过黑暗静寂的6小时后即在清晨6点,藻类出现,然后依次出现植物、动物,作为生物进化树顶端的灵长类的祖先则在深夜的23点58分产生,而在24小时的最后2秒钟,灵长类的大脑突然扩大了3倍,于是人类就产生了。①

2. 人的生命活动丰富了进化史中生命的内涵

无论是单细胞的藻类还是动物中的灵长类,自然界的生命体必然要受到生存于其中的环境支配,因为自然界是把生命体连同其所需要的环境一起创造出来的;特定的生命体一旦离开特定的环境,通过同化、异化所进行的物质和能量交换就会停止,生命体就会随之解体。在生物界中,环境主宰生命,生命属于环境。

人来自动物,因此"我们的身体,无论从解剖、分子还是基因来说,与其他动物都相似",人类与黑猩猩的基因相似度高达98.6%。动物学家由此认为"人类就不能独立成科,甚至不能独立成属","若有生物学家从外太空中来,一定会毫不犹豫地将人归类为第三种黑猩猩"②。这样的界定不会把人降低到动物的水平,因为唯有直面动物尤其直面动物中距离"我们最接近的他者,我们才能真正理解自己在世存在——在一个与所有其他生物共享的世界中存在——的意义"③。这就意味着,在与"最接近的他者"对照的联系中,我们就能"找到构成动物之动物性本质和人之人性本质的东西之区分点"④,这对于我们理解"自己在世存在的意义"是很有意义的。

---

① 参见 [美] 米莱童书编绘《生命的一天——你我、宇宙和万物的故事》,北京理工大学出版社2019年版。
② [美] 贾雷德·戴蒙德:《第三种黑猩猩:人类的身世与未来》,王道还译,上海译文出版社2012年版,第7、29页。
③ 舒红跃、张晓明:《人类不再是一种动物了吗?——生命哲学视域中人类与动物的关系》,《湖北大学学报》(哲学社会科学版) 2020年第3期。
④ 舒红跃、张晓明:《人类不再是一种动物了吗?——生命哲学视域中人类与动物的关系》,《湖北大学学报》(哲学社会科学版) 2020年第3期。

这个区分点就是，"当人开始生产自己的生活资料的时候，即迈出由他们肉体组织所决定的这一步的时候，人本身就开始把自己和动物区别开来"①。在生命的进化中，当生命活动的进化达到一个"奇点"，生命体能生产自己需要的生活资料，于是生命活动就能使生命体既改变自身之外的自然界，又改变自身之内的自然界。由此，生命体与环境之间的关系就发生了逆转：生命体由原来被环境支配的自在存在，转化为环境被生命体支配的自为存在；生命体由原来是环境的组成部分，转化为环境成为生命体的组成部分，从而就能运用自然界的物质和能量充实生命体自身。于是，生命体就能在环境中凸显出来成为主体，而环境就成为与主体相对应的客体，从而就名副其实地成为以主体为中心的"环境"。

马克思把这种进化所达到的"奇点"与构建"为我而存在"关系的主要体现在劳动中的实践联系起来：在劳动中，人"按照任何一个种的尺度"，并"处处都把内在尺度运用于对象"②，于是，"这种自由见之于活动"，就成为通过在"主体的对象化"的劳动中所体现的"自我实现"③。正是这种主体追求自由的生命活动，即构建"为我而存在"关系的实践，"证明自己是类存在物"，从而就与"动物的生命活动"区别开来④。

人的生命的产生丰富了生命的内涵，从而进一步丰富了"以铁的必然性"产生生命的宇宙存在的内涵。在茫茫宇宙中，无机物的存在处于普遍的对象性关系中，它们在相互作用中按照自身的规定性以自在的方式进行着物质和能量交换。生命产生后，在生命体与环境之间就有了通过同化和异化方式进行物质和能量交换的可能。属人的生命形成后，生命的拥有者把经过改造的自然事物当作满足自身需要的对象予以占有，于是就形成了主体和客体之间的关系。主客体关系总意味着"主体的客体化和客体的主体化"⑤，由此就"打通了生命与非生命的界限，使非生

---

① 《马克思恩格斯选集》第3卷，人民出版社2012年版，第67页。
② 《马克思恩格斯文集》第1卷，人民出版社2009年版，第183页。
③ 《马克思恩格斯全集》第30卷，人民出版社1995年版，第615页。
④ 《马克思恩格斯文集》第1卷，人民出版社2009年版，第162页。
⑤ 李德顺：《价值论》（第2版），中国人民大学出版社2007年版，第62页。

命存在也赋有了某种活性"①。于是属人的生命体与环境之间就通过主客体之间的相互作用，以自为的方式进行着物质和能量交换。

人的生命活动的形成使生命的本质发生了根本的变化，人的生命源于原本的生命，然而又超出原本的生命，是超生命的生命。如果说，生命的产生是宇宙演化史中的一个飞跃，那么人的生命的产生就是生命进化史中的一个飞跃。

3. "人是有意识的类存在物"

幸福作为一种感受是与人的意识联系在一起的，由此需要对意识做些分析。哲学史上的很多哲学家都对思维、意识、精神做过深入的分析，并把它们看作是人区别于动物的特征。例如，费尔巴哈就认为，人之所以被称为人，就在于他有意识，"究竟什么是人跟动物的本质区别呢？对这个问题的最简单、最一般、最通俗的回答是：意识"②。马克思明确说，"人是有意识的类存在物"，"有意识的生命活动把人同动物的生命活动直接区别开来"③。意识是人的生命活动的本体论规定，没有意识就没有人的生命活动。

人的生命活动在本质上就是确证自己的构建"为我而存在"关系的实践活动。由此，人的生命活动即实践活动就成为有意识的生命活动。对于意识可以作不同角度的划分，可大致地划分为理性意识和非理性意识以及显意识和潜意识。

首先，可以从理性意识和非理性意识的角度对"有意识的生命活动"予以分析。①实践活动体现着人的理性意识。实践的发动和进行离不开"作为终极因素"的"'目的'和'手段'的类别区分"④。具有现实性的目的不仅与正确反映主体的需要相联系，而且与正确反映事物处于必然关系中的发展规律相联系；具有现实性的方法是围绕着目的的关于对必

---

① 高清海：《"人"的双重生命观：种生命和类生命》，《江海学刊》2001年第1期。
② ［德］路德维希·费尔巴哈：《费尔巴哈哲学著作选集》下卷，荣震华、王太庆、刘磊译，商务印书馆1984年版，第26页。
③ 《马克思恩格斯全集》第3卷，人民出版社2002年版，第273页。
④ Anthony Giddenx, *Capitalism and Modern Social Theory*, Cambridge: Cambridge University Press, 1973.

然关系的意识予以思考而形成的有关计划、途径和手段等。属于理性范畴的与形成目的和方法相联系的理论活动体现着人的本质力量。②实践活动体现着人的非理性意识。实践的发动和进行离不开属于非理性范畴的与"情感和欲望"相联系的"意志的决定"①。在实践活动中，在理论活动基础上形成的"对自己的现实性和世界的非现实性的确信"② 就转化为内蕴着冲动和毅力等的决定。"决定"与"人强烈追求自己的对象的本质力量"的"激情、热情"③ 联系在一起。意志"通过作出决定而设定自身"④，从而直接支配主体的行为。于是，属于理性范畴的与目的和方法相联系的意识和属于非理性范畴的与决定相联系的意识结合在一起，使人"身上的自然力——臂和腿、头和手运动起来"⑤ 以推动工具作用于对象，于是实践就现实地展开了。由此就可以理解，意识在从类人猿到人的进化中形成，并在与实践的相互作用中发展。

其次，可以从显意识和潜意识的角度对"有意识的生命活动"予以分析。显意识就是人处于清醒状态的"清醒的意识"，是"意识到了的意识"，包括理性意识和非理性意识。可以说，人作为"有意识的生命活动"，其能动性直接地与显意识联系在一起。潜意识是弗洛伊德理论体系中的主要范畴。他把潜隐在显意识层面之下的感情、冲动、欲望等复杂经验——主要与非理性意识相联系，因受显意识控制与压抑致使人不能自觉地意识到的意识称为"潜意识"。人的显意识犹如一座冰川浮在海面的部分，而冰川的更大部分则在海水之中，这一部分就是潜意识。潜意识与本能活动有深刻的联系，但不能等同于本能，是对本能的意识，故属于意识范畴，从而对"有意识的生命活动"发生作用。为此弗洛伊德认为，人的行为不仅受显意识支配，而且受潜意识支配，并且潜意识对于"有意识的生命活动"的支配力量从根本上说往往比显意识更大。对于他所创立的理论体系，弗洛伊德十分自信地指出，"心理过程主要是潜意识的"，"对于潜意识的承认，乃是对人类和科学别开生面的新观点的

---

① ［德］黑格尔：《小逻辑》，贺麟译，商务印书馆1980年版，第12页。
② 《列宁全集》第55卷，人民出版社1990年版，第182页。
③ 《马克思恩格斯全集》第3卷，人民出版社2002年版，第326页。
④ ［德］黑格尔：《逻辑学》（下卷），杨一之译，商务印书馆1982年版，第523页。
⑤ 《马克思恩格斯文集》第5卷，人民出版社2009年版，第208页。

一个决定性的步骤"①。人们由此把弗洛伊德的这个发现比喻为人类思想史上的又一个伟大的"哥白尼式的革命"。显意识与潜意识在相互转化中发展，共同构成了人的意识，从而对"有意识的生命活动"产生直接和间接的作用。

意识离不开语言，正是语言活动构成了现实的意识和意识运作中的思维。"以语言为基础，并在语言中得以表现的是，人拥有世界"，"世界对于人的这种此在却是通过语言而被表述的"②。思维的运作是复杂的，一般认为存在着三种思维运作的形式。①直观思维，指在思维运作时能直接感知思维对象，并通过思维者自身的运作去影响思维对象的思维活动，如工程师设计图纸或构造模型的思维活动。②形象思维，指在思维运作时唤起表象并在想象中对表象进行加工的思维活动，如艺术家运用表象的加工和组合予以艺术创作的思维活动。③抽象思维，指以语言为工具，运用逻辑形式来进行的思维活动，如数学运算、哲学思考中的抽象思维。每一个掌握了语言的人同时也获得了抽象思维的能力，而每一次抽象思维过程，又必须在语言的基础上进行。显然，语言在不同类型的思维活动中作用不同，然而除非特殊情况，如尚没有学会说话的婴儿，离开了以语言为载体的抽象思维是不存在的，离开了语言的纯粹的直觉思维和形象思维也是不存在的。对于掌握了语言的人来说，在他们身上同时存在着多种思维类型，只不过侧重不同而已。然而抽象思维是最重要的，在语言基础上完善的抽象思维使直观运作思维和形象思维获得提升。

对于人的生命活动与意识的关系，海德格尔说得很深刻：在人作为此在的生命活动中，"对存在的领会本身就是此在的存在的规定"，否则，"此在就退到我们认识为动植物的那一存在领域之中"③。意识是人的生命活动的本体论规定，意识不仅在生命活动的展开中展开，而且生命活动在意识的展开中展开。

---

① ［奥］弗洛伊德：《精神分析引论》，高学敷译，商务印书馆1986年版，第9页。
② ［德］汉斯－格奥尔格·加达默尔：《真理与方法：哲学诠释学的基本特征》，洪汉鼎译，上海译文出版社2004年版，第615、547页。
③ ［德］马丁·海德格尔：《存在与时间》（修订译本），陈嘉映、王庆节译，生活·读书·新知三联书店2006年版，第283页。

4. 意识中的"我"是主体形成的标志

"把自己的生命活动本身"作为对象在主体中所形成的意识，内蕴着与生命活动的主客体两端相联系的关于客体的对象意识和关于主体的自身意识。关于客体的对象意识，总是主体所意识到了的客体对象意识，这就必然凸显关于主体的自身意识；关于主体的自身意识如对需要的意识等，为关于客体的对象意识的获取提供方向和动力，于是必然会促进关于客体的对象意识的发展。于是，主体关于客体的对象意识和关于主体的自身意识在相互作用中联结在一起。

主体关于客体的对象意识总是主体意识到了的对象意识，"凡是在我的意识中的，即是为我而存在的"①，这就决定了在主体所形成的意识中关于主体的自身意识对于关于客体的对象意识的意义。由此就能理解，自古希腊神谕中的"你不是神，认识你自己"所显示的祖先决心认识自己以摆脱生存困境以来，关于主体的自身意识的重要性使哲学越来越注重这方面的探究，在西方哲学史中，"它已经被证明是阿基米德点"②。

关于主体的自身意识可以分为两个方面，第一方面是，关于主体自身状态的意识，即关于主体自身的需要、属性、活动及其同外部客体关系的意识。第二方面是关于主体自身状态的意识。"意识在任何时候都只能是被意识到了的存在，而人们的存在就是他们的现实生活过程"③，这就决定了关于主体的自身意识中的第一方面在主体的自身意识中更为基础。否则，就不是唯物主义。"反思以思想的本身为内容，力求思想自觉其为思想"④，体现了意识力求自觉的努力。自觉性既是主体能动性的原因，又是主体能动性的体现。这就决定了主体的自身意识中的第二方面在主体的自身意识中更为重要。否则，就不是辩证法。加之在主体所形成的意识中，关于主体的自身意识对于关于客体的对象意识的重要意义，

---

① [德]黑格尔：《小逻辑》，贺麟译，商务印书馆1980年版，第81页。
② [德]恩斯特·卡西尔：《人论》，甘阳译，上海译文出版社1985年版，第72页。
③ 《马克思恩格斯全集》第3卷，人民出版社1960年版，第29页。
④ [德]黑格尔：《小逻辑》，贺麟译，商务印书馆1980年版，第39页。

由此就决定了主体自身意识中的第二方面，即关于主体自身状态的意识，在整个主体所形成的意识中的重要地位。

主体与主体意识同一，是与"我"的意识的形成密切联系在一起的。在语言学中，"我"就是"施身自谓也"①，是单数的第一人称代词，而"我们"则是复数的第一人称代词。在一般情况下，"我"不能等同于"我们"，只能是"我们"中的一员；当然，"我"在某些场合"有时也用来指称'我们'，例如"我校、我军、敌我矛盾"；但"我"与"我们"仍是不可混淆的，否则思维就会陷入混乱。哲学研究的中心是人，"人"与"我"内在地联系在一起，"作为哲学概念的'我'是对古今中外的人即'意识到自己的存在'的主体现实状况的反映、理解、重构及其思想产物"②，既可指称作为主体的个人，也可指称作为主体的群体。我们在下面章节中引用的"为我而存在"中的"我"就内含着作为主体的个人或群体。

哲学视域中的"我"，作为"完全纯粹的思想"是"纯粹的'自为存在'"，是对主体关于自身意识中的第一方面经过"反思"而形成的意识的升华，是整个主体所形成的意识（尤其是主体的自身意识）的核心。"平常我们使用这个'我'字，最初漫不觉得其重要"，然而"我"的意识一旦形成，生命进化史上的飞跃就发生了，这是因为动物决不能说出一个"我"字。"只有人才能说'我'"的意蕴就在于，"我"能使内蕴"我"于其内的主体，在"一切为我而存在，一切皆保存其自身在我中"的意识过程中，意识到自己的存在，即意识到我自己"始终是特定的人"③，从而就具有"一个统一的人格，表现为行动的一贯性及在行动基础上意识的一贯性"④。"我"与个体主体直接同一，这就意味着寓自我意识于其内的个体主体形成了，个体主体是主体存在的最基础的形式。

---

① （汉）许慎：《说文解字》，中华书局1979年版，第39页。
② 陈新汉：《自我评价论》，上海人民出版社2011年版，第24页。
③ ［德］黑格尔：《小逻辑》，贺麟译，商务印书馆1980年版，第81页。
④ 冯契：《人的自由和真善美》，华东师范大学出版社1996年版，第8页。

二 千姿百态的人生

"全部人类历史的第一个前提无疑是有生命的个人的存在。"① "有生命的个人的存在"作为过程就是有生命的个人的人生。幸福与人的生命活动联系在一起，就直接地与一个个具体的人生联系在一起。人生就是人的生命活动的展开过程。

1. 体现在生和死中的人生

任何事物的运动都处于时间即"此刻"和空间即"此处"之中，"这种此处与此刻的统一"② 使事物得以现实地存在。构建"为我而存在"关系的实践是人的生命活动的本质体现，而实践只能在社会中展开。这就使人的生命活动存在的时空形式不仅与自然时空前后相继的序列以及与他物的共存和相互作用的场合相联系，而且以与实践活动的持续性和广延性相联系的社会时空作为其存在的基本形式。社会时空作为自然时空的转化，是实践活动存在的基本形式，社会时空的延续与拓展是与构建价值关系的"不断分化而活动领域的扩大"③ 联系在一起的，社会时空之间的相互转化，使构建活动中的"时间是人类发展的空间"④ 得以体现。

生命活动既在始点上以体现自然时空和社会时空为存在形式占据的一定位置出现，这就是生命活动的诞生；又在终点上以体现自然时空和社会时空为存在形式占据的一定位置消失，这就是与生命活动相对立的死亡。

"我"可以经历生，尽管人不能经历死，也不能具有自己会死的先验意识，然而在经历了多次他人之死——特别是亲近的人——的经验的基础上，通过理性的逻辑推演和非理性的情感联想，"我"就能意识到自己

---

① 《马克思恩格斯选集》第1卷，人民出版社2012年版，第146页。
② ［德］黑格尔：《自然哲学》，梁志学、薛华等译，商务印书馆1980年版，第56页。
③ 刘奔：《时间是人类发展的空间——社会时—空特性初探》，《哲学研究》1991年第10期。
④ 《马克思恩格斯选集》第2卷，人民出版社2012年版，第61页。

的生命如同他人的生命一样，必然会死亡。"一旦人类既发现了死亡的不可避免性，又发现了死亡的终极性"①，就有了挥之不去的"我"的死亡意识。死对于"我"的生命活动而言，与生存相联系的一切自然元素和与生活相联系的一切社会元素都消失了，从而陷入绝对虚无之中。人在以高级方式遵循生物界"趋利避害"基本规律的生命活动中，死就成为人生中最大的害，由害而怕，形成对死亡的恐惧；生就成为人生中最大的利，成为追求的最基本目标。于是人的生命活动就把"趋利避害"转化为"趋生避死"。"避死"的生命活动进一步凸显了"死"的意识，"趋生"的生命活动进一步凸显了"生"的意识。有了死的意识，又有了生的意识，每一个人不仅有事实上的以死为界限的人生，而且有了关于"我"在"一生"和"一死"中绵延的人生意识。

生命总是与个体直接联结在一起，人生的主体只能是"我"，而不能是"我们"。死作为生命的一切自然元素和社会元素陷于绝对虚无的"不可逾越的可能性"②，别人无法替代；生作为"个别的始终是特定的人"的生命活动，别人也无法替代。这就决定了，人生都是最本己的，每个人的人生都只能有一次，每个人的人生都是独特的。当然，每个人存在于社会之中，社会性是人之为人的本质，社会必然会对个体生命活动发生作用，施影响于每个人的人生。然而，社会对个体人生的影响，在现实性上必须通过"我"予以"为我而存在"式的整合，这就使每个人的人生仍以最本己的形式呈现出来，进而让社会中存在的人生千姿百态。

2. 人生中的生存、生活及其意识

黑格尔指出，"生命是人的定在的整个范围"③。海德格尔把作为此在的"我"的"存在"理解为存在过程，"此在是一种存在者"，"它的存在是随着它的存在并通过它的存在而对它本身开展出来的"④。这就使得

---

① 孙利天：《死亡意识》，吉林教育出版社 2001 年版，第 5 页。
② [法] 艾玛纽埃尔·勒维纳斯：《上帝·死亡和时间》，余中先译，生活·读书·新知三联书店 1997 年版，第 48 页。
③ [德] 黑格尔：《法哲学原理》，范扬、张企泰译，商务印书馆 1961 年版，第 106 页。
④ [德] 马丁·海德格尔：《存在与时间》（修订译本），陈嘉映、王庆节译，生活·读书·新知三联书店 2006 年版，第 14 页。

海德格尔有理由把除了"死是不可逾越的可能性"的其他可能性概括为两类,即生存的可能性和在生存基础上发展的可能性,此在"或者自己挑选""或者陷入""或者本来就已经在其中",并由此"来领会自己本身"①。

人生就是作为过程的生命,生命呈现为存在和发展两种状态。生命只有处于存在状态才谈得上发展,而"只有在存在领悟的基础上生存才是可能的"②,也就是说,只有处在对"存在领悟"的发展状态中的生命,才称得上活生生的人生。我们把生命的这两种状态分别与生存和生活联系起来,生命是生存和生活的统一。体现为生存的生命活动主要以自然时空作为其存在的基本形式,体现为生活的生命活动主要以社会时空作为其存在的基本形式。

我们把生命活动比喻为一棵大树,可以把生存的生命活动比喻为大树的根基,生活的生命活动比喻为大树的主干。离开了前者,生命之树就不能存在;离开了后者,生命之树就必然枯萎。把生命活动作这样的比喻固然是正确的,然而还不够。生存的生命活动是人的生命活动与动物的生命活动共同不可缺少的,但是动物只有主要以自然时空作为基本形式的生存的生命活动——当然动物的生存活动与人的生存活动仍有本质的区别,没有主要以社会时空作为基本形式的生活的生命活动。人与动物的根本区别,就在于在人的生命活动中具有动物的生命活动中所不具有的主要与社会时空联系在一起的生活的生命活动。可以说,人的生命活动是在生存基础上的生活过程。把生命活动仅仅与生存的生命活动相联系,而把生活的生命活动摒除在外的观点,尽管在社会上较为流行,然而却是片面的甚至是错误的。

生命意识,顾名思义,就是以人的生命活动作为对象的意识,包括把生存的生命活动作为对象的生存意识和把生活的生命活动作为对象的生活意识。生命意识是"此在的存在的规定",这就决定了生存意识是生

---

① [德] 马丁·海德格尔:《存在与时间》(修订译本),陈嘉映、王庆节译,生活·读书·新知三联书店 2006 年版,第 15 页。
② [德] 海德格尔著,孙周兴选编:《海德格尔选集》(上),生活·读书·新知上海三联书店 1996 年版,第 117 页。

存的生命活动"存在的规定",生活意识是生活的生命活动的"存在的规定"。生命意识是生存意识和生活意识的统一,缺一不可。

生存是生命存在的基本状态。生存意识的作用就是使生命活动保全生命的存在,并使生命活动繁衍后代和赡养前代,可用"追求活命"来最终概括之。动物的生存是本能,对于人而言,"他的意识代替了他的本能,或者说他的本能是被意识到了的本能"①。于是在生存意识的作用下,"我"的生命活动就能努力创造条件,使环境成为生命的组成部分。人不会满足于由生命支配的本能活动,总要自觉或不自觉地在反思自己的生命活动,规划自己的生活。生活意识的作用可用"追求好的生活"来最终概括之,在满足生存需要的基础上,既要追求好的物质生活,也要追求好的精神生活。如果说,生存意识更多地与同自然时空相结合的生存的生命活动相联系;那么生活意识,无论是"用刀叉吃熟食来解除的饥饿"②,还是满足"归属和爱的需要""自尊需要"或"自我实现的需要"③,都更多地与同社会时空相结合的生活的生命活动联系在一起。于是在生活意识的作用中,"我"的生命活动就能努力创造条件,不仅使自然环境而且使社会环境成为生命的组成部分。

在生命意识中,生存意识是生活意识的基础,离开了生存意识,生活意识犹如无根之木,不可能存在;生活意识规范生存意识,离开了生活意识,生存意识犹如无木之根,没有了意义——人的生命作为"此在"与动物生命区别的重要之点就在于,唯有有了生活的意义,生命才会持续下去。生存意识和生活意识在生命意识中的作用相辅相成,彼此交融。

尽管生存意识和生活意识在生命意识中不可缺一,但两者在生命意识中的地位是随着生命所处环境的变化而变化的。当环境恶劣——既包括自然环境,也包括社会环境——使生存的基本需要受到威胁时,"我"的生存意识就会凸显为主要方面;而当所处环境使生理和安全的需要得到了满足,那么"我"的生活意识就会取代生存意识而凸显为主要方面。

---

① 《马克思恩格斯选集》第3卷,人民出版社2012年版,第161—162页。
② 《马克思恩格斯选集》第2卷,人民出版社2012年版,第692页。
③ 参见[美]A. H. 马斯洛《动机与人格》,许金声、程朝翔译,华夏出版社1987年版,第40—50页。

在人类的历史进程中，远古时代的自然环境比较恶劣，生存意识较多地体现在如何与自然抗争上，生活意识较多地体现在对于物质资料的获取中；现时代的社会环境更为复杂，人与人、国与国之间竞争激烈，生存的艰难同样使生存意识凸显，而生活意识更多地与人的尊严需要以及自我实现的需要联系在一起。中国改革开放40多年来，社会主要矛盾的转化使人民日益增长的美好生活需要凸显，不仅对社会主要矛盾转化前已经规定的"物质文化需要"提出了进一步要求，而且对社会主要矛盾转化前没有规定的"民主、法治、公平、正义、安全、环境等方面"提出了进一步要求，这些内容都与人的尊严和自我实现联系在一起。

3. 人生中的"实然"和"应然"

"实然"和"应然"是一对相互关联的哲学范畴。人生总是实然和应然的统一。

实然总与现实性联系在一起，现实性存在于现实世界之中，以自然时空和社会时空作为其存在的基本形式。然而，现实不同于现存，"现实性这种属性仅仅属于那同时是必然的东西"①。恩格斯在分析现实性时说："当时普鲁士王朝在我们看来终究是恶劣的，而且尽管恶劣，它仍旧继续存在，那末，政府的恶劣就可以用臣民的相应的恶劣来辩护和说明。"②普鲁士政府的现实性与相应的臣民条件联系在一起。于是在"必然的这个限度内"，普鲁士王朝的现实性就"表明自己也是合理的"③。因此现实性与必然性相联系，从而也与合理性相联系。而现存仅仅与偶然性相联系，现存并不表明其合理性，例如生物因基因突变而生下的怪胎尽管是现存的，然而并不是现实的，从而不具有合理性，这就使怪胎往往夭折。

人生作为实然的存在虽然不是预成的，却是现实的，即总是与人所处的自然条件和社会条件联系在一起，总是与在既定历史条件下人自身的所作所为联系在一起。确实有的人的人生相当成功，从而辉煌；有的

---

① 《马克思恩格斯文集》第4卷，人民出版社2009年版，第268页。
② 《马克思恩格斯选集》第4卷，人民出版社2012年版，第221页。
③ 《马克思恩格斯文集》第4卷，人民出版社2009年版，第268页。

人的人生充满挫折，从而暗淡。一般说来，人生的辉煌和暗淡总可以从人生所处的自然条件、社会条件和人自身的所作所为中找到原因和得到解释。如果所处的自然条件、社会条件大致相同，那么人生的辉煌和暗淡就不能不从人自身的所作所为的合理与否中寻找根源了。由此，我们就可理解黑格尔说的"凡是现实的都是合乎理性的"①的含义。黑格尔在阐述这一命题时特别强调，"哲学正是从这一信念出发来考察不论是精神世界或是自然世界的"②。因此，我们处在我们的状态中，就应该从这一信念来考察自己的所作所为，而不要一味地怨天尤人。

应然总与可能性联系在一起。可能性与现实性相对应，是包含在事物中的、预示事物发展方向的种种趋势，是潜在的尚未实现的东西。可能性作为哲学范畴，其外延极广，"一切不自相矛盾的东西，都是可能的；可能性的王国因此是无边无际、花样繁多的"③。因此就需要对可能作进一步的具体分析，首先就要把不可能排除在外，例如石头不可能"孵"出小鸡。其次，要把现实的可能性与抽象的可能性区分开来。"现实的可能性是在现实中有充分根据的可能性，因而也是在目前可以实现的可能性；抽象的可能性则在现实中缺乏充分根据，在目前现实条件下是无法实现的，看起来好似不可能，因而叫做抽象的可能性。"④黑格尔曾举例说，月亮掉到地球上来是可能的，当然这种可能性是抽象的。

应然属于现实可能性的范畴。在事物的矛盾发展中，往往存在着两种相反的，甚至是多种的现实可能性；从主体的角度说，事物发展的有些可能是与人的利益相符合的，而有些可能是与人的利益相背离的。因此，从人的意愿出发，这种符合人的利益的事物发展的可能性就成为对于人而言的"应当如此"的理想。客观事物的发展本身无所谓"应当如此"的理想状态，应然总是与人的利益和愿望联系在一起。人生作为一种应然，就是在人的心目中人生"应当如此"的理想状态。

---

① 参见《马克思恩格斯全集》第28卷，人民出版社2018年版，第322页。
② [德]黑格尔：《法哲学原理》，范扬、张企泰译，商务印书馆1961年版，第11页。
③ [德]黑格尔：《逻辑学》下卷，杨一之译，商务印书馆1976年版，第195页。
④ 肖前、李秀林、汪永祥主编：《辩证唯物主义原理》，人民出版社1981年版，第272—273页。

动物的一生只有实然，没有应然；人的一生既有实然，也有应然，是实然和应然的统一。现实的人生总是在既定的自然条件和社会条件下，人自身所作所为的产物。但是，"自由的有意识的活动恰恰就是人的类特性"①。人生在世不如意事十有八九，从主体的角度说，总希望在人生的过程中化不如意事为如意事，实现人生"应当如此"的理想状态。应然存在于人生的实然之中，是实然的内在否定因素。人的能动性就在于创造条件，使存在于人生实然中的应然转化为人生的实然。由此，人生的应然就与人生中的集中体现为"要活下去"的生存意识和集中体现为"要过好日子"的生活意识联系在一起，体现着生命意识的能动性。使人生实然中的应然转化为人生的实然，由此就使生活于特定自然条件和社会条件中的人生千姿百态。

4. "向死存在"的人生

在哲学史上，一些著名哲学家在研究人生时都把死排除在生之外。孔子就说过："未知生，焉知死？"于是就把死的问题悬置起来。伊壁鸠鲁说得更干脆："当我们存在时，死亡对于我们来说还没有到来；而当死亡时，我们已经不存在了。因此，死对于生者和死者都不相干。"这样就把生与死完全割裂开来了。

其实，生离不开死，人生总是与死亡联系在一起的。对于死而言，"谁学会了死亡，谁就不再有被奴役的心灵"，于是在人生中"就能无视一切束缚和强制"②。对于人生中的生和死，海德格尔说："死，作为此在的终结存在，存在在这一存在者向其终结的存在之中。"③ 这段文字可概括为一句脍炙人口的命题："向死存在"！"向死存在"的句式借鉴了《新约全书》中"向罪而死"和"向神而活"④ 的表达方式，以突出人的源于存在体验的态势。海德格尔把以往哲学中超人的先验的存在转化为

---

① 《马克思恩格斯全集》第3卷，人民出版社2002年版，第273页。
② [法国] 蒙田：《蒙田随笔全集》上卷，潘丽珍等译，译林出版社1996年版，第95页。
③ [德] 马丁·海德格尔：《存在与时间》（修订译本），陈嘉映、王庆节译，生活·读书·新知三联书店2006年版，第297页。
④ [德] 弗兰茨·贝克勒等编著：《哲人小语：向死而生》，张念东、裘挹红译，生活·读书·新知三联书店1993年版，第8页。

生活于常人世界的现实人之"在"。他不同意常人把死理解为人生的结束，而是理解为"这一存在者的一种向终结存在"①。生活于常人世界中的人能看透这本己的不可逾越的死，唤醒生活中的沉沦之"迷梦"，就能"找到自己"的本真；把此在的死亡"悬临于它自身之前"②，把死先行于人生中，从而就能"本真地领会与选择排列在那无可逾越的可能性之前的诸种实际的可能性"；通过"畏""良知"和"决心"等环节把此在"筹划到最本己的能在上去"。海德格尔的"向死存在"思想是深刻的，给我们所讨论的生命意识以重要启示。关于海德格尔的"向死存在"，我们在本书的第七章"生死观与幸福"中予以详细论述。

三　价值与人的价值、人生价值

幸福不仅与人生联系在一起，而且与人生价值联系在一起。为了理解人生价值，就必须理解价值，理解人的价值与人生价值之间的区别，理解人生的自我价值和社会价值及其在实践基础上的统一。

1. 构建中的价值和价值世界

人的实践活动使"凡是有某种关系存在的地方"得以存在，这些关系都是为人而存在的。价值存在于实践构建的"为我而存在"的关系中，"我"是主体，与之发生"为我"关系的事物是客体。一般说来，价值就是客体属性满足主体需要的现实效应，体现着"客体主体化与主体客化化"的双向转化，是显现"人自己的本质力量的现实"③。在价值中，主体可以是个体，也可以是社会群体，个体和社会群体又是相互交融在一起的，不能彼此截然分离。"全部人类历史的第一个前提无疑是有生命的个人的存在"④，这就使得以社会形式存在的主体总是与以个体形式存在

---

① ［德］马丁·海德格尔：《存在与时间》（修订译本），陈嘉映、王庆节译，生活·读书·新知三联书店 2006 年版，第 282 页。
② ［德］马丁·海德格尔：《存在与时间》（修订译本），陈嘉映、王庆节译，生活·读书·新知三联书店 2006 年版，第 288 页。
③ 《马克思恩格斯文集》第 1 卷，人民出版社 2012 年版，第 190—191 页。
④ 《马克思恩格斯选集》第 1 卷，人民出版社 2012 年版，第 246 页。

的主体密切地联系在一起。主体是核心,这在建构"为我关系"的活动中是绝对的。"为我"是对于主体而言的利益,也就是主客体之间的价值关系。对利益的追求,形成人们行为的动机,"利益冲突是现代历史的动力"①。一切主体都具有利益,这在建构"为我而存在"关系的活动中也是绝对的。主体和利益是两个不同的规定,前者是实体,后者是关系,不能混为一谈。但主体离不开利益,否则主体既不能生存,也不能发展;利益也离不开主体,否则利益就没有指向。这就是价值中的"主体—利益"结构。

主体通过实践在个体和社会两个层面构建体现为价值的"为我而存在"关系。无限多样的价值分别在两个层面中并在两个层面之间发生着相互作用,由此就构成了"一个具有特殊关系和联系的特有对象区域",在这个区域里"存在着一个秩序(Ordnung)和一个等级秩序(Rangordung)",它"完全独立于一个它在其中显现出来的善业世界的此在",并且对于创造价值的主体而言,是"'先天的'(a priori)"②,这就是价值世界。人类的实践创造了价值世界,然而价值世界又"独立"于在其中生活的任何个体。价值世界属于物质世界,是物质世界无限多样性的一种形态。

亚里士多德在《形而上学》中第一次明确地提出哲学是追求"本体之学",指出,"人们如果还没有把握住一件事物的'为什么'(就是把握它的基本原因),是不会以为自己已经认识这一事物的"③,他同时把基本原因分析为"质料因""形式因""目的因"和"动力因"。"'本原'的提法注重于追求原始物质",而"'本体'的提法注重于从现实对象的存在中去探求它的基本存在",即探求作为"现实对象存在"的根本原因④。哲学研究本体,由此就成为"最高的智慧",从而确立了哲学在思

---

① 《马克思恩格斯选集》第4卷,人民出版社2012年版,第256页。
② 冯平主编:《现代西方价值哲学经典:心灵主义路向》,北京师范大学出版社2009年版,第210页。
③ 参见北京大学哲学系外国哲学史教研室编译《古希腊罗马哲学》,商务印书馆1982年版,第249页。
④ 高清海:《高清海哲学文存4:传统哲学到现代哲学》,吉林人民出版社1997年版,第153页。

想史上的地位。

这个"四因说"与马克思对于价值世界构建的实践说联系在一起,就能理解人及其活动在价值世界中的本体地位。对于主要以劳动形式体现出来的实践,马克思说:"劳动首先是人和自然之间的过程,是人以自身的活动来中介、调整和控制人和自然之间的物质变换的过程","为了在对自身生活有用的形式上占有自然物质,人就使他身上的自然力……运动起来","劳动过程结束时得到的结果,在这个过程开始时就已经在劳动者的想象中存在着,即已经观念地存在着",他"在自然物中实现自己的目的,这个目的是他所知道的,是作为规律决定着他的活动的方式和方法的"①。兹从"四因说"对此作如下分析。

(1)"质料因"。"质料因"包括作为"物质变换"一方的"自然"和另一方的"人",即在事物形成中所加入的以"无差别的、同种类的、人类劳动"② 形式凝结的劳动。(2)"形式因"。"观念地存在着"的"表象"就是劳动结果的"形式因"。(3)"目的因"。"目的因"决定了他"在自然物中实现自己的目的",它以规律的形式"决定着他的活动的方式和方法"。(4)"动力因"。"人就使他身上的自然力……运动起来。"实践使构建的价值事物以物理实在的形式、社会关系的形式以及意识的形式呈现出来,并使之相互作用,从而推动其所构建的价值世界的运动。实践是价值世界的本体,就是人及其活动是价值世界的本质。

价值世界由"为我而存在"的关系构成。个体是价值世界中最基础的主体。个体离不开社会,一个相对完整的社会总与作为民族形成"最主要标志"的"共同的经济生活"联系在一起,因而总与建立在民族基础上的国家联系在一起。国家是价值世界的重要主体。当今世界,人们"生活在历史和现实交汇的同一个时空里,越来越成为你中有我、我中有你的命运共同体"③,人类主体在价值世界中的地位和作用越来越凸显。无论是个体主体、国家主体,还是人类主体,主体都是人。人是价值世界的唯一主体。一切价值事物不仅都是"为我"而存在的,而且都是

---

① 《马克思恩格斯选集》第 2 卷,人民出版社 2012 年版,第 170 页。
② 《马克思恩格斯选集》第 2 卷,人民出版社 2012 年版,第 113 页。
③ 《习近平谈治国理政》,外文出版社 2014 年版,第 272 页。

"为我"而显现的。以人为中心，是价值世界的公理，这是原始的不需要加以证明的命题或原理。由于地球以"挪亚方舟"的形式承载着以人为主体的价值世界，因而尽管在浩瀚宇宙中如微尘般渺小，却在其中熠熠地闪耀着光芒。

2. "人是元价值"

人能够创造价值，因而具有最高价值。为此，中国有学者认为，"人既是价值的承担、生成者，又是它的传递者"，"在各种价值定义中，所有被用来定义价值的东西，全都离不开对'人是价值'的默认"，"世上所有的存在物，其意义都要由人来赋予、证明，唯独人的意义却不能被任何一种其他的存在物来赋予、证明"①。正是从这个意义上说，作为价值之源的人是"元价值"②。为此，可以从对康德和黑格尔两个命题的阐释中予以进一步理解。

（1）"人是目的。"实践构建"为我而存在的关系"决定了作为主体的"我"是目的。康德是从人与物之间的关系和人与人之间的关系两个方面对"人是目的"作了分析的。对于人与物之间的关系，康德区分了两种不同的"存在者"（Wesen）：一种是无理性的存在者即事物（Sachen），它们依据自然的意志而存在，因而只有相对价值，只能作为手段（Mittel）；另一种是理性的存在者，"其存在自身就是目的"，"别的东西都应当仅仅作为手段来为它服务"。对于人与人之间的关系，康德意识到日常生活中人与人之间互为手段之不可避免，由此强调"在任何时候"把自己和别人"都同时当作目的"，而"绝不仅仅当作手段"（Niemals bloss als Mittel），互为手段归根结底仍然是为了实现"人是目的"③。人本身就是他所创造的价值世界的目的，即"人是这个地球上创造的最后目的"④。

（2）"法的命令是：'成为一个人，并尊敬他人为人。'"黑格尔把自

---

① 韩东屏：《"价值是人"及其意蕴》，《哲学研究》1993 年第 11 期。
② 韩东屏：《人是元价值——人本价值哲学》，华中科技大学出版社 2013 年版。
③ 李秋零主编：《康德著作全集》第 4 卷，中国人民大学出版社 2005 年版，第 436 页。
④ ［德］康德：《判断力批判》，邓晓芒译，杨祖陶校，人民出版社 2002 年版，第 284 页。

然意义的人（Mensch）与法学意义的人（Person）予以区分。"人是目的"，不仅是对自然人而言的，更是对社会人而言的，"人间（Mensch）最高贵的事就是成为人（Person）"①。处于社会中的人必然与他人发生关系，以"公共权力"为"本质特性"②的国家所制定的法，源自协调人与人之间的关系，因此法的主体是人，法的目的是人。一个社会，必须把"成为一个人，并尊敬他人为人"，作为构建"抽象的从而是形式的法"③的最高理念。

在康德的"人是目的"和黑格尔的"法的命令是'成为一个人，并尊敬他人为人'"的两个命题中，前一个命题是核心和基础，离开了前一个命题，后一个命题就没有意义；后一个命题是前一个命题在法理上的进一步体现和保障，离开了后一个命题，前一个命题就不能在人须臾不能离开的社会中实现。这两个命题相互作用，不能分离，但两者的关系不能颠倒。这两个命题正说明了"人是元价值"，正是从这个意义上说，人的价值"没有等价物可代替"④。

3. 人生价值中的自我价值与社会价值

人生价值，顾名思义就是把人生作为客体对于主体而言的价值，即作为客体的一个人的人生或人生的所作所为对于作为主体的人的需要满足的现实效应。个体和社会是主体存在的两种基本形式，因此人生价值是一个人的人生或个体人生的所作所为对于作为主体的个体自身需要满足的现实效应和对于作为主体的社会需要满足的现实效应。在这个规定中，客体是一个人的人生或个体人生的所作所为，但主体有两个，一个是个体自身，另一个是社会。因此，可以从两个方面来把握人生价值。人生价值就是人生的自我价值和人生的社会价值的辩证统一。人生的自我价值从本质上说，就是人生在世对于人自身的生存和发展需要满足的现实效应。社会是由人组成的，因此人的需要也就转化为社会的需要，

---

① [德]黑格尔：《法哲学原理》，范扬、张企泰译，商务印书馆1961年版，第46页。
② 《马克思恩格斯选集》第4卷，人民出版社2012年版，第132页。
③ [德]黑格尔：《法哲学原理》，范扬、张企泰译，商务印书馆1961年版，第46页。
④ [德]康德：《道德形而上学探本》，唐钺重译，商务印书馆1957年版，第43页。

人生的社会价值从本质上说，就是人生在世对于社会存在和发展满足的现实效应。

值得一提的是，应该把自我的人生价值与人生的自我价值区分开来。对于任何一个个体来说，人生价值总是他自己的，因而总是自我的人生价值。自我的人生价值，包括人生的自我价值和人生的社会价值。自我的人生价值与人生的自我价值是两个不同的概念，前者包括后者，后者仅是前者的一部分。这样的规定对于理解人生价值是必要的。

生存和发展需要是个体作为个体存在的本体论基础，个体只要存在，在其现实性上总是为自己的生存和发展而存在。因此，人生的自我价值是客观存在的。关注人生的自我价值是社会进步的体现。重视人生价值中的自我价值有助于培养人生的自主、自立意识，有助于启发人生的自我教育、自我修养的自觉性，有助于激发人生的奋发进取精神。很难设想，在一个普遍漠视人生自我价值的社会中，会形成一种为社会创造价值的蓬勃动力。关于人类历史中的活动，马克思斩钉截铁地指出，"第一个需要确认的事实就是这些个人的肉体组织"①，即个体的存在。可以说，没有个体的人生自我价值，就没有个体的存在，也就没有个体的人生社会价值，从而也就没有整个社会的发展。正是从这个意义上说，个体的存在或者说个体的生存和发展需要，在本质上就具有社会的生存和发展需要的性质；满足了个体生存和发展需要，在本质上也就具有满足了社会生存和发展需要的性质。个体的人生自我价值在本质上就具有个体的人生社会价值的性质，简言之，个体的人生自我价值在本质上就是个体的人生社会价值。这是理解人生的自我价值和人生的社会价值相互关系的基础。

因此，每个个体都应当理直气壮地追求人生的自我价值实现。相应地，社会应该尊重个体需要，为个体满足自身需要的努力即为实现人生的自我价值提供条件。应该看到，强调人生的社会价值而忽视人生的自我价值的社会价值导向，往往会导致生活于社会之中人的普遍虚伪。而陷于普遍虚伪氛围中的社会在实际上则说明了该社会已经处于历史发展中的颓唐和堕落时期。这在人类历史上是不乏例证的。

---

① 《马克思恩格斯文集》第1卷，人民出版社2009年版，第519页。

当然，满足个体的自我需要并不等于满足社会需要，人生的自我价值并不等于人生的社会价值。尽管社会需要在本质上总是人的需要，但现实生活中具体的个体需要与具体的社会需要是不同的。然而，社会需要和个体需要又是内在地联系在一起的。个体离不开社会，社会也离不开一个个具体的个体，个体与社会之间的关系就是，"社会是一个全，个人是全的一部分"。离开了"全"，"部分"就不成其为部分，离开了一个个的"部分"，"全"也就没有了。离开了社会，单独的个体不能满足自己的任何需要，那种独立的、绝对的人生自我价值是不存在的。社会为一个个具体的个人创造了或设置了特定的人生环境，个人的需要产生于并依赖于社会，因此满足了社会的需要从根本上说也就能满足个人的需要。社会需要满足的现实效应离不开个体的所作所为对于社会的贡献。个体在实现自我价值的同时往往意味着关于其社会价值的实现。马斯洛等说："自我实现者无一例外都是献身于一项身外的事业，某种他们自身以外的东西。他们专心致志地从事某项工作，某项他们非常珍视的事业——按旧的说法或宗教的说法即天命或天职。"[①] 对于社会价值的追求本身就能"满足社会成员生存和发展的需要"[②]。对于个体的社会的价值和对于个体的自我价值在本质上是统一的。因此，个体在为满足自身需要而努力的过程中，就需要考虑到如何满足社会的需要，在很多时候必须首先考虑如何满足社会需要，才能从根本上保证个体自我需要的满足。

1980年5月，发行量超过200万册的《中国青年》杂志发表了化名为潘晓的一封信"人生的路呵，怎么越走越窄……"，信中提出了一个引起全国人民广泛讨论的命题"主观为自我，客观为别人"。当月14日，编辑部就收到讨论的信件，到27日当天收到的信件数量突破了1000件。潘晓的信在全国激发了广泛的关注和热烈的讨论，由此引起了中央高层的重视。在社会转型开始之际，这场全国上下的讨论在客观上对于解放被传统教条禁锢的思想是有意义的。现在回过头来看，这个命题的缺陷

---

① ［美］马斯洛等著，林方主编：《人的潜能和价值——人本主义心理学译文集》，华夏出版社1987年版，第257页。

② 汪信砚：《科学：真善美的统一》，中华书局2009年版，第171页。

不在于"主观为自我",而在于把"主观为自我"中的"主观"与"客观为别人"中的"客观"截然分割开来了。

人生价值是以一个统一体的形式存在着的,而不是分割的,一定要把人生的自我价值与人生的社会价值辩证地统一起来。根据"全部人类历史的第一个前提无疑是有生命的个人的存在"①,以及我们前面的分析,可以说,人生价值中的基础是人生的自我价值,人生的社会价值是人生价值不可缺少的内容。由此,可以概括地说,人生价值就是人生在世其存在的价值或者说是人的生存和发展的价值。

4. 实践是人生双重价值统一的基础

使人生的自我价值和社会价值得以统一的基础就是人的实践活动。人不能像动物那样单纯地依靠自然界的恩赐而生存,人生对于自我生存和发展需要的满足必须通过人的实践活动,在实践活动中人把自己的本质力量对象化,创造出体现着人的本质力量的物质的和精神的成果,在满足人自身生存和发展的需要的同时,也就从根本上满足了社会生存和发展的需要,从而把人生的自我价值和社会价值统一了起来。唯有实践,将人们所期待的或人们还无从期待的东西,经过自己的创造奉献给自己和社会,人生价值就随着创造物的价值一起产生了。正是从这个意义上说,人生价值的实现过程,就是人进行实践活动的过程,也就是人的本质力量对象化的过程。这就是实践是价值世界及其运动的本体的更深层次的内涵。

人生价值就在于个体通过实践活动创造物质成果和精神成果,以满足主体(包括个体和社会)生存和发展的需要。马克思说:"动物只生产它自己或它的幼仔所直接需要的东西;动物的生产是片面的,而人的生产是全面的",这种全面性就在于"人甚至不受肉体需要的影响也进行生产,并且只有不受这种需要的影响时才进行真正的生产",这就是不仅"只生产自身",而且"再生产整个自然界"②。这里的"自然界"就是以物理世界为载体的价值世界。

---

① 《马克思恩格斯文集》第 1 卷,人民出版社 2009 年版,第 519 页。
② 《马克思恩格斯全集》第 3 卷,人民出版社 1995 年版,第 273—274 页。

实践活动的意义不仅在于满足需要，而且在于创造需要。因此，这种全面的以生产为主体的实践活动就不仅在于满足主体全面的需要，而且在于创造出主体更为丰富的全面需要。正是在全面的以生产为主体的实践活动"再生产整个自然界"即构建价值世界的过程中，主体在"以一种全面的方式，就是说，作为一个完整的人，占有自己的全面的本质"[①] 的同时，把整个自然界作为"人的无机的身体"，使自己得到全面的自由的发展。因此，人生价值的本质就在于使人得到全面的自由的发展。

四 个体对人生价值的意识、肯定和塑造

人生价值具有客观性，人生价值必然会反映到生活于社会之中的每个人的自我意识中。幸福作为自我意识是与人生价值的自我意识密切地联系在一起的。不仅人生价值意识在作为过程的人生中展开，而且作为过程的人生也在人生意识中展开。每一个人以何种方式肯定自己的人生价值，决定了他如何塑造自己的人生。

1. 个体对人生中自我价值和社会价值的意识

人生价值包括自我价值和社会价值，这就决定了个体对人生价值的意识包括个体对人生中自我价值的意识和对人生中社会价值的意识。

（1）个体对人生中自我价值的意识

个体对人生中自我价值的意识就是个体用自身生存和发展的需要作为标准对自我人生或自我人生的所作所为进行评价，从而赋予自我人生以肯定或否定的意义。在个体对自我人生或人生的所作所为进行的评价活动中，由于主体和客体是合二为一的，因而就产生了评价过程、评价内容和评价成果形式的模糊性，从而就会产生因"只缘身在此山中"，而"不识庐山真面目"的效应。自觉地把作为人生的主体和作为客体的人生或人生的所作所为区分开来，这是正确反映人生自我价值的关键。

个体作为主体的生存和发展的需要只能由个体的生存和发展即人生

[①] 《马克思恩格斯文集》第1卷，人民出版社2009年版，第189页。

或人生的所作所为予以满足，并且人生的存在本身总在一定程度上意味着对人生或人生的生存和发展需要的满足。因此，个体在正常情况下，在对自我人生进行价值评价时，总是会对个体人生或人生的所作所为与个体生存与发展需要之间的价值关系赋予肯定意义，这就是对自己作为生命过程存在意义的确认。人的生命活动不是"行尸走肉"，离开了对自己生命存在意义的确认，生命活动就不复存在。这就使对自己生命过程存在意义的确认具有客观必然性，从而就成为人的生命活动的重要组成部分。

（2）个体对人生中社会价值的意识

个体对自我人生中社会价值的意识可以从间接和直接两个方面进行分析。首先，个体间接形成关于自身人生中社会价值的意识。社会主体用自身生存和发展的需要作为标准对个体人生或个体人生的所作所为进行评价，从而赋予个体的人生社会价值以肯定或否定的意义。个体"是个别的，但决不是孤立的"[①]。个体生活在社会之中，社会对个体人生价值的评价，包括国家权威评价和社会民众评价[②]，必然会通过人与人之间价值关系的相互作用为个体所意识，从而形成个体关于自身人生社会价值的意识。"我"关于自身人生社会价值的意识是通过社会主体对个体的人生进行评价活动为中介的，因而对个体而言是间接的。

其次，个体直接形成关于自身的人生中社会价值的意识。个体直接站在社会主体的立场上对个体的所作所为进行评价。在个体对人生的社会价值进行的直接评价活动中，个体往往会以社会主体生存和发展的需要为标准，对自身的人生或人生的所作所为进行评价，从而赋予肯定意义或否定意义。与个体对自我人生的评价不同，个体站在社会主体的立场上，而不是站在个体自身的立场上，对个体的人生或人生的所作所为进行评价，因而不能算是主体的自我评价；与个体反映社会主体的评价意见而形成关于个体自身的人生社会价值的意识不同，由于缺少社会主体对个体的人生进行评价活动的中间环节，个体主体关于自身人生的社

[①] ［美］查尔斯·霍顿·库利：《人类本性与社会秩序》，包凡一、王源译，华夏出版社1989年版，第119页。

[②] 关于这方面的评价机制可查阅陈新汉撰写的《权威评价论》，上海人民出版社2006年版。

会价值意识的形成途径是直接的。

个体间接形成关于自身的人生社会价值的意识与个体直接形成关于自身的人生社会价值的意识之间发生不一致是题中应有之义。这种不一致，可能是方向相同，但在程度上不一致；也可能在方向上完全相反，从而引发激烈冲突。

社会主体对个体中人生社会价值的评价对个体（主要通过间接途径）形成关于自身人生社会价值意识的影响是相当强烈的。当社会主体对个体的人生社会价值赋予肯定性评价时，就会不仅在精神上对个体予以鼓励，而且更重要的是还会在物质上对个体予以奖励；否则就会不仅在精神上对个体予以鄙视，而且更重要的是还会在物质上对个体予以制裁。

（3）人生自我价值意识和人生社会价值意识的相互作用

由此，在个体的意识中就有了人生中自我价值的意识和人生中社会价值的意识。这两种意识尽管内容不同，但都是关于同一个体自身的人生价值意识，且都在同一个个体主体意识里，因而两者必然会相互作用、相互渗透。一般说来，对自身人生的自我价值持肯定评价的个体通常会以积极的方式影响关于自身的人生社会价值意识；反之，对自身的人生自我价值评价很低甚至持否定态度，也会以消极的方式影响个体意识中自身的人生社会价值意识。

社会是个体存在的普遍形式，人的生存和发展需要的满足离不开社会，社会主体对个体人生社会价值通过物质和精神两方面对个体生存和发展需要的满足产生影响，因而必然会影响到个体对自身人生自我价值的评价。在一些非常时间，社会主体对某个个人的人生社会价值极度否定，这种极度否定的评价反映到该个体的意识中来，就会使该个体对自身人生的自我价值评价产生极为消极的影响，以至于该个体会以自杀的方式结束自己的生命。大家都知道，巴金有一本《随想录》，这是他人生的最后一本著作，他称之为自己的"忏悔录"。巴金写了流传于世的《家》《春》《秋》，他在《随想录》中讲述，他对自己人生的社会价值原本是清楚的，然而在"文化大革命"中，他的这个看法改变了："六六年九月以后，在'造反派'的'引导'和威胁下（或者说用鞭子引导下），我完全用别人的脑子思考，别人大吼'打倒巴金！'我也高举右手响应。这个举动我现在回想起来，觉得不大好理解。但在当时我并不是作假,我真心表示自己愿意让人彻底打倒,重新做人。"①

在关于人生的自我价值意识和关于人生的社会价值意识中,一般而言,前者对于个体的意义更大,在个体的人生价值意识中起主导作用。自身人生的自我价值意识,直接关系到个体的生存和发展,只有个体意识到自己的人生对满足自己生存和发展需要有意义,个体才会有存在下去的现实愿望并转化为存在下去的现实努力。当然,社会主体对个体人生的社会价值的评价对个体的影响相当大,然而这种影响必须通过个体关于人生的自我价值的评价才能发生作用。

2. 人生价值肯定中的盲目和自觉

个体对人生中自我价值的肯定具有客观必然性,在个体意识中人生的自我价值往往是人生价值的主要方面。这就决定了,在一般情况下,与个体对人生的自我价值肯定相对应,个体对自我人生价值的肯定也具有必然性。注意,"对人生的自我价值肯定"与"对自我人生价值的肯定"不一样。个体对自我人生价值的肯定就是对自身作为生命过程存在意义的确认。

对自我人生价值的肯定表现为个体对自己人生的依恋。人像所有动物一样都有求生的本能,人的求生以意志的形式体现出来。一个人能够活下去,不管出于多么悲惨的动机,都证明他肯定着自身存在的价值,即活着比死去更有价值。对此,弗兰克说:"我要大胆地说,这世界上并没有什么东西能够帮助人在最坏的情况中还能活下去,除非人体认到他的生命有意义。"② 这就是对人生价值的自我肯定。人生价值的自我肯定总体现在要求活下去的意志中,进一步地就体现在要求发展自身的意志中。然而,人生价值的自我肯定有盲目和自觉之区分。

在日常生活中,人生价值自我肯定的盲目性大量地表现在:人们只是按照自己的需要去生活,从中追求自己的一切目的,殊不知他们是在进行着自我价值肯定,也不顾这种自我肯定的后果是什么。对此,季羡

---

① 巴金:《随想录》,作家出版社2009年版,第276—277页。
② [德]弗兰克:《活出意义来》,赵可式、沈锦惠译,生活·读书·新知三联书店1991年版,第109页。

林说过一段意味深长的话:"根据我个人的观察,对世界上绝大多数人来说,人生一无意义,二无价值。他们也从来不考虑这样的哲学问题。"①实际上,这些人是以自我人生价值肯定的方式使人生价值丧失。季羡林说的话在一定程度上是对的,当然,他由此把绝大多数人的人生说成丧失了人生价值,又有点过头了。

与盲目性相伴随的是自觉的人生价值肯定。这就是个体在对人生价值进行评价活动时,理性地分析主体自身的需要、理性地思考主体生存和发展需要与主体存在之间的价值关系,从而自觉地肯定自身的人生价值。对自我人生价值的自觉肯定使主体意识到自我人生是一个价值过程,要自觉地追求自己的人生价值。自觉的人生价值肯定必然会自觉地对待人生中的痛苦和逆境。

(1) 自觉的人生价值肯定体现在"我"能自觉地对待人生中的痛苦

俗话说,人生不如意的事十之八九,人生总会遇到许多痛苦。作为生理现象,痛苦是神经系统对不良刺激作出的在身体和心灵方面的反应;作为心理现象,痛苦是一种有别于外感觉的内感觉,是人的一种内心体验。现代心身医学表明,身体的痛苦和心灵的痛苦都会给人的身心带来损害。因此,人生价值的自我肯定总意味着个体在人生过程中避苦趋乐。

盲目的人生价值自我肯定在避苦趋乐中往往就事论事地对待痛苦,常常是规避了人生眼前的痛苦却导致了人生长远的痛苦,规避了人生局部的痛苦却酿成了人生全局的痛苦。自觉的人生价值自我肯定就能正确地对待人生中的痛苦。毫无疑问,人不会把痛苦看作人生的目的。在现实生活中,许多人自找苦吃并不是因为他们喜欢吃苦,而在于他们理解到痛苦在人生中的意义。

痛苦对于人生的积极意义,首先就在于对人的锻炼。痛苦让人摆脱死气沉沉的感觉,它让人激动,催人奋发。成大事者必须具备承受痛苦的能力,这里的痛苦不单是指肉体的痛苦,而且更是指因失败、挫折等打击而导致的精神痛苦。痛苦使强者奋起,使弱者沉沦。在人生的痛苦经历中,意志坚强者百折不挠,意志薄弱者一蹶不振。孟子说:"故天将降大任于斯人也,必先苦其心智,劳其筋骨,饿其体肤,空乏其身,行

---

① 季羡林:《人生的意义与价值》,《前线》2007年第5期。

拂乱其所为，所以动心忍性，曾益其所不能"（《孟子·告子下》）。这是对痛苦在伟大人格形成过程中所起作用的最好注释。自觉地进行人生价值自我肯定的个体，在人生的经历中不是逃避痛苦，而往往是自找苦吃，能动地经受磨难，把磨难变成一种精神财富，由此在痛苦中锻炼自己的品质和意志。

其次，痛苦对于人生的积极意义在于提升人的精神境界。同情心总是与痛苦相联系的。人对自己痛苦的记忆帮助人把自己的痛苦与他人的痛苦联系起来，自己在多大程度上经受痛苦，有同情心的人也会在多大程度上体会他人的痛苦。"痛苦感的转移"是同情的本质，从而走出自我而与他人相认同。有痛苦才有同情，有痛苦才需要同情，同情心正是人的一种精神境界。痛苦的刺激使沉浸在快乐中的人保持冷静，让人真正意识到自己的存在，乐于倾听自己内心的声音，从而使人在反思这种痛苦时净化自己、激励自己的心灵，提升自己的境界。

（2）自觉的人生价值肯定体现在"我"能自觉地对待人生中的逆境

人生中总是既有顺境，又有逆境。顺境给人带来快乐，逆境使人感到痛苦。人在处于逆境时，总希望能转化为顺境。然而，盲目的人生价值肯定总是把逆境与顺境分割，孤立地看待两者，处在顺境时，得意忘形，骄奢淫逸；处于逆境时，悲观失望，意志消沉。自觉的人生肯定总能在顺境中想到逆境，自觉地理解逆境对于人生的意义，从而使人生中警钟长鸣。

逆境固然与人生的不幸相联系，然而却能锻炼人的意志。"文王拘而演《周易》；仲尼厄而作《春秋》；屈原放逐乃赋《离骚》；左丘失明厥有《国语》；孙子膑脚《兵法》修列；不韦迁蜀世传《吕览》；韩非囚秦《说难》、《孤愤》……"（《礼记》）。这方面的例子不仅中国有，外国也是不胜枚举，贝多芬在双耳失聪的逆境中激发出蓬勃的创作欲望，雄浑与悲壮的《第七交响曲》响彻了世界；凡·高在失去亲人与朋友理解的孤寂逆境中焕发出绚烂的生命之光，火一样的《向日葵》经久不衰。

逆境能培育人生的忧患意识。逆境是人生的低谷，思想上的压力和肉体上的痛苦是不言而喻的，从而有一种切身的体验。因此，逆境能使人刻骨铭心。这种刻骨铭心就成为人生忧患意识的根源。忧患意识就是困苦患难意识，就是逆境意识。孟子提出了"生于忧患，死于安乐"的命题。具有忧患意识的人总能在顺境中看到逆境，从表面的完满中觉察到尚未浮现的不完满。忧患意识是淡淡的哀痛，提示着面向未来的困难；忧患意识是隐隐的怆痛，警示我们不要为眼前的欢乐所陶醉，从而始终让人立足未来观照并不完满的现实。

逆境能使人生更加丰富完满。老子说，"反者道之动"，世界万物通过相反者而显示自己存在的价值，也通过相反者而推动自己的变化。人生既有顺境又有逆境，既有喜剧又有悲剧，既有幸运又有不幸运。生活本身就是这些对立因素的混合，由此就造成了人生的绚丽多彩和波澜壮阔。正如没有阴影就无所谓光明一样，没有逆境就根本不能体验何谓顺境，人生就会感到平平淡淡。经历了逆境，就会使人生在坎坷崎岖中显得更加丰富完满。

在一般情况下，人生价值的自我肯定，无论是盲目的还是自觉的，都具有客观必然性。因此，人总要活下去，并且要顽强地活下去。然而，在特殊情况下，个体会以否定的形式反映自身的人生价值，这时他就会觉得人生没有意义。这种否定的人生价值评价是与对自身人生价值评价的盲目性相联系的。这种否定的人生价值评价甚至会促使他去自杀。这个问题我们在后面要专门予以研究。

3. 在自我塑造中追求人生价值

盲目的人生价值的自我肯定没有使自我人生价值的全部丰富性进入主体意识，因而在主体意识中人生价值是空虚的。在自觉的人生价值自我肯定中，人生价值以自觉的形式进入意识。它一经产生，主体便立即面临着人生自我塑造的命运：人是人生的创造者，人生总处在自我塑造之中。

任何一个自觉的人生都处在一系列的选择之中。自我选择具有对现实自我的超越性。他在人生价值的评价活动中为主体自身创造了一个价值理想，即从作为实然的"旧我"中产生出一个作为应然的"新我"，从而就以这个"新我"作为奋斗目标。人的一生怎样度过，是在社会环境中通过自我的不断选择体现出来的。

人生的自我选择具有丰富性。社会存在是丰富多变的，以其为基础的人生也是各具特色的。人生的道路是如此宽广，可供选择的领域是如此多样，以至于人们往往会无所适从，反而会产生一种空虚感；或者，人们往往只专注于一种选择，认定一个方向，以为这种人生才是真实的，当这种选择失去时，便会产生一种绝望感。自觉地进入人生选择，就能把握人生选择的丰富性，就能使有限的人生发出更璀璨的光芒。

人总是由自己来选择自己的行为，从这个意义上说，选择是自由的。恩格斯指出："我们能够说这些个人中的每一个人的思维具有至上性，这只是就这样一点而言的，即我们不知道有任何一种力量能够强制处在健康清醒状态的每一个人接受某种思想。"① 这种思维的至上性是人之所以为人的根据，因而是绝对的。这正是恩格斯关于思维至上性的本体论含义。这就是说，任何外在力量都不能迫使一个"处于健康而清醒的状态中的"人，接受一种外在的观点，从而改变自己的行为选择。

在某种特殊情况下，主体屈从于某种外在强制（如棍棒等威逼）或内在强制（如狭窄的名利义等），把别人的观点作为自己的观点，从而改变自己原来所作出的选择。这种选择尽管是有原因的，但仍然是经过主体权衡得失而最终由自己作出的。因此，并没有否定人的思维的至上性。思维的至上性在这里就表现为选择的自由或"由自"。

康德早就注意到了这种主体选择的自由问题。康德认为，在道德领域里，具有理性的人的意志是自由的。什么是自由？自由就是自决，"如果自由不是自决，它是什么呢？所谓自决就是作自己的规律，乃是意志的属性"。② 因此，"自由"就是"由自"，由自己来决定选择什么和做什么。

选择的自由决定了主体应该对自己所做出的行为以及由此行为所产生的后果负责。存在主义者萨特不同意在第二次世界大战中有人为自己所做的错误行为推卸责任的做法。他说，"首先作为人，我作为人总是与我遭遇到的事情相称的"，"如果我被征调去参加一场战争，这场战争就是我的战争；它是我的形象并且我与之相称。我与之相称，首先是因为我随时都能够从中逃出，或者自杀或者开小差；当涉及面对一种处境的时候，这些极端的可能性就应成为是面对我在场的可能性。由于我没有从中逃离，我便选择了它"，"这种选择以一种一直延续的方式在不断地

---

① 《马克思恩格斯选集》第3卷，人民出版社2012年版，第463页。
② ［加拿大］约翰·华特生编选：《康德哲学原著选读》，韦卓民译，商务印书馆1987年版，第214页。

反复地进行","我没有托辞,因为,正如我们在这本书里说过和重复过的那样,人的实在的本意就是他没有任何托辞"①。萨特较明确地论证了选择的自由和由此所引起的责任。他是这样说的,他也是身体力行地这样做的。萨特的选择自由说的缺陷,不在于他认为选择是自由的,而在于断言这种自由的选择是没有任何条件的。

选择产生行为,行为塑造人生。广义地说,每个人每日每时都在进行着自我塑造。只要选择是自觉的,那么这种自由的人生塑造也就是绝对的。当然,这种自由的人生塑造过程必然是一个很艰难的过程。人们常常感叹人生短促而艰难,就是因为他们在追求自己的人生;人们常常对自己的人生感到失望,就是因为他们时时对自己的人生怀有希望。

个体的人生自我塑造既发生于社会又影响于社会。个体的人生自我塑造既是主动的,又要受到社会历史环境的制约和限定。因此,社会对于个体的人生自我塑造应负有责任。然而,一个更为重要的思想是:自我塑造虽然离不开社会环境,但在既定的社会环境下,各人的人生自我塑造可以各不相同,因而主要取决于个体自己。唯有个体自己才能而且应该对自己的选择负主要责任。在这个问题上,无所作为的宿命论观点就是推卸自己的责任,就是对人生的自我塑造的不负责。当然,这同时意味着,社会必须给每个人以自我负责的条件和权利。正因为如此,个体对自己的一切负主要责任,而不是负全部责任。这种观点决不是历史唯意志论,而是历史唯物主义中所体现的历史辩证法。

思考题:

1. 怎样理解人的生命活动丰富了宇宙中生命的内涵?
2. 为什么说人生是千姿百态的?
3. 人生的自我价值和社会价值是什么关系?

---

① [法] 让-保尔·萨特:《存在与虚无》,陈宣良等译,生活·读书·新知三联书店 1987 年版,第 709—710 页。

4. 怎样在自我塑造中追求人生价值?

延伸阅读：

1. [以色列] 尤瓦尔·赫拉利：《人类简史——从动物到上帝》，林俊宏译，中信出版集团 2017 年版。

2. [美] 贾雷德·戴蒙德：《第三种黑猩猩：人类的身世与未来》，王道还译，上海译文出版社 2012 年版。

3. [德] 黑格尔：《法哲学原理》，范扬、张企泰译，商务印书馆 1961 年版。

4. [德] 马丁·海德格尔：《存在与时间》（修订译本），陈嘉映、王庆节译，生活·读书·新知三联书店 2006 年版。

5. [法] 让－保尔·萨特：《存在与虚无》，陈宣良等译，生活·读书·新知三联书店 1987 年版。

6. [美] A. H. 马斯洛：《动机与人格》，许金声、程朝翔译，华夏出版社 1987 年版。

7. 孙利天：《死亡意识》，吉林教育出版社 2001 年版，第 5 页。

8. 韩东屏：《人是元价值——人本价值哲学》，华中科技大学出版社 2013 年版。

9. 陈新汉：《自我评价论》，上海人民出版社 2011 年版。

第 二 章
幸福与马克思主义幸福观

　　幸福是人类一切祈求的最终目的，也是人生一切活动的目的和归宿。如高尔基所言："生活就是渴望幸福，就是为了幸福而斗争。"亚里士多德更是宣称："我们把幸福看作人的目的。"① 什么是幸福？怎样才能获得幸福？这两个问题是幸福观的重大问题和核心问题，统率并制约着人们对全部幸福问题的看法，而对这两个问题的认识所达到的水平则直接影响一个人能否得到幸福。然而，幸福以及实现幸福道路的选择以主体为尺度，不同的人有不同的社会地位、生活条件和本质规定性，每个人的需要以及满足需要的能力和条件各不相同，而且经常发生变化，幸福之路曲折而充满艰辛。这就决定了人们正确回答上述两个问题的巨大难度。因此，我们应对这两个问题进行深刻的反思，澄清模糊、错误的观念，以形成正确的幸福观。正确的幸福观离不开科学的世界观、社会历史观的指导，而建立在科学的世界观和社会历史观之上的幸福观总能给人们思考幸福的问题带来思想的启发。马克思主义幸福观就是能够让人们提升思想境界的幸福观，它不仅能够使我们更加明确人生的目的和意义，让我们懂得在生活中追求什么、舍弃什么，什么样的人生才是更值得过的，而且能够让我们把自己的人生幸福与社会进步、大多数人的幸福紧密联系在一起，从而为了全人类的幸福而努力奋斗、奉献一生。

---

① ［古希腊］亚里士多德：《尼各马可伦理学》，廖申白译注，商务印书馆2003年版，第302页。

一　什么是幸福

幸福是人生的根本目的，不幸福的人生是不值得过的，这是人们都认同的观点。现实生活中，人们似乎都能凭借直觉和经验来判断某人幸福或不幸福，而对于什么是幸福这个问题，却莫衷一是，无法达成完全的共识。就连大哲学家康德也认为，"一个人自身的幸福的概念是过于不确定的、过于个别地多变的，从而不适合作为命令的基础"[①]。幸福历来都是一个众说纷纭的概念，不同的历史时期和文化背景下的人们对幸福的认识各不相同。在古代中国，幸福的观念与儒家的"仁爱""中庸"或道家的"顺应自然"等理念相关。儒家经典《大学》中提到"止于至善"，强调以道德修养和仁爱之道作为达到幸福生活的途径。道家经典《庄子·天道》中说："夫明白于天地之德者，此之谓大本大宗，与天和者也；……与天和者，谓之天乐。"道家认为顺天性、合乎自然，与"道"相符，就会获得真正的幸福。在古希腊，幸福通常被理解为灵魂的安康和生活的繁荣，幸福与德行和美德紧密相连。西方自启蒙时代以来，则把幸福与个人的自由和权利联系起来。托马斯·杰斐逊在起草美国《独立宣言》时，将追求幸福列为不可被剥夺的权利之一。在现代社会，对幸福的理解更是由于受社会经济发展、教育普及、科技进步、社会变迁等多种因素影响而呈现多元化的景象，形成了一个多元、多样的幸福观念谱系。

1. 从"幸福指数"谈起

探讨什么是幸福，不妨从一个时下广为流传的时髦新词——"幸福指数"入手。"幸福指数"是"幸福"与"指数"两个词语的组合。作为经济学概念的"指数"，是指某一经济现象在某时期内的数值和同一现象在另一个作为比较标准的时期内的数值的比数，它反映经济现象变动的程度。"幸福指数"意在借用"指数"概念表达幸福的具体含义。根据英国"新经济基金"组织官方网站的说法，"全球幸福指数"是全球第一

---

① 参见［美］迈克尔·斯洛特《从道德到美德》，周亮译，译林出版社2017年版，第35页。

个将生态环境因素考虑进幸福程度的指数。该指数"一反常规",不衡量一国或地区有多少资源和财富,或享有多么高的社会福利或人均收入,而主要看各国在生态资源利用上是否合理、有效,是否以较少的消耗实现了较大的价值,人民是否对生活感到满意。前些年,"新经济基金"组织曾对全球178个国家及地区做了"全球幸福指数"大排名,结果十分出人意料:"名不见经传"的南太平洋岛国瓦努阿图击败群雄,当选为地球上最幸福的国家。"新经济基金"组织评价说,瓦努阿图的人均寿命为69岁,人民对生活的满意程度明显高于其他国家,瓦努阿图也几乎没有对地球生态环境造成破坏,因而荣登"全球幸福国家"的榜首。

联合国自2012年开始发布每年一期的《全球幸福指数报告》,在全世界范围内得到了各国政府、机构组织、社会团体等的认可。这份报告基于人均国内生产总值(GDP)、健康预期寿命、生活水平、国民内心幸福感、人生抉择自由、社会清廉程度以及慷慨程度等多方面因素进行研究。在2022年联合国发布的《全球幸福指数报告》中,全球最幸福的十个国家依次是芬兰、丹麦、冰岛、瑞士、荷兰、卢森堡、瑞典、挪威、以色列和新西兰,中国位列第72位。

显然,"幸福指数"所表达的幸福观与传统幸福观的内核有着根本的不同。而对传统幸福观提出挑战的,不仅仅是"全球幸福指数"的理论。早在1972年,时任不丹国王的吉格梅·辛格·旺楚克提出了"国民幸福总值"的概念,用于衡量国民的生活质量和幸福程度。他认为,政府施政应该以实现幸福为目标,注重物质和精神的平衡发展,重视人的精神诉求和全面发展。不丹是一个人口只有63万、人均GDP(2021年)仅仅3300美元左右的发展中国家,农业人口占多数,基本的物质条件较差,人民生活水平不高,是世界最不发达的国家之一。在联合国开发计划署发表的《2021/2022年全球人类发展报告》中,不丹的人类发展指数排名为第127位。长年以来,不丹将幸福这个"治国之道"一以贯之,在施政实践中逐渐形成了提升国民幸福总值的四大支柱,即社会与经济的可持续与公平发展、环境保护、文化保护与促进、政府善治。尽管不丹这个国家并不富裕,但广大居民却被认为是"最幸福"的人。

"全球幸福指数""国民幸福总值"的指标是否合理?瓦努阿图人、芬兰人、不丹人是否真的是全球最幸福的人?对此,可能存在很大争议。

因为幸福是多种因素的和谐统一状态，既包括较为直观的客观因素，也包括不能被直接衡量、计算的主观体验与感受，因此很难通过数据化的方式呈现出来。幸福是一个抽象的哲学范畴，来自感性经验，但又超越感性经验，不仅在现实中没有直接的对应物，而且具有因人而异的内容，因此，其内涵不易被一下子说清楚。有人调侃说，要难倒一个哲学家，最简单的办法就是问他"什么是哲学"，其实，也许还包括问他"什么是幸福"。

幸福是一个在现实生活中经常被人们使用的词语。在许多情况下，人们往往将幸福与物质财富、成功、满足或者愉快的感觉联系在一起。在日常语境中，人们赋予了幸福概念太过丰富的内容，这不能说幸福概念就被完全错误地使用了，但也必须指出，在日常语境中使用幸福概念的方式并不能真正把握幸福的内涵，而且许多似是而非的意义赋予，反倒遮蔽了幸福的本质。幸福概念的复杂多义性和广泛使用的随意性，使得我们在讨论幸福时不得不更加严谨和审慎。

2. 幸福的定义与基本特征

正如一千个观众眼中有一千个哈姆雷特一样，古今中外不同的人眼中也有不同的幸福，如小孩子的玩具；学生的好成绩；劳动者的报酬；老年人的天伦之乐；佛教徒的修成正果；儒者的立德、立功、立言；基督教徒的与上帝同在；等等。人的各方面特性和现实决定了人们的价值取向不尽相同，同时也决定了幸福没有一个固定的模板，正如黑格尔所说："由于幸福的内容是以每一个人的主观性和感觉为转移的，所以这一普遍目的就它自己方面说来是特异的，因此其中的形式和内容还没有达到任何真正的统一。"① 在黑格尔看来，追求幸福对人而言是普遍的，但对幸福的看法、追求幸福的方式却因人而异。尽管幸福是一个复杂的概念，但它并非不可定义。在千差万别、多种多样的幸福表现中，我们发现，幸福不仅仅是人们的主观体验、情绪反映，也不仅仅是财富的累积、权力的积聚、事业的成功，更不是外在于人的美好事物或其属性，幸福是人的基本的、重要的需要在一定程度上得到恰当满足的理想状态。只

---

① ［德］黑格尔：《法哲学原理》，范扬、张企泰译，商务印书馆1961年版，第30页。

要审视一下过着幸福生活或者正处于不幸福之中的人们的状况，将其加以对比，再深入反思就会发现幸福的四个属性和特征。

第一，幸福具有个体性。人的幸福是在自己的生活活动中获得的。人作为自己生活的主体，其主体性因素对于其生活活动及结果起着决定性作用。这些主体性因素包括主体的需要、利益、现实能力以及主体的人生观、价值观、幸福观、知识水平、思维方式、文化教养等。这些主体性因素在人塑造自己的生活时具有主动性、能动性、创造性，影响人的生活活动过程及其结果，主导着人的生活意义和生活方式的选择。由于主体性因素的决定性作用，每个人的人生过程都具有因主体的不同而不同的性质。

人是自己生活的创造者，是自我价值的衡量者，也是人生幸福的主导者，因而每个人的幸福都是独特的。马克思指出，"全部人类历史的第一个前提无疑是有生命的个人的存在"①。人类历史上的贤哲们以此道理揭示了一个"公开的秘密"：世界上本无意义，是人通过自己的生活活动、社会实践赋予这个世界意义，人是一切价值的源头。幸福的主体不是"抽象的人""总体的人"或"概括的人"，而是在一定的社会物质条件下生活着的活生生的个人。幸福以个人为主体，并且一刻也不离开这一主体，幸福就是以主体尺度为尺度实现了主客体统一的理想生活状态。每一个主体由于所处历史时代、文化背景和承担的社会角色不同，性格、禀赋、能力、素质不同，需要、利益、生活经历不同，面对同一个事物形成的价值判断和价值观念也不同，因而，在什么是幸福、以什么方式追求幸福以及其他幸福问题上产生的观点具有因人而异的特征。对于一些人来说，幸福可能意味着拥有稳定的工作和温馨的家庭，享受天伦之乐；而对于另一些人，幸福可能更多地与个人成就、事业成功相关联。再比如，性格安静的人可能觉得简单、平安的生活有利于幸福的产生，而"冒险家"们则可能认为幸福存在于不断探索未知、挑战自我的过程中。

第二，幸福具有多维性。马斯洛的需要层次理论表明，人有生理需要、安全需要、归属和爱的需要、尊重的需要和自我实现的需要等多种

---

① 《马克思恩格斯选集》第1卷，人民出版社2012年版，第146页。

需要。幸福或需要的不同方面与层次并不是截然分立的，它们紧密联系，甚至同一事物就可能在多个方面对幸福产生影响。譬如，在精神层面上，母亲的关爱和呵护可以在孩子的成长过程中提供情感支持，让孩子感受到爱和重视，从而帮助孩子形成积极的人格和心态；在物质层面上，母亲可以满足孩子的基本生活需求，如食物、衣物和住所，让孩子有一个稳定的生活环境。甚至是一根木头，基于它自身的属性和人的不同维度的需要，就可能对同一人产生不同的价值关系，从而在人追求幸福的过程中起到不一样的作用。木头可以作为建筑材料而满足人对安全的需要，可以作为雕刻的对象而满足人的审美需要。值得强调的是，不仅幸福可以作多个维度、多个方面的理解，而且每一个维度、方面的满足也是多样化的。幸福的多维性，决定了幸福是很难一蹴而就的。如果认为仅仅是满足生理、安全维度的需要就是幸福，便忽略了人的精神需求。正如我们所看到的，生活中的许多富豪也有烦恼，过得不幸福。倘若，认为仅仅是归属和爱的需要、尊重的需要得到满足就是幸福，那么就忽视了幸福的物质基础，带有浪漫主义的幻想色彩。生活中我们不难看到，本是恩爱的夫妻因为物质方面的原因而分离的情况。总之，随着人的实践的展开，人的需要不断地被开发、更新，幸福逐渐成了一个日益丰富的多层次、多方面的整体系统。

第三，幸福具有动态性。幸福是以主体尺度为尺度的人的理想生活状态，主体处在不断的变化发展中，主体尺度也就不断地变化和发展，因此，幸福的指向、内容、层次、水平、标准是变动不居的。古希腊哲人赫拉克利特洞见了现象世界中的流变性，所谓"一切皆流，无物常驻"。对每一个主体而言，幸福从来都不是凝固、僵化不动的。任何主体都不是既定的完成品，他的主体需要、现实规定性和能力、素质，在他的生命展开过程中，随着他生活的变化以及他的自然属性、社会属性和精神属性的变化而发生变化。这些主体性因素的变化，必然引起具有主体性本质的价值关系的变化，这意味着，一个主体幸福的状况是不断变化的。例如，一个人在壮年时期，他在事业方面的成功对于他的幸福更重要，而在老年时期，身体健康、家庭和睦、平平安安、享子孙满堂的天伦之乐，就是幸福所在。

幸福的动态性的主体依据还在于人的需要被满足的规律性。马斯洛的需要层次理论指出，人的某一层次的需要被重复满足，不仅不会使愉悦感持续下去，而且可能带来"无聊、目标的丧失、失落感等诸如此类的后果"①。也就是说，人的某一层次的需要得到一定程度的满足后，就会把注意力转移到更高层次的需要上，从而使高层次的需要取代低层次需要成为新的满足目标。艾宾浩斯发现的"边际效应"也揭示了同样的道理，即在一定时间内，人们从某单一物品类别中获得的收益或满足感，会随着所得到的此类物品数量的增多而逐渐减少，甚至会带来负面效应。比如，在极度缺水的情况下，一杯水事关生死，会给人带来极大的满足感和希望；而一个人在一天饮用3升水（人每天大约需要饮用2升的水）之后，再喝一杯水就能产生令人难受的腹胀感，若此时再增加饮水量则可能导致水中毒。这些科学研究所揭示的道理说明，满足需要的规律性在一定程度上决定了幸福的动态性。

第四，幸福具有主体因素与客体因素相统一的特性。幸福不仅取决于主体因素，也受到客体因素的影响。幸福的主体因素是指个人的价值观、能力、性格、需要、信念、情感等内在因素，这些因素可以影响人们对幸福的认知和追求。如马克思所言，"对于没有音乐感的耳朵来说，最美的音乐也毫无意义"②。幸福受到主体因素的影响，并不代表幸福具有主观性。主观性含有"依赖于人的意识""为人的意识所转移"等特征，倘若幸福具有跟随人的意识而变更的主观性，那么幸福问题就会跌入相对主义的泥淖之中，幸福是什么，如何实现幸福便无法成为一个可以讨论的问题。幸福的客体因素为人们提供必要的支持和条件，是幸福的来源或基础，包括经济状况、社会关系、教育水平、健康状况、文化背景和生活环境等。一个生活在和平、稳定、繁荣社会中的个人可能会更容易感到幸福，因为他们享有更多的机会和资源来实现自己的目标和愿望；而一个生活在贫困、冲突或压迫环境中的个人可能难以实现幸福，因为这些外部条件限制了他们的自由和发展。

幸福的客体因素和主体因素是相互关联、相互影响的。个人的内在

---

① ［美］亚伯拉罕·马斯洛：《动机与人格》，李省时、马淑璇、于诗雯译，江苏人民出版社2021年版，第8页（前言）。
② 《马克思恩格斯文集》第1卷，人民出版社2009年版，第191页。

感受和心理状态受到外部环境和社会条件的影响，同时个人的态度和行为也会影响他们所处的外部环境。幸福的实现既受到客体因素的影响，也受到主体因素的影响。因此，在追求幸福的过程中，我们需要充分利用客体因素，同时也要注重提升自己的感受和认知能力。只有当客体因素和主体因素实现了统一，我们才能更好地实现和感受幸福。正如马克思所言："忧心忡忡的、贫穷的人对最美丽的景色都没有什么感觉；经营矿物的商人只看到矿物的商业价值，而看不到矿物的美和独特性；他没有矿物学的感觉。"[①] 在物质条件匮乏的情况下，即便生活在景色秀丽的山川中，人也无法因美景而产生幸福感；富足的商人则因个人审美取向和知识素养等主体因素的缺失而难以欣赏矿石的美。

3. 幸福与幸福感

如前所述，幸福在本质上扎根于人的现实生活，是一种给予人充分肯定的理想人生状态，通常表现为人的重要的、基本的需要的满足状态，人因为其生存和发展得到了满足而产生幸福感，这就有了幸福和幸福感之间的联系和区别。

幸福并不是幸福感本身。幸福感是在主体有了自觉的反思之后，对于其基本的和重要的生活需要得到满足的存在状态的肯定性评价。评价是以主体尺度为尺度的精神性活动，"评价表明在主客体之间一定的价值关系中，客体是否能够或已经使主体的需要和愿望得到满足，客体是否适合主体的需要并使主体意识到这种适合。因此，评价有两种基本的结果：肯定和否定。主体的满意、满足、接受等表示，是肯定的评价；不满意、不满足、拒斥等表示，是否定的评价"[②]。幸福感作为肯定性的评价具有主观性，但以人的基本生存和发展需要的满足为根据和基础。

"评价是一种主观的活动，它有许多主观性的特点和表现，这是由于，评价的标准本身是一种因人而异、由人们自己掌握的标准"，"人们用以评价事物时所掌握的标准，常常出自他们的感觉、直觉、愿望、兴

---

① 《马克思恩格斯文集》第 1 卷，人民出版社 2009 年版，第 192 页。
② 李德顺：《价值论》（第 2 版），中国人民大学出版社 2007 年版，第 224 页。

趣、趣味、信念、理想等等"①。这样，就有了评价标准是否适合于被评价的对象的问题，进而产生了评价标准的真、伪性质的问题。"评价标准之真伪，核心的和决定性的标志，是它是否符合主体的价值标准。"② 价值标准即主体的需要和利益。评价标准不符合价值标准，评价就是错误的。如果一个人使用了不当的、片面的评价标准，或者作为评价标准的价值观念是错误的，这个评价就一定是错误的。一个人对自己的幸福生活或幸福人生进行评价时，如果使用的标准歪曲地反映了他的需要和利益，就必然不会产生幸福感，于是就会出现人们常说的"身在福中不知福"的现象。"身在福中不知福"指的是一个人身处在幸福的状态中，却不能意识到自己的幸福。出现这种情况的原因，还包括人对于幸福的感知和认知存在局限和障碍而缺少感受幸福的能力、对于幸福的期望过高而否定已经得到的幸福，以及平实的幸福已经成为日常生活的一部分或来之容易而不被珍视。"身在福中不知福"现象提醒我们，要反思自己对于幸福的期待和感知方式，练就一双"发现的慧眼"，学会欣赏身边已经存在的幸福。

幸福感是一种积极的精神力量，能够鼓励人去发现和追求生活中的真、善、美，激发人奔向幸福，是幸福生活所不能缺少的。人们不仅把幸福作为自己的人生目标，也应学会用心去体验和感受幸福，这一点对于幸福感的生成是极为重要的。体验和感受幸福的能力是形成和发展幸福感最为重要的主体因素之一，其特点是以洞悉人性的本质、领悟幸福的真谛和体察人生的道理为素养，以正确的世界观、人生观、价值观为核心，运用辩证的逻辑思维和历史分析的方法从总体上客观地评价人生。因此，它可以超越一时一事的挫折、不顺，甚至在人生遭遇重大挫折时，也能着眼于整个人生的发展过程，透过复杂的生活表象，充分肯定自己的生活，坚定幸福的信心。任何一个人的精力、时间、生活条件都是有限的，主体能力也是有限的，因而不可能在现实生活中事事顺心如意、得遂心愿，正如常言所说："即便是最幸福的人也有忧伤的时刻；太阳不

---

① 李德顺：《价值论》（第2版），中国人民大学出版社2007年版，第255、256页。
② 李德顺：《价值论》（第2版），中国人民大学出版社2007年版，第263页。

会对任何凡人永远露出微笑"①,"人生不如意事,常八九"。人们不能因为生活中的不如意、不顺利就否定、无视自己生活的幸福及其价值,而是要懂得幸福是对现实生活的总体、对生命质量的全面性而言的,幸福不是人生没有烦恼、痛苦、挫折、失败和困境。只要生活在总体上是令人满意的,人生中基本的和重要的需要得到了满足,那么生活就是幸福的。

4. 幸福观

一般而言,幸福观是人们关于幸福的看法和理解。这里应区分两种意义的幸福观。一种幸福观指的是一门理论分支,即关于幸福的本质、幸福的来源、幸福的影响因素以及如何达到幸福状态的系统学说和理论,它通常由社会的思想家、专家、学者构建,因为具有广泛的社会规范与教化意义,我们称为社会幸福观;另一种幸福观指的是人们内心深处对于幸福的取向、态度和情感,是关于幸福的信念、信仰、理想系统,我们就称为幸福观。这两种幸福观相互影响、相互作用,前者有助于使后者系统化、理智化,后者则为前者提供思想资源。

每个人在追求人生幸福的过程中都会形成一定的幸福意识。幸福意识被区分为幸福心理和幸福观。幸福心理是处于心理水平的幸福意识,它同人的大脑的生理机能、人的切身感受更直接、更密切地联系着,是未加反思和论证的非系统的、不定型的、朴素的关于幸福的各种问题的看法、理解和评价。幸福观则是系统化、理论化的幸福意识,是理性思维的产物。幸福观对个人的思想和行为有重要影响,它不仅影响个人追求幸福的方式,还影响个人对生活的满意度和幸福感,是决定人们能否获得幸福的强大精神力量。正确的幸福观使人积极地看待生活中的挑战和困难,确立正确的幸福目标,选择实现幸福的合理方式,为真正的幸福而努力奋斗;错误的幸福观,不能让人真正把握幸福的力量,使人以错误的方式追求所谓的幸福,从而最终与幸福背道而驰。幸福观最重要的意义在于它对幸福感的影响。首先,幸福观对幸福感具有导向作用。一个人的幸福观影响他的幸福目标的确立以及幸福行为和方式的选择,

---

① 《马克思恩格斯全集》第47卷,人民出版社2004年版,第548页。

在一个人是否幸福的感受和体验中总是渗透着他的幸福观。其次，幸福观作为价值观的有机组成部分是一个人评价其生活、人生的标准，决定评价结果，从而对幸福感产生直接影响。最后，幸福观能否对象化和现实化，是一个人幸福感的来源所在。幸福观的对象化和现实化，即一个人把自己的幸福目标付诸生活活动，并且实现了幸福生活的理想。当一个人实现了自己的人生幸福理想，幸福感就会产生，反之，就会产生不幸福感。

幸福观作为理论形态的幸福意识，其形成往往受到社会幸福观的深刻影响。人们在追求幸福的道路上，总会有弄清幸福是什么、幸福的本质是什么、人能否获得幸福、什么样的生活才是幸福生活、怎样获得幸福等问题的需要。然而，幸福的重要问题，尤其是那些决定幸福生活的根本问题、大问题，并不能仅仅依靠生活经验或感性直观就能弄清楚，更不能单凭一己之力就能领悟其精髓。人们总会通过各种媒介了解那些思想家、学者建构的社会幸福观以形成自己的幸福观，与此同时，一个社会或群体组织在通过意识形态对民众的教化过程中，也会自觉建构某种社会幸福观或者利用一些重要的社会幸福观来对人们的幸福观建构施加影响。人类历史发展过程中产生了各种具有文化特色和时代特征且具有深远意义的社会幸福观。

（1）以儒道释幸福观为代表的东方传统社会幸福观

儒家幸福观强调"仁爱"与"德行"，追求"福德一致"，"在形式上，主天人合一、重和谐，主人道、重人生，主求善、重修身，主心性、重内省的方式相结合"①。《尚书·洪范》的"一曰寿，二曰富，三曰康宁，四曰攸好德，五曰考终命"，就将德行纳入了幸福的要素之中。儒家还将"人的幸福分为外在和内在两个方面。其中寿禄、富贵、命数等都是由上天所恩赐的，个人无法改变，即所谓'生死有命，富贵在天'的思想。而'德行'是人的内在幸福，是可以通过自身努力得到并改变的，这也是幸福的最高境界，即所谓'福德一体'的思想"②。并且，在儒家的视域中，内在幸福往往高于外在幸福，如果没有良好的德行，即便是

---

① 吴冬梅、庞雅莉：《中西方"幸福"观探讨》，《社会科学家》2012年第6期。
② 高园：《新时代幸福观的演绎与建构》，《中州学刊》2019年第5期。

大富大贵，在儒家（尤其是孔子）看来也与幸福无关。《论语·述而》中所描述的"孔颜乐处"便佐证了这一观点："饭疏食，饮水，曲肱而枕之，乐亦在其中矣。不义而富且贵，于我如浮云。"儒家幸福观还强调和谐的人际关系（尤其是家庭关系）对于幸福的重要意义。"在儒家学派看来，尽孝、有悌、尽忠、守信、有智和有勇是衡量人幸福与否的重要标准。"① 这说明，儒家幸福观不仅要求个人向内修身养性，形成仁、义、礼、智、信等美好德行，而且强调德行在构建和谐的人际关系过程中的外显作用。"从这点来看儒家对人生幸福观的理解是积极有为的，诠释出幸福并非单属于个人，也包含了人与人之间关系的连接。"② 儒家幸福观强调的是人与人之间的情感联系和相互关怀，注重的是社会和谐与稳定，关注的是道德和精神的价值。儒家幸福观对于忽视人与人之间的情感联系和社会责任的享乐主义、利己主义等思潮具有一定纠偏作用。然而，儒家幸福观在相当大的程度上忽视了外部因素（尤其是物质因素）对于幸福的重要意义。

道家幸福观的核心是顺应自然、回归自然，此之谓："与人和者，谓之人乐；与天和者，谓之天乐"（《庄子·天道》）。道家认为"小国寡民""无为而治"才是理想社会，在那里，才会"达到'天地人和'的自然幸福"③。道家幸福观还认为，人们不要过度干预和改变自然，而是应该遵循自然的规律，回归自然，与自然和谐共处。道家幸福观教导人们以长远的眼光看待幸福，认识到祸福相辅相成、相互转化，即"祸兮，福之所倚；福兮，祸之所伏"（《道德经·第五十八章》）的道理；也要求人们不应该只关注眼前的利益，而应该从长远的目标出发，不要轻易被一时的挫败击败，而是要在困境中看到希望，持续追求自己的目标和理想。道家幸福观提倡谦虚、简朴和自然的生活方式，有利于抵御纸醉金迷、铺张浪费的不良风气。但是，其顺应自然的价值追求一定程度上忽视了人发挥主观能动性为自身幸福创造客观条件的重要意义，从而忽视了幸福的现实根据和世俗内容，并且，道家幸福观容易消解人积极作

---

① 孔德生、蔡丽：《关于"幸福"的中西方哲学探讨》，《理论探讨》2010年第6期。
② 孔德生、蔡丽：《关于"幸福"的中西方哲学探讨》，《理论探讨》2010年第6期。
③ 高园：《新时代幸福观的演绎与建构》，《中州学刊》2019年第5期。

为的主体性。

"印度佛教自两汉时期开始传入中国，到三国两晋南北朝时期日渐兴盛，再到隋唐时期繁荣发展，最终在宋明时期融入中国文化的血脉。"① 在此过程中，佛教主动融入中国传统文化，尤其是主动与儒家思想相结合，形成了打上中国文化特色烙印的佛教传统。中国传统佛教的幸福观强调内在的转变、内心的平静、对他人的关爱以及精神的超脱。佛教提出"苦""集""灭""道"四圣谛，揭示人生的苦难无常，认为人类痛苦和烦恼的根源在于"迷""执""痴""贪"。因此提出，要实现真正的幸福，就必须超越执着，放下对物质和名利的追求，通过禅定和修行，以及用一种既不追求极端快乐，也不刻意追求无苦状态的态度，达到内心的平静和安宁，实现真正的幸福。可见，佛教眼中的幸福是心灵的宁静与超脱。佛教还强调"广度众生"，主张对他人的慈悲和关爱。佛教的慈悲和关爱不仅是对自己和亲人的呵护，更是对所有生命的尊重，这种博爱的精神也是佛教幸福观的重要组成部分。同儒家与道家幸福观类似，佛教幸福观也强调幸福的精神向度，但其通过修行来消除业障而实现幸福的路径则与儒家强调入世有为、道家强调顺其自然且清静无为的方式全然不同。

（2）以古希腊幸福哲学、基督教幸福观为代表的西方传统社会幸福观

西方文明滥觞于古希腊，西方幸福观同样萌发于这一时期。古希腊时期的幸福观主要通过古希腊哲学以形而上学的面貌呈现出来，其主流幸福观强调灵魂的作用与纯洁性，忽视甚至蔑视劳动和物质财富对于幸福的意义，把有价值的劳动仅仅视作精神和思维的活动，从而将幸福与劳苦大众所从事的体力劳动对立起来。苏格拉底把理性作为幸福判断的标准，而把情感因素排除在幸福的大门之外，他认为，人的心灵内部已经包含一些与世界本原相符合的原则，心灵原则是德性、人自身中的善，因而在灵魂澄澈的状态下，人在"认识你自己"的过程中，根据灵魂的指引而生活便是幸福。柏拉图认为，现实可感世界中的幸福稍纵即逝并

---

① 王世涛、陈士福：《佛教中国化对马克思主义中国化的启示》，《广西社会科学》2015年第6期。

非永恒，真正的幸福是通过灵魂回忆对理念世界的观照。灵魂降落在肉体之前是洁净高尚的，灵魂在肉体之中意味着堕落，只有尽量地净化肉体的污染，才能尽可能地接近幸福，这意味着人们越是沉迷于可感世界的享受，就离幸福越远，最彻底的幸福是灵魂的净化。劳动与物质财富对于幸福的基础性意义却在剥削的关系中被隐匿了。亚里士多德认为幸福是人类一切活动的终极目的、最高的善，幸福不仅是合于德性的，而且是通过努力去争取的实践活动，因此合于德性的实践活动构成了完满的幸福。他还说，增加每个人获得幸福的机会，就要培养正当的人品，人们生活在一起，必须在秩序良好的政治制度和与周围人的良好互动中，才能找到幸福。

在中世纪的欧洲封建社会中，基督教以其素朴的信仰取代了复杂的理性思辨，为人们树立了道德追求的标杆。中世纪的主流幸福观以基督教为依托，是一种宗教幸福观。它拔高了幸福的精神层面，将世俗的愉悦与享受视作堕落。与古希腊哲学注重精神的理性方面不同，基督教则更为强调精神的信仰向度。奥古斯丁认为，基督教以幸福为目标，知道什么是真正的幸福，并提供了达到幸福生活的唯一途径——信仰。他指出，以往的哲学家把理性的思辨过程当作幸福，但这只会产生各种意见的纷争，远离幸福状态，而基督教徒把幸福看作上帝赐予的福分，通过认识并履行上帝的启示，进入幸福的天国，即幸福就是与上帝同在。上帝并不在人们所生活的此岸世界，因而人生在世无论是穷人还是富人、义人还是恶人都谈不上真正的幸福，人生活的意义在于争取进入天国的入场券。因此，基督教的幸福观就是否定人的世俗幸福，正如诗人海涅在《论德国的宗教和哲学的历史》中所言："邪恶的撒旦和善良的基督对立着，基督代表精神世界，撒旦代表物质世界；我们的灵魂属于精神世界，肉体属于物质世界；从而，整个现象世界，即自然，根本是恶的；……因此，必须谢绝人生中一切感性快乐……这样才能使灵魂越加庄严地升到光明的天国，升到基督光辉灿烂的国度。"① 尽管基督教的教父和经院哲学家们通过各种各样的方式论证上帝存在；但这些论证又都存在着各种各样

---

① ［德］亨利希·海涅：《论德国宗教和哲学的历史》，海安译，商务印书馆1974年版，第16页。

的问题，无法令人信服。在中世纪后期，宗教人士自身生活的糜烂和堕落与基督教的高尚教义形成了鲜明的对比，包括教会和教徒在内的越来越多的人开始追求现世的享乐，而非彼岸的幸福，于是基督教的幸福观垮塌了。正如恩格斯所言："历史越是'充满神性'，就越具有非人性和兽性；毫无疑问，'充满神性的'中世纪造成人性兽化的完善，产生农奴制和初夜权，等等。"① 回头来看，基督教的幸福观为被统治阶级描绘了一幅虚幻的幸福蓝图，让人忍受不公与苦难，将希望寄托于彼岸的幸福，却创造了一个供统治者享乐的此岸"天堂"。

（3）以享乐主义、个人主义为代表的现代资本主义社会幸福观

人类的现代历史发端于欧洲。资产阶级通过文艺复兴、宗教改革、启蒙运动打出了自由、平等、博爱的旗号，要求实现此岸世界的繁荣和个人的解放。资产阶级的思想家提出了天赋人权、自然权利的概念，认为人是自由和平等的，保存生命、行为自由、占有财产是人固有的人性与权利。在此基础上，资产阶级的幸福观也冲破了宗教的束缚，认为向往幸福是人的天性，追求幸福则是人不容侵犯的天赋权利，并且承认现世的欢愉与物质享受。在资产阶级的统治下，资本主义社会盛行享乐主义和个人主义的社会幸福观。

享乐主义是指通过物质享受和感官刺激来满足自己的欲望和需要，从而达到"幸福"的一种思潮。在哲学史上，享乐主义的源头可以追溯到伊壁鸠鲁主义。伊壁鸠鲁主义把幸福等同于快乐，认为其无可辩驳地具有崇高的价值。并且，人的感觉证明了快乐为善、痛苦为恶这一常识的正确性，显示了趋乐避苦的自发性和自明性，为享乐赋予了合法性。可人们常常忽略的是，伊壁鸠鲁坚决反对把快乐与享乐相等同。他区分了动态快乐即强烈但不能持久的快乐与静态快乐即平静而长久的快乐，前者是欲望的要求和满足，后者是身体的无痛苦和灵魂的无纷扰。他还认为肉体上的淡泊和精神上的安宁高于声色犬马的放荡。② 由于对伊壁鸠鲁的误解，人们阴差阳错地把伊壁鸠鲁主义当成享乐主义的代名词沿用至今。在资本主义社会中，享乐主义的影响力越来越大。一方面，社会

---

① 《马克思恩格斯全集》第 3 卷，人民出版社 2002 年版，第 521 页。
② 参见邓晓芒、赵林《西方哲学史》（修订版），高等教育出版社 2014 年版，第 69—70 页。

的加速发展迫使劳动者选择更为方便、快速的方式获得愉悦。"资产阶级在它的不到一百年的阶级统治中所创造的生产力,比过去一切世代创造的全部生产力还要多,还要大。"① 同样,资本主义大工业和生产竞争机制与现代科学技术相结合,使社会创造物质财富的能力以及财富的积累和增长大大超过了传统社会。人们的消费活动主要是吃穿住行,因而更容易获得的是物质享受和感官快乐。在资本逐利的逻辑中,幸福就被曲解为对商品的更多占有和无止境消费。这一幸福信念通过广告和营销的普及而得到推广。美国学者鲍德里亚在《消费社会》一书中提出,后工业时代的到来和物质财富的剧增,为消费主义的兴起和扩散提供了肥沃的土壤。在消费社会,消费获得了近乎神圣的地位,它无孔不入地渗透到日常生活的各个层面,将一切物质与非物质事物转化为可消费的对象。而消费活动本身所带来的愉悦和满足已经成为消费者追求的核心目标,成为他们幸福感的重要来源。

个人主义的幸福观强调个人的自由和独立,认为个人应该自主决定自己的生活方式和价值观,并追求自己的目标和理想,每个人都可以为实现自己的利益、个人的幸福而自由地奋斗。经由亚当·斯密的论述,看似自私的个人逐利行为实际上可以无意识地促进社会利益的最大化。他认为在由理性驱动的经济活动中,每个人"所盘算的也只是他自己的利益。……他受着一只看不见的手的指导,去尽力达到一个并非他本意想要达到的目的。也并不因为事非出于本意,就对社会有害。他追求自己的利益,往往使他能比在真正出于本意的情况下更有效地促进社会的利益"②。个人主义幸福观通过理论家的阐述被赋予了越来越大的合法性。在这种观念泛滥的情况下,每个人都可以跟着感觉走,甚至以欲望为依凭去追寻所谓自己的幸福,幸福好似成了别人无权管辖的私事。

二 幸福的误区

每个人都想得到幸福、过幸福的生活。为了获得幸福生活,人们在

---

① 《马克思恩格斯文集》第 2 卷,人民出版社 2009 年版,第 36 页。
② [英] 亚当·斯密:《国民财富的性质和原因的研究》(下卷),郭大力、王亚南译,商务印书馆 1974 年版,第 27 页。

努力奋斗着。作为人类文明中永恒的追求，无数哲人对幸福进行了探索和研究，为我们对人生进行哲学反思提供了睿智而广泛的思想资源。他们的努力向我们指明了幸福的误区，给予了我们警示。

1. 幸福与快乐

有人认为，幸福就是快乐，只要会寻找乐趣，快快活活地过一生就是幸福的。爱尔维修认为，"趋乐避苦是永恒不变的人性原则，是人的本性，人们获得了快乐，也就获得了幸福"[①]。诚然，快乐是人生必需的，没有快乐，人生将是郁闷、刻板而凄凉的。只不过，不是所有的快乐都是与幸福相关的。"此间乐，不思蜀"式的快乐，那种无所事事、放浪形骸式的快乐，吞食扶贫款、挥霍民脂民膏式的快乐，建立在他人痛苦基础之上的残暴的快乐，以及一切违背人性、良知与正义的寻欢作乐……显然早已背离了幸福的本真意义，与幸福相去甚远。

快乐中包含着愉悦，幸福也与愉悦相联系，但幸福之中的愉悦与快乐的愉悦有着本质的不同。幸福的本质决定了它所包含的愉悦来自正常的、健康的身心活动，与真、善、美和自由相契合；快乐则是人的欲望满足时的精神状态，这就决定了使人快乐的原因不必然合乎人的需要和利益，因为欲望既可以是人的客观需要的真实反映，也可能偏离了真实的需要，快乐中的愉悦既可能是合乎人性的，也有可能是否定人性的。吸毒可以引起短暂的快乐，但是最终将把人送上不归路。幸福中的愉悦来自对整体需要适当满足的回味与总体生命质量的反思，往往是持久、稳定和深沉的；快乐中的愉悦有时是强烈且具有刺激性的，但是它常常是短暂、易逝和肤浅的。

一个例子可以帮助我们理解幸福与快乐的区别。电子游戏作为一种流行的娱乐形式，能够短暂而强烈地激发玩家的愉悦感受。然而，这种快感与幸福并没有实质性联系。游戏通过其精心设计的刺激和奖励系统，为玩家带来即时而短暂的快乐体验。这种体验虽然吸引人，但是随着游戏的结束，这种快乐体验很快就会消逝，而且，它建立在虚拟的基础上，有时会使玩家与现实生活产生隔阂，过度沉迷于电子游戏可能会忽视现

---

① 参见邓先奇《从马克思的人性论解读人的幸福》，《江汉论坛》2010 年第 7 期。

实生活中的重要方面，给人的身心健康带来不利影响。许多人不了解幸福与快乐的区别，将幸福与快乐混淆，甚至当作同义词在日常生活中使用。实际上，恰恰是对幸福和快乐的模糊理解，使人跌入幸福的误区，成为人们追求幸福道路上的绊脚石，"因为快乐主义者的着眼点是感觉，而感觉总是将人引向当下，将人生视为获取快乐的各种片段的组合，而缺乏一种对人生总体性的把握和筹划"①。

2. 幸福与欲望

有人认为，幸福就是欲望的满足，若是想要什么就有什么，那该多么幸福。然而，欲望是永无止境的，满足欲望的能力和条件却是有限的。旧的欲望满足了，总会有新的欲望产生出来，封侯恨不授公，授公恨不称帝，称帝恨不长生……如此循环往复，人就会被无休止的欲望牵着走，久而久之，就会陷入欲罢不能又求之不得的无止境痛苦之中。除此之外，欲望的重复与过度满足，犹如让好吃之人终日饫甘餍肥、让戏迷昼夜泡在戏院、让书生一年四季坐拥书城，腻味、厌烦、无聊终归是免不了的。英国哲学家霍布斯认为："我们要认识到，今生的幸福不在于心满意足而不求上进。旧道德哲学家所说的那种极终的目的和最高的善根本不存在。……幸福就是欲望从一个目标到另一个目标不断地发展，达到前一个目标不过是为后一个目标铺平道路。所以如此的原因在于，人类欲望的目的不是在一项间享受一次就完了，而是要永远确保达到未来欲望的道路。"②

幸福与需要具有内在的联系。但是，欲望与需要有着不同的性质和特征。"'需要'是人的生存发展对外部世界及自身活动的依赖性表现"③，由人的自然属性、社会本质和精神特质所决定，因此，需要即人的本性，具有不以人的意志为转移的客观性。世界上不存在没有任何需要的人，满足人的需要则是人类生存和健康发展的基础，也是对生命的肯定与尊重。然而，"由于人类有意识、有理性，人类的需要就日益转化

---

① 肖劲草：《对亚里士多德幸福观的当代反思》，《道德与文明》2011年第5期。
② ［英］霍布斯：《利维坦》，黎思复、黎廷弼译，商务印书馆1985年版，第72页。
③ 李德顺：《价值论》（第2版），中国人民大学出版社2007年版，第76页。

为欲望，而欲望的实质是人主观的愿望或想要"①，欲望的主观性存在着否定、扭曲需要的异化情形。异化的欲望不仅不能满足人的需要，甚至与需要完全背道而驰。因此，要实现幸福，必须把握欲望的特点，从而理性地对待欲望。

首先，欲望不同于需要的重要之处在于它的无限性。需要一旦满足，就不会无止境地提示主体一直满足下去。人吃饱了就没必要再吃了，因此就不会一直吃下去，如果被食物的美味所诱导不停地吃，身体就会以否定自身的方式告知这种行为应立即停止。马斯洛的需要层次理论与艾宾浩斯的边际效应理论也表明，性质相近的需要的重复满足并不会带来满足感的等量增加。这可以视为人的自我保护机制的作用。然而，需要被主观化为欲望时，欲望就暗含着被意识的主观随意性无限扩大的可能。需要的发展规律揭示的道理是，人在其某一层次的需要得到一定程度的满足后，就会转向对更高层次需要的渴求。欲望的发展则不具有这一客观必然性和规律性，有些欲望始终无法得到满足，正所谓"欲壑难填"，这种特点使其既可以肯定人自身，也可以否定人自身。

其次，无限的欲望具有否定、遮蔽人的其他需要的可能性。人有限的精力投入对无限的欲望的满足时，其他合理的需要便无暇被顾及，而处于遮蔽状态。有网瘾的人把上网的欲望摆在首位，长时间地沉浸在虚拟的世界当中，不可避免地就会忽视现实世界肉身的饮食与健康等基本需要的满足，更是由于无节制的网络游戏活动占用了他的时空与身体资源而无暇发展自己的社会性需要、精神性需要，这就是所说的"玩物丧志""不务正业"。

最后，欲望可能脱离需要的客观基础而变得扭曲化、荒诞化。如果说沉迷电子游戏的欲望之根源可以从人的娱乐、享受需要的异化过程中寻找端倪的话，那么对毒品的欲望则是来自化学物品对生理系统的侵蚀与控制，完全脱离了人的需要的客观基础而呈现为扭曲和荒诞。② 而一切与人世间的真善美相悖的假丑恶的欲望，最终将使人被社会、历史所

---

① 江畅：《好生活如何可能——基于价值论的思考》，社会科学文献出版社 2023 年版，第 4 页。
② 参见江畅《好生活如何可能——基于价值论的思考》，社会科学文献出版社 2023 年版，第 4 页。

淘汰。

欲望的上述特点表明，人追求幸福必须关注和满足自己的真实需要，审视、管理自己的欲望，使所有的欲望及其满足与人性的丰富发展、个体的自由和社会的进步统一起来。人们常说"知足者常乐"。这并不是说人应放弃奋斗，安于现状，而是要人懂得自己真正的目标是什么，什么是值得追求的，什么是真正需要的。被欲望控制的人，其生命就会在既无效又无望的徒劳当中慢慢被消耗殆尽。因此，托尔斯泰所说的"欲望越少，人生就越幸福"，是有道理的。

3. 幸福与金钱、权力

在现代社会，金钱和权力成为许多人疯狂追求的对象。有人认为，拥有更多的金钱和更高的权力地位是人生的意义、幸福的源泉。这种想法导致了许多人过度甚至病态地追求金钱和权力，忽视了其他重要的幸福因素。不得不承认，一定的物质基础和社会地位是人生所必需的。想想穷得叮当响、饿得前胸贴后背的苦滋味，想想办事时求天不应求人无门时的无奈，人们是多么渴盼能够吃穿不愁、诸事顺遂啊。但是，只要仔细观察，善良的人们不难发现，现实中不少富人或达官贵人并不幸福。

幸福和金钱的关系是复杂的。在市场经济时代"物的依赖关系"下，人们通过金钱购买生产和生活资料以及各种社会服务来满足生存和发展需要。金钱是财富的符号、独立的象征，代表一定的社会自由，在个人生活中的地位十分重要，因此，幸福生活建立在一定数量的金钱的基础上。然而，这并不意味着金钱就是幸福的唯一来源、充要条件。金钱不是万能的，对于人生幸福的作用也是有限的。一旦财富足以满足我们的基本的、重要的需要，金钱对于幸福的影响就不那么显著了。金钱归根结底是个人实现生活幸福的手段、工具，金钱对于人不仅仅有正价值，还有负价值，这主要取决于一个人怎么用、用来干什么。金钱的作用很大，但是绝不是人有钱就幸福、钱越多幸福就越多。手段僭越了目的，就置人于自我否定的境地，金钱无论怎么重要，它都不应成为人生的最高目的，否则人就成为金钱的奴隶。巴尔扎克笔下的葛朗台便是被金钱奴役的典型人物，他一生视金钱高于一切，直到生命的最后一刻都在追逐黄金。在他弥留之际，当神父把镀金的十字架伸过来让他亲吻时，他却突然伸手抓取，这个动作耗尽了他生命最后的力量。葛朗台具有讽刺意义的形象警示我们，当我们过度追求金钱时，很容易迷失人生的正确方向。因此，我们必须正视金钱对于我们生活的作用，并清醒地认识到金钱不是生活的全部，它也不能给人带来一切。

权力与社会地位、社会角色紧密联系，是一个人或组织在特定领域内获得尊重或承认的重要因素。权力与幸福之间的关系也是复杂的。一方面，权力是一种令人着迷的东西，它可以使人支配他人和占有一定社会资源，甚至掌控自己和他人的命运，更能给自己带来安全感和满足感；另一方面，人过度迷恋和追求权力时，就不容易丰富和发展自己多方面的人性，甚至为权力所"绑架"、形成"权本位"的人格，远离真、善、美。因此，我们必须明确认识到权力不是衡量一个人成功和幸福的唯一标准，同时必须规范自己对权力的渴望与追求方式，使其与幸福生活的目标相协调和保持平衡关系。

在追求幸福的过程中，人应该形成和坚持正确的金钱观和权力观，正确处理金钱、权力与人生幸福的关系，以道德和合法的方式获取金钱和权力。只有这样，人才能在追求幸福的道路上行稳致远。

4. 幸福与"付出后的收获""投入后的报偿"

相信"付出后的收获""投入后的报偿"是一种常见的生活信念。这一信念的内在逻辑是：任何事情都需要一定的投入才能获得相应的收益；如果我们想要获得更多的回报，就需要更多地付出和投入。在生活中，许多人超出此逻辑的限度将"付出后的收获""投入后的报偿"强化为"付出总有收获""投入必有报偿"，认为通过付出努力和投入时间、精力来追求目标，最终一定会收获利益和成果。这一信念在一定程度上激励人们不断地努力追求自己的目标，帮助人们保持积极乐观的心态。但对于幸福而言，这一信念有待反思。一方面，"付出总有收获""投入必有报偿"这种说法并不是绝对的。虽然付出和投入可能带来回报和成果，但是这种回报和成果并不总是符合我们的期望。有时候，我们可能会付出很多努力和时间、投入很多资源和精力，但最终却没有获得相应的回报、实现自己的目标。如果我们没有认识到"付出不一定有收获""投入不一定有报偿"的真相，那么就有可能后悔对于幸福的追求和动摇幸福的信念。另一方面,"付出后的收获""投入后的报偿"暗含功利计算的意味。作为一个理性的行动者,"三思而后行",对某一行为的目的、方式和后果等进行思虑与考量是必要的。但在当代社会,受到商品经济的影响,成本与回报的计算过程被放大,对利益计算的重要性被抬到了畸形的高度。如果一个人无时无刻不在计算"我做这件事值不值得""我能从这件事中获得什么好处",那么我们有限的精力和思考能力就会被功利计算占据。当人生被利益计算支配了的时候,生活就不再是自主的、开心的。幸福有时恰恰就来自一种故意忽视利益计算而不求回报的给予,一份心底无私的默默的奉献。父母与子女之间,恋人之间,朋友之间,若斤斤计较、患得患失,根本就不能形成、维持和发展亲密关系,更谈不上带给人踏实而美好的幸福。

亲密关系是幸福的重要来源。父母无私付出从孩子的笑脸中收获的喜悦,真心投入后从爱人的情感中获得的报偿,无疑是幸福的重要因素。"付出后的收获""投入后的报偿"仅在心甘情愿、合情合理、回报真实可信等情况下才能使人幸福,这意味着幸福与公平相关。有些宗教的幸福观或剥削阶级的幸福观,总是欺骗那些正在经历苦难、处于不幸之中的人们,认为忍受今生今世的苦难、接受现世的不幸,就可以在来生来世得到永恒的幸福,这种欺骗观念的目的是维护一些人的不当利益。有些人只顾盲目地付出,而不去思考其付出是否能促进自己的幸福,到头来得到的是"虚妄的幸福"。其实,只有付出与回报相统一时,付出才与幸福相关。

三 马克思主义的科学的幸福观

幸福观是人们关于幸福相关问题的立场和观念,是人生观、价值观的重要组成部分。正确的幸福观是漫漫人生路上的路标,指引我们奔向幸福生活。辨析幸福的若干误区,目的是确立科学的幸福观。科学的幸福观的确立离不开对错误的幸福观的反思与批判,以及对幸福根本问题的深刻反思。

1. 对两种错误幸福观的批判

现代社会盛行两种错误的幸福观，即享乐主义和个人主义。这两种幸福观的表现不同，但有着共同的本质和价值特征，即以个人为本位、以自我为中心，追求片面而狭隘的幸福，把个人幸福与大多数人的利益和幸福割裂开来，否定幸福的丰富内容和社会本质，其危害是不仅不能实现个人的真正幸福、提升幸福的境界，而且不能推动社会的进步、促进绝大多数人的幸福。这两种幸福观的盛行与现代社会"物的依赖关系""物化社会"以及"消费社会"等特征有着密切关联。

享乐主义的幸福观以物质享受、感官快乐为人生幸福的评价标准和价值目标。这种幸福观的境界停留在与人的生理和心理相关的物质需要的满足上，是人处于较低级水平的反映，对人的幸福具有巨大危害。首先，享乐主义沉溺于物质享受而忽视了人的社会性和精神性的发展。现代社会是以社会生产分工为基础的市场经济社会，商品生产和商品交换创造的日益丰盛的商品世界最先满足的是人们日益增长的物质需要，也最容易把人引向对于物质享受和感官快乐的追求之上。但"一味致力于财富及其利益的最大化，只会使精神更为空虚与无聊，反过来会更为加重对金钱的渴望。财富的增加、消费主义的刺激，越加难以摆脱精神的空虚，陷入无法摆脱的囚徒困境"[①]。对物质享受和感官快乐的追求使人陷入消费主义泥潭，牺牲了人全面发展和个性自由的可能性，而迫使人成为片面的、低级趣味的人。其次，享乐主义使人"物化"。现代社会以市场经济为基础形成"物的依赖关系"。"物的依赖关系"在表象上体现为社会关系的物品化，人与人之间的劳动关系颠倒地表现为商品之间的交换关系，个人对社会劳动的依赖性表现为对于货币的依赖性，人的活动的社会性对于个人是异己的东西、物的东西。在交换价值上，人的社会关系转化为物的社会关系，人的能力表现为物的能力，因此，现代资本主义社会是"物化社会"。"物化社会"不仅容易产生"货币拜物教"，而且人及其价值也可能被"异化"为物和物的价值，幸福在一些人那里

---

① 张彭松：《从满足、知足到自足的幸福伦理思考——对"幸福悖论"的一种解答》，《江西师范大学学报》（哲学社会科学版）2019年第1期。

被视为对物的占有和消费。最后，享乐主义作为一种虚假意识掩盖了社会的真实矛盾和问题。享乐主义使人沉溺在对于物质的追求和短暂的感官快乐当中，让人们放弃对于自身不幸根源的真正思考，从而失去对其生活世界进行真正批判和改造的能力与机会。

个人主义的幸福观以个人为本位价值，在追求个人幸福的过程中以排斥社会标准和利益的方式追逐个人利益。这一幸福观的根本错误在于否定个人幸福的社会本质和意义。"如果一个人只同自己打交道，他追求幸福的欲望只有在非常罕见的情况下才能得到满足，而且决不会对己对人都有利。他的这种欲望要求同外部世界打交道，要求有得到满足的手段：食物、异性、书籍、娱乐、辩论、活动、消费和加工的对象。"① 社会是由众多个体组成的，单个人的意愿无法不经由社会活动就完满地实现。一个人如果希望秉持"自我至上"的理念，通过损害他人幸福和集体利益的方式实现自己的幸福，而不遭到报复和惩罚，无异于一种妄想。马克思指出，在现实性上，人的本质是一切社会关系的总和。个人幸福产生和实现于人的社会生活中，没有一定的社会生产力作为物质基础，没有良好的社会制度和道德作为秩序保障，没有社会福利体系的更高发展，没有以人为本的社会价值体系的构建，就难以有个人幸福的实现。

2. 马克思主义幸福观的重要启示

什么样的幸福观才是正确的幸福观？正确的幸福观具有怎样的特征？马克思主义幸福观为我们理解上述问题提供了重要的启示。马克思主义幸福观就是以马克思主义的世界观、价值观、社会历史观、人生观为理论基础和方法论原则形成的幸福观。这种幸福观从现实的人出发，以人的实践及其历史发展为基础，坚持历史唯物主义的基本原则和共产主义的价值导向，进而理解幸福的本质、基础和实现方式。马克思主义幸福观具有高度的科学性与先进性，体现了五个方面的特征。

第一，科学性和崇高性的统一。马克思主义幸福观是对历史上片面追求精神层面的幸福观、宗教幸福观的扬弃，也是对享乐主义、个人主义幸福观的批判，它以集体主义为原则，以为人民服务为核心，以消灭

---

① 《马克思恩格斯选集》第4卷，人民出版社2012年版，第245页。

剥削、消除两极分化、最终实现共同富裕为目标，以实现全人类的彻底解放、人的自由全面发展和建立共产主义制度为幸福理想。马克思主义幸福观并非好高骛远，忽视平日里老百姓的现实幸福。马克思主义幸福观关注每个人而非少数人的幸福，强调"每个人的自由发展是一切人的自由发展的条件"①；更是在掌握历史发展规律和深谙人性本质的基础上，作为一种价值引领，指向了人类社会可能并应该达到的理想状况。在这一意义上，马克思主义幸福观是实然性与应然性的统一，这种统一充分体现了马克思主义幸福观的科学性、崇高性。

第二，个人幸福与他人幸福的统一。马克思在著名的《青年在选择职业时的考虑》中曾阐述："在选择职业时，我们应该遵循的主要指针是人类的幸福和我们自身的完美。不应认为，这两种利益会彼此敌对、互相冲突，一种利益必定消灭另一种利益；相反，人的本性是这样的：人只有为同时代人的完美、为他们的幸福而工作，自己才能达到完美。如果一个人只为自己劳动，他也许能够成为著名的学者、伟大的哲人、卓越的诗人，然而他永远不能成为完美的、真正伟大的人物。"② 在马克思主义看来，人追求幸福的过程是通过实践在社会中不断将自身本质对象化，从而不断实现自身本质的过程。一个人积极的、健康的、富有创造性的活动在帮助自己自我实现与追求幸福的过程中，也对他所处的环境乃至整个社会产生了正向作用。纯粹的个人主义幸福道路是不现实的，"只有当一个人的自我价值在得到充分实现，同时又致力于为社会和他人奉献自我，具有较高的精神信仰和价值追求，将个人幸福与社会幸福统一，才算获得真正的幸福"③。

第三，物质需要满足与精神需要满足的统一。唯物史观认为，"人们为了能够'创造历史'，必须能够生活。但是为了生活，首先就需要吃喝住穿以及其他一些东西。因此第一个历史活动就是生产满足这些需要的资料，即生产物质生活本身，而且，这是人们从几千年前直到今天单是

---

① 《马克思恩格斯文集》第2卷，人民出版社2009年版，第53页。
② 《马克思恩格斯全集》第1卷，人民出版社1995年版，第459页。
③ 王艳、李桂梅：《习近平幸福观的哲学意蕴与时代价值》，《湖南科技大学学报》（社会科学版）2021年第4期。

为了维持生活就必须每日每时从事的历史活动，是一切历史的基本条件"①。基本物质需要的满足是作为生物的人类生存的必要条件，也是人们追求幸福的基础。虽然物质财富的充盈不等同于幸福，两者也不一定成正比关系，但是，"缺乏基本物质的保障，别的领域的生活就难以有效开展，最美丽的景色也难以唤起忧心忡忡的穷人对审美的感觉"②。幸福还包括日益发展的精神需要的满足。亚里士多德就曾将幸福归结于人的理性思考，"如果幸福在于合德性的活动，我们就可以说它合于最好的德性，即我们的最好部分的德性。……而这种实现活动，如已说过的，也就是沉思"③。正如习近平总书记所言，"人民群众的需要呈现多样化多层次多方面的特点，期盼有更好的教育、更稳定的工作、更满意的收入、更可靠的社会保障、更高水平的医疗卫生服务、更舒适的居住条件、更优美的环境、更丰富的精神文化生活"④。充足的金钱或物质财富是幸福的必要条件，却不是幸福的充分且必要条件。人们常说"没有钱是万万不能的"；可是，请不要忘记"金钱不是万能的"。人还是有理性、有情感、构筑了精彩的精神世界的"灵性"生物。幸福并不仅仅是一种感性的体验，更是一种精神的状态。金钱仅仅是满足了幸福这个系统整体的物质方面，再多的金钱也无法充盈精神的世界，满足我们精神方面的需要。

第四，现实幸福与未来幸福的统一。马克思主义幸福观坚持历史的观点，"认为世界不是既成事物的集合体，而是过程的集合体"⑤。现实幸福是指主体的内在需求与客体因素在当下的和谐、健康和满足状态，而未来幸福则是指个体基于自身的主体因素对未来理想生活状态的期望和追求。幸福在这里并非一种静态的状态，而是一个动态的过程，需要我们不断地努力和追求。现实幸福和未来幸福之间的关系就在于，人需要

---

① 《马克思恩格斯文集》第1卷，人民出版社2009年版，第531页。
② 李兰、沈大光：《马克思主义幸福观的新内涵及其对当代青年的启示》，《山东社会科学》2021年第4期。
③ ［古希腊］亚里士多德：《尼各马可伦理学》，廖申白译注，商务印书馆2003年版，第305页。
④ 《习近平谈治国理政》第2卷，外文出版社2017年版，第61页。
⑤ 《马克思恩格斯选集》第4卷，人民出版社2012年版，第250页。

当前的满足，同时也需要根据当下对未来有着积极的期望和追求，这样才能不断地向着幸福的目标前进。并且，人不能只关注未来的追求而忽略了当前的生活，也不能只沉浸在现实的幸福中而透支或忽视了未来的追求。我们要坚持幸福内容的完整性，谋求眼前的幸福，同时也要胸怀宽广格局并将目光放得长远。追求长远幸福，必须从实现眼前幸福开始，最终做到眼前的幸福与未来的幸福和谐统一，互相促进。只有在现实幸福和未来幸福之间达到平衡，才能真正实现幸福的目标。

第五，劳动创造与幸福生活的统一。幸福由劳动创造，它并不神秘，并不遥远，它就在你的生活之中。它需要你用心地争取，需要你不懈地奋斗，需要你自主地创造。马克思主义幸福观认为，劳动创造是人类生存和发展的基础，是一切幸福的源泉。劳动不仅仅是为了创造物质财富和精神财富，还是人们社会交往的纽带，更是人的本质的体现方式，它促进人的成长和发展……总而言之，劳动是人们实现自我价值、追求幸福的必由之路。

四 个人幸福与他人幸福的关系

个人幸福与他人幸福的辩证关系是马克思主义幸福观的重要内容。个人幸福是我们日常生活中通常所理解的幸福范畴。他人幸福不仅仅指自己身边人、邻人的幸福，也指大多数人的幸福和社会的整体幸福程度。它不仅取决于个人的幸福，还取决于整个社会的繁荣和稳定程度。个人幸福与他人幸福本是紧密联系、密不可分的。然而，个人主义、利己主义的盛行与对集体主义理解的不到位，造成了个人幸福与他人幸福的虚假对立与冲突，使得人们对幸福产生了严重的误解。因而，我们另辟一节来辨析个人幸福与他人幸福的关系就显得十分必要了，同时，在此基础上强调个人幸福与他人幸福的辩证统一，也是引导人们正确追求幸福的重要工作。

1. 关于个人幸福与他人幸福的错误观念

在当今社会，受西方个人主义文化的冲击和传统宗法观念等因素的影响，有一部分人对个人幸福与他人幸福的关系的理解出现了偏差，造成了个人幸福与他人幸福的冲突与对立。一方面，有些人强调个人幸福而忽视了他人幸福。西方个人主义文化强化了人们对自身的独立性和自主性的关注，在其影响下，人们越来越注重个人的自由和权利，更加追求个人自身的利益、享受和幸福，却在一定程度上忽视了应该承担的社会责任，疏略了社会公共利益的整体发展和社会关系的重要性。这使得人们缺乏对他人的关怀、对社会整体的认同和归属感，从而导致了人际关系的矛盾与社会的不和谐。在当今社会，人们对于个人幸福的过度拔高和对他人幸福的忽视是一种普遍存在的现象。例如，一些企业主为了追求利润，违反环保法规，排放大量污染物，危害周围环境和居民的健康；一些官员或者管理人员为了谋取个人利益，滥用职权，收受贿赂，损害公共利益和集体利益；等等。这种现象对于自身、他人的发展和幸福不利，也会给整个社会带来不稳定和不和谐。另一方面，个人幸福在某种情况下被所谓的"大多数人"的幸福掩盖。这种情况通常指，在追求集体或社会利益的过程中，个人的幸福权益被忽略或牺牲。人是一个个具体、鲜活的个体。可是在生活中，人们却常常忘却这一带有常识意味的论断，把"人"作抽象的理解，将集体的兴旺与个人幸福混淆，认为他人的或大多数人的幸福就必然导致个人的幸福。这一观点导致许多人愿意委曲求全，为所谓的"大局"做无谓的牺牲。比如现在仍在某些地方存在的包办婚姻就是这样。在一些社会和文化中，包办婚姻被视为维护家族、宗族利益的手段。这种做法通常是基于传统、宗教或社会习俗的要求，以确保家族的延续、社会地位的维护或财物利益的实现。然而，包办婚姻忽视了个人的意愿、自主权与幸福，在其中，个人的婚姻选择权被剥夺，而由家长或宗族代表来决定配偶，个人可能被迫与他们不喜欢或不合适的人结婚。类似的思想将他人的幸福、大多数人的利益、集体的兴旺同个人的幸福混淆，没有看到幸福的个体性。一个人的幸福当然与他人幸福紧密联系、相互影响，也需要社会为其提供各方面的条件：在政治上保障个人的权利；在经济上提供基本的生活保障；在文化上提供充分的受教育机会；在生活上保障基本的稳定与安全……不过，他人与社会的因素虽都可以为个人幸福提供可能性，但不直接导致个人的幸福，甚至也有可能牺牲个人的幸福。

为树立正确的幸福观，引导人们通过在日常生活中的点滴积累走向幸福，就必须以集体主义为原则，阐述清楚个人幸福与他人、大多人幸福的关系。马克思主义认为，"只有在共同体中，个人才能获得全面发展其才能的手段，也就是说，只有在共同体中才可能有个人自由"①。在社会生活中，我们应根据集体主义原则处理个人幸福与他人幸福的关系。集体主义保护个人利益，同时更主张个人从属于大多数人，个人利益应当服从于集体、民族和国家利益，认为个体只有在集体中才能汲取智慧和力量，才能得以实现真正的自由发展和社会性成长。社会主义社会必然确立以集体主义为核心的价值观，这是由社会主义的经济基础和社会主义的生产方式所决定的。并且，集体主义也是深入中华民族血脉的价值观，"中国文化传统历来十分强调集体的作用，特别是在革命和战争年代，集体主义更是取得胜利的重要保障"②。

2. 个人幸福和他人幸福是辩证统一的

现实中的个人生活在一定的社会关系中，与他人有着密切的关联，因此，真正的、可持续的、长久的个人幸福与他人幸福不可分割地联系在一起。在一个良好、健康、友善、和谐的社会关系中，个人幸福与他人幸福是辩证统一的。

个人幸福与社会的发展相互联系。一方面，一个社会中，如果每个人都能够依据自身独特的需求获得自己的幸福，那么整个社会自然就会更加和谐、稳定和繁荣；而如果大多数人感到不幸福或者不满足，那么整个社会就会出现动荡、不稳定和不和谐的状况。另一方面，社会的发展状况也会对个人幸福产生重要的反作用。一个人的幸福状态来自自身的生活质量、健康状况、家庭、工作和收入等方面，而这些方面都受到了他人、集体和社会的影响。如果社会环境、集体氛围和体制机制不健康，那么个人幸福便难以实现，并且，个人对集体、社会创造和奉献的多寡，会直接影响个人自身幸福的获得与满足。

个人幸福与他人幸福不是截然分开的，个人常常在为他人创造幸福的过程中得到"福报"，愿意为他人幸福的实现创造条件也是个人幸福的

---

① 《马克思恩格斯选集》第 1 卷，人民出版社 2012 年版，第 199 页。
② 韩震：《新时代为什么要重申集体主义教育》，《中国德育》2023 年第 5 期。

重要内容。尊重他人追求幸福的权利有助于个人幸福的实现。尊重他人追求幸福的权利，能够给予我们道德上的满足感，而这种满足感往往能够带来积极的情绪。并且，学会尊重他人实际上是自我成长和自我提升的过程。通过理解和接纳他人的不同，个人能够拓宽视野，增强同理心，这些品质对于个人的心理健康都是有益的。"送人玫瑰，手留余香"就意指给别人提供帮助时，自己也会收获积极影响。从追求幸福的角度而言，此道理依然成立。人是社会性的动物，人的幸福也必须在纷繁交错的社会关系中实现，当我们尊重他人的幸福追求时，他人也更可能以善意和尊重回应。善意的尊重能够帮助我们建立起积极的社会关系和社会支持网络。这种网络在我们面临困难或挑战时可以提供帮助和安慰，从而有利于个人自身幸福的达成。

个人幸福的实现必须以尊重他人幸福为基础。正如恩格斯所指出的，"每个人都追求幸福。个人的幸福和大家的幸福是不可分割的"[1]。幸福固然是每个人自己的体验和实践，但是，一个人离开他所处的环境、离开他人的支持和成全，是无法得到幸福的。因为人作为社会成员的一分子，其行为与社会是密不可分的。虽然幸福的主体是个人，但并不代表有"自私"的幸福。"自私"的幸福是危险的，如果一个人看不到个人幸福的社会性，看不到个人幸福与他人幸福的联系，把个人幸福与他人幸福割裂并对立起来，甚至把个人幸福建立在他人的痛苦、不幸之上，以违背社会公序良俗和损害他人、集体利益的方式来谋取个人幸福，必然导致个人与他人、集体和社会的矛盾冲突，从而与幸福无缘。

一个人如果能够将自己的幸福转化为对他人的帮助、对社会的贡献，那么这种幸福就会更加持久和有价值。倘若每一个人都能坚持在尊重他人追求幸福的权利的基础上追求个人幸福，那么个人的幸福权利就会得到保障。因此，我们要把个人幸福与他人幸福、与大多数人的幸福紧密联系起来、统一起来，只有这样，才能实现个人真正的幸福。

3. 为大多数人的幸福而奋斗是最高意义的人生幸福

幸福是有境界的，且与人生的境界相一致。冯友兰说："最好的生

---

[1] 《马克思恩格斯全集》第 42 卷，人民出版社 1979 年版，第 374 页。

活,即所谓理想人生(ideal life)。最大的幸福,即所谓惟一的好(the good)。"①人生的最高境界应是幸福的最高境界。冯友兰认为人生有四种境界,即"自然境界""功利境界""道德境界"和"天地境界",其中"天地境界"是人生的最高境界。冯友兰对"天地境界"的解释是:"在此境界中的人其行为是事天的","其精神充塞于天地之间,其事业不仅贡献于社会,更能贡献于宇宙,而与'天地比寿,与日月同光'。惟大圣大贤乃能达到这个境界"②。抛开中国传统哲学的解释体系,回到人类社会历史发展本身,我们认为,人生的最高境界亦即人生幸福的最高境界是为大多数人的幸福而奋斗。古今中外的任何一个社会都有将个人幸福与社会责任相结合的人,他们无私奉献、不计得失,诠释了为何"那些为大多数人带来幸福的人是最幸福的人"③,"只有整个人类的幸福才是你的幸福"④,他们所具有的美好、高尚品质值得我们学习。

在中国悠久的历史中,不乏"先天下之忧而忧,后天下之乐而乐"的奉献者。正如鲁迅所言:"我们从古以来,就有埋头苦干的人,有拼命硬干的人,有为民请命的人,有舍身求法的人……这就是中国的脊梁。"无私奉献的人在成全他人幸福的同时,也实现了自身的人生价值,寻觅到了自己的幸福。王守仁接连平定南赣、两广盗乱及宸濠之乱,又以"心"为宗,提出"心即理"的命题,倡言"知行合一"说,后专注"致良知"集心学大成,以身践行了中国传统士人立德、立功、立言之三不朽;左宗棠在清政府财政吃紧之际,克服千难万难,收复新疆,为国家统一和民族大义贡献了自己的力量;无数革命先烈为了民族解放和人民幸福,浴血奋战,前仆后继,李大钊、刘胡兰、董存瑞……他们在革命事业的道路上谱写了壮烈的篇章;即便是在家庭中,我们也可以看到,父母用辛勤的劳动和无微不至的关怀铸就了一把亲情的大伞,为孩子遮风避雨。大到国家、社会,小到单位、家庭,无不是由大爱无私、舍己为人的"脊梁"们所支撑着。在付出与奉献中,他们既为大多数人带来

---

① 冯友兰:《一种人生观:冯友兰的人生哲学》,中国人民大学出版社2005年版,第40页。
② 冯友兰:《一种人生观:冯友兰的人生哲学》,中国人民大学出版社2005年版,第80页。
③ 《马克思恩格斯全集》第1卷,人民出版社1995年版,第459页。
④ 《狄慈根哲学著作选集》,杨东莼译,生活·读书·新知三联书店1978年版,第196页。

了幸福的可能，也使自己变得高尚。

再比如，中国数十万名在校大学生借助"大学生志愿服务西部计划"，通过火热的西部基层实践坚定了理想信念，锤炼了意志品格。并且，在志愿服务的过程中，大学生通过自己的奉献，感受到了"被需要感"。被他人需要的感觉对幸福的意义在于，当一个人感到自己的行动对他人有益时，他会感到自己具有重要的作用和人生价值，这种感觉会让他感到更加自信和积极。简言之，帮助他人可以增强个人的自我价值感和成就感，让我们体验无法用金钱衡量的愉悦，从而促进个人的幸福。"送人玫瑰，手留余香"，我们只有在追寻自己幸福的人生，实现自我价值的同时，兼顾各方权益，妥善处理自我与他人、个体与集体的关系，将个人幸福和他人幸福乃至社会利益辩证地统一起来，才能真正实现个人的幸福。

伟大的无产阶级革命导师马克思在17岁读中学时就已经树立了远大的理想抱负。他在中学作文《青年在选择职业时的考虑》中第一次热情地、然而又是坚定地把为人类幸福而献出自己的一生作为终生的追求。马克思这样写道："如果我们选择了最能为人类而工作的职业，那么，重担就不能把我们压倒，因为这是为大家作出的牺牲，那时我们所享受的就不是可怜的、有限的、自私的乐趣，我们的幸福将属于千百万人，我们的事业将悄然无声地存在下去，但是它会永远发挥作用，而面对我们的骨灰，高尚的人们将洒下热泪。"[①] 马克思所追求的人生幸福是占人口绝大多数的无产阶级和劳动人民的幸福。马克思认为，只有消灭阶级、消灭剥削和压迫，才能实现所有人的真正幸福。因此，马克思的人生幸福追求就是为实现共产主义而努力奋斗，马克思毕生所从事的事业，就是一项"为大家而献身"的"最能为人类福利而劳动的职业"。

习近平总书记在党的二十大报告中强调："我们要实现好、维护好、发展好最广大人民根本利益，紧紧抓住人民最关心最直接最现实的利益问题，坚持尽力而为、量力而行，深入群众、深入基层，采取更多惠民生、暖民心举措，着力解决好人民群众急难愁盼问题，健全基本公共服

---

① 《马克思恩格斯全集》第1卷，人民出版社1995年版，第459—460页。

务体系，提高公共服务水平，增强均衡性和可及性，扎实推进共同富裕。"① 党的二十大报告把"最广大人民"作为幸福的主体，要求"完善分配制度""实施就业优先战略""健全社会保障体系""推进健康中国建设"，强调"增进民生福祉，提高人民生活品质"，这充分体现了马克思主义幸福观的人民性、广泛性与真实性，是对马克思主义幸福观的继承和发展。

思考题：

1. 如何理解幸福？快乐就是幸福吗？
2. 马克思主义幸福观具有什么特征？
3. 如何看待物质幸福与精神幸福的关系？
4. 如何看待个人幸福与他人幸福的关系？

延伸阅读：

1. ［古希腊］亚里士多德：《尼各马可伦理学》，廖申白译注，商务印书馆 2003 年版。

2. ［英］罗素：《罗素论幸福人生》，杨玉成、崔人元编译，世界知识出版社 2007 年版。

3. ［英］约翰·格雷：《人类幸福论》，张草纫译，商务印书馆 2011 年版。

4. ［德］卡尔·马克思：《青年在选择职业时的考虑》，载《马克思恩格斯全集》第 1 卷，人民出版社 1995 年版。

---

① 习近平：《高举中国特色社会主义伟大旗帜 为全面建设社会主义现代化国家而团结奋斗——在中国共产党第二十次全国代表大会上的报告》（2022 年 10 月 16 日），人民出版社 2022 年版，第 46 页。

5. 张笑恒：《哈佛幸福课》，北京工业大学出版社2011年版。

6. 曾光、赵昱鲲：《幸福的科学：积极心理学在教育中的应用》，人民邮电出版社2018年版。

第 三 章

金钱、权力与幸福

金钱和权力在某种程度上构成了实现人生幸福的重要因素,人对金钱和权力的欲望构成了实现人生幸福的重要动力,但金钱和权力只是人实现自身幸福的手段,绝不是目的。人在满足感性欲望之后,更应该用理性节制欲望,才能实现最终的幸福。人不能受金钱和权力的宰制,不能甘愿成为二者的奴隶。人追求金钱和权力,目的在于达成自己的幸福人生,进而实现每个人的自由而全面的发展。马克思主义幸福观从人类社会历史实践出发,关注人民大众的苦难,要求实现全人类的现世福祉。坚持用马克思主义幸福观指导人生,有助于人们树立正确的幸福观、金钱观、权力观,有助于人们自觉抵制各种错误思潮、消除幸福的异化现象,有助于人们为争取自身的幸福与全人类的解放而不懈奋斗。

一 金钱与幸福

对于不同的人而言,金钱的意义和价值可能是不一样的。因为,不同主体对同一事物的认知存在着具体的差异,就像"一千个读者心目中有一千个哈姆雷特"一样。这种差异的根源在于价值的主体性,价值作为"世界对于人的意义",是以"人的内在尺度"为根据的。价值的主体性又可具体表现为个体性、多维性、动态性,即价值是"因人而异"的、多层次的、动态变化的。对于贫穷的人来说,金钱能够用来购买满足其基本生理需求的商品，金钱可以有效提高他们的幸福感。而对于富裕的人来说，他们已经高水平地满足了自身的物质需求，欲图实现更高层次的精神追求，与实现基本层次的物质需要相比，金钱对于实现高层次的精神需要，效果可能就不那么明显了，这时金钱对于提升富人的幸福感的作用便是有限的。此外，金钱对于不同年龄段的人也有不同的影响。金钱对于尚未认知其效用的婴儿来讲，就是无用的东西，一张百元纸币丝毫比不上奶嘴带给他的幸福感；金钱对于中青年人来讲，它可以解决大部分烦恼，有了它可以畅享幸福人生；金钱对于老年人来讲，可能是再普通不过的东西，因为它"生不带来，死不带去"。"研究表明，金钱能够通过人格、目标、动机、社会比较、适应与压力等中介变量对幸福感产生影响。"[①] 金钱之所以能够对幸福产生影响，主要是因为它作为一种手段满足了基本的生理需求，如食物、水、住房、保健等。然而，一旦基本需要被满足，它与幸福的关系就变得复杂了。

1. 金钱的实质

说到"金钱"，人们再熟悉不过了。在日常生活中，人们几乎每天都在和金钱打交道，例如，用它来购买任何想要的商品。对于金钱，人们赋予了它不同的评价，可谓又爱又恨。赞美它的人歌颂它的丰功伟绩，咒骂它的人认为它是罪恶的源泉。平常而又神奇的金钱，既能给人带来富裕、权力和享受，也能给人带来焦虑、痛苦乃至灾难；它使得仇敌相亲，也使得亲人离间。于是，有人把金钱当作万能之神，也有人诅咒它为万恶之源。

那么，究竟什么是金钱呢？"金钱"由"金"和"钱"组成。所谓"金"，就是最早执行金钱这一功能的金、银、铜、铁等金属；所谓"钱"，作为一般等价物的特殊商品，是商品生产和商品交换的产物。据中文辞典的解释："金钱"就是货币，金属铸成的钱，后泛指钱。货币是商品交换发展到一定阶段、为了克服物—物直接交换之不便的产物。货币是从商品中分离出来，能够固定充当一般等价物的商品，可以衡量一

---

① 李静、郭永玉：《金钱对幸福感的影响及其心理机制》，《心理科学进展》2007年第6期。

切商品的价值。马克思指出:"金银天然不是货币,但货币天然是金银"[①]。金银的自然属性适于担任货币的职能。随着商品经济的进一步发展,为了易于携带和运输,同时避免铸币在流通中的磨损,纸币应运而生。纸币是指代替金属货币进行流通,由国家发行并强制使用的货币符号。金属货币和纸币都可执行货币的流通手段和支付手段职能。进入信息智能时代,人类又发明了电子货币,可以利用移动支付终端实现无现金交易。在不同的社会形态下,货币的作用范围、形式及所反映的生产关系是完全不同的。在资本主义社会,货币转化为统治一切的资本,"资本逻辑"主宰着社会运行规则,人的劳动发生了"异化",劳动本应该是人自由幸福的存在方式,结果却成为对人肉体的劳役和精神的折磨。在社会主义社会中,"人本逻辑"取代了"资本逻辑",通过采取节制资本的态度,不断增强驾驭资本的能力,有效防止了资本的无序扩张,利用资本为人民群众的幸福生活奠定了坚实的物质基础。在现实生活中,金钱、货币往往是财富的代表,但许多财富又是金钱和货币所无法代表、度量和交换的。因此,我们不能简单地将金钱与财富等同起来,认为对金钱的拥有就是对财富的拥有,更不应将追求金钱、拥有金钱与体现人生价值、追求幸福等同起来。我们要透过金钱神秘的面纱,正确看到金钱的本质,对金钱"取之有道,用之有度"。

2. 幸福总是随着财富的增长而增长吗?

1924 年,当时最具影响力之一的英国哲学家、文学家——罗素,来到中国的四川进行实地考察。那个时候的中国,军阀割据,战乱频繁,山河破碎,民不聊生。罗素刚写完他的巨著《幸福论》,他希望以自己的思想教化、引导中国人摆脱苦难,走上幸福之路。

当时正值酷暑,四川的天气非常闷热。罗素和陪同他的几个人坐着那种两人抬的竹轿,上峨眉山观光游览。山路非常陡峭险峻,几位轿夫累得大汗淋漓。罗素见了此情此景,便没有了观赏峨眉山美景的心情,而是观察和思考起几位轿夫来。他心里想,轿夫们一定痛恨他们几位坐轿的人,这样热的天气,还要他们抬着上山,甚至他们或许正在思考,

---

[①] 《马克思恩格斯选集》第 2 卷,人民出版社 2012 年版,第 132 页。

为什么自己是抬轿的人,而不是坐轿的人?

罗素正思索着,竹轿已然到了山腰的一个小平台,陪同的人让轿夫停下来休息一会。罗素下了竹轿,认真地观察轿夫的表情。他看到轿夫们坐成一行,拿出烟斗,又说又笑,讲着很开心的事情,丝毫没有怪怨天气和坐轿人的意思,也丝毫没有对自己的命运感到悲苦的意思。他们饶有趣味地给罗素讲自己家乡的笑话,很好奇地问罗素一些外国的事情。他们还给这位大哲学家出了一道智力题:"你能用 11 画,写出两个中国人的名字吗?"罗素想了想,承认自己不能。轿夫笑呵呵地说出答案:"王一、王二。"在交谈中,他们不时发出高兴的笑声。

罗素陡然心生一丝惭愧和自责:"我凭什么去宽慰他们?我凭什么认为他们不幸福?"后来,罗素在他的《中国人的性格》一文中谈到了这件事情。他因此得出了一个著名的人生观点:用自以为是的眼光看待别人的幸福或苦痛是错误的。[①]

这个故事还说明了一个深刻的哲理:坐轿子的人未必是幸福的,抬轿子的人未必不是幸福的。幸福与人们占有的物质财富多少,与人们所处的位置高低,似乎并不是正向关联的。幸福不仅仅简单取决于物质财富、权力地位,更与认知相关。就像有哲人曾经追问过的问题,位高权重但战战兢兢度日的国王,一定比身无分文但无忧无虑的乞丐幸福吗?这种现象值得人们深刻反思,需要哲学家们给予回答。

立足马克思主义的世界观、价值观与人生观,全面地反思幸福,反思上述问题,我们至少应该强调如下两个方面。

一方面,幸福必须以一定的经济发展为前提。真正的幸福必须建立在一定的物质基础之上。马克思指出:"正如任何动物一样,他们首先是要吃、喝等等,也就是说,并不'处在'某一种关系中,而是积极地活动,通过活动来取得一定的外界物,从而满足自己的需要。"[②] 没有一定的物质基础,很难谈得上幸福,物质的保障是人生活、发展所必不可少的条件,国家和社会应该为实现个人幸福创造条件;同时,物质生活也

---

① 参见[英]伯特兰·罗素《罗素自选文集》,戴玉庆译,商务印书馆 2006 年版,第 181—193 页。

② 《马克思恩格斯全集》第 19 卷,人民出版社 1963 年版,第 405 页。

决定和影响着人们的精神生活，只有满足了一定的物质生活条件，人们才能有其他的精力去追求其精神世界。如果一个人每天都在担心吃饭问题该如何去解决，那么，体会什么是幸福对他而言无异于是天方夜谭。"对于一个忍饥挨饿的人来说并不存在人的食物形式……忧心忡忡的、贫穷的人对最美丽的景色都没有什么感觉"①。

邓小平在总结中国社会主义建设的经验时也强调："不讲多劳多得，不重视物质利益，对少数先进分子可以，对广大群众不行，一段时间可以，长期不行。革命精神是非常宝贵的，没有革命精神就没有革命行动。但是，革命是在物质利益的基础上产生的，如果只讲牺牲精神，不讲物质利益，那就是唯心论。"② 社会主义的本质要求就是要解放生产力，发展生产力，以极为丰富的物质资料满足人们的基本生活需要，为人们追寻幸福生活奠定坚实的物质基础。同时，要消灭剥削，消除两极分化，最终达到共同富裕，通过创造公平正义的社会环境，真正增进人民群众的获得感、幸福感、满足感。

另一方面，虽然物质生活条件的改善和提高是人们获得幸福的重要因素，但绝对不是唯一的因素。例如，为什么瓦努阿图会荣登"全球幸福国家"的榜首呢？原因在于，瓦努阿图并不是一个生产力发达、以消费为主导的社会，瓦努阿图人根本就不以此为目标。在他们的观念中，根本就没有太多的物质要求。似乎，他们拥有很少的东西，就可以活得很滋润、很快乐。实际上，他们真正忧虑的只有季节性的台风和破坏性的地震。

由于近代以来屡屡落后挨打，更由于我们过去长期的积贫积弱，当代中国人普遍相信，富强是幸福的一个重要条件。但在今天，情况发生了新的变化。随着经济的不断高速发展，人们越来越认识到，虽然物质生活条件的改善和提高是人们获得幸福的重要因素，但绝不是唯一的因素。甚至可以说，物质财富的增长并不一定总是能提高人们的幸福感，工业社会的加速发展造成了人们内心普遍的抑郁而不欢畅。这正如美国普林斯顿大学教授卡尼曼指出的：有许多证据表明，物质上更加富有并非使我们更加幸福。研究表明，富有的国家中的人们的确比贫穷的国家

---

① 《马克思恩格斯文集》第1卷，人民出版社2009年版，第191—192页。
② 《邓小平文选》第二卷，人民出版社1994年版，第146页。

中的人们更加幸福些，但是，一旦有了住宅、食物和衣服，额外的钱财似乎并不能给人们带来更多的幸福。

2001 年 5 月 19 日，美国《纽约时报》的一则报道耐人寻味：50 年来，美国的富有程度已大大提高。普通人都能够购买第二辆汽车、飞越大洋的机票和在家里播放的电影设备。这些东西，在第二次世界大战前只有富人才能买得起。平均来看，今天的人们可以买到更好的食品、得到更好的保健，似乎也过上了更好的生活。然而，作为一个整体，美国人并不认为自己比过去快乐。一系列调查显示，从 1970 年到 1999 年，美国家庭的平均收入增加了 16%，而自称非常幸福的人所占的比例却从 36% 降到 29%。从某种程度上说，美国人反而比过去更不满意。因此，一句老话更能准确地反映现代生活：金钱其实买不来幸福。

实际上，在今天的中国，我们也可以发现同样的现象。近些年来，中国经济突飞猛进，GDP 已经高居世界第二位。全面建成的小康社会，使绝大多数的人解决了温饱问题，过上了相对富足的生活。甚至，那一部分已经"先富起来"的人，用他们的购买力频频震惊世界，常常一掷千金。然而，今天的中国人很幸福吗？或者说比过去更加幸福吗？恐怕很难简单地得出这样的结论。至少，不少人比过去对生活更加不满，抑郁症发病率、自杀率不断攀升就很说明问题。

在特定条件下，我们还发现，幸福甚至可能随财富的增加而不断地减少。例如，一些贪官不择手段地聚敛钱财，伴随着其个人财富的急剧膨胀，其罪恶也在不断增加，到头来得到的是法律的严惩，最终导致身败名裂，哪还有幸福可言！即使丑行尚未败露，但因为担心东窗事发，也是整天提心吊胆，风声鹤唳，神经紧张，这时岂有幸福之理！对此，我们应该有所反思。

事实说明"幸福不总是随着财富的增长而增长"，马斯洛的需要层次理论为我们提供了分析这一事实的理论框架。马斯洛按照由低级到高级的顺序将人的需要分为以下五个层次：生理需要、安全需要、归属和爱的需要、自尊需要、自我实现需要。[①] 其中，生理需要和安全需要是缺失

---

① 参见 [美] A. H. 马斯洛《动机与人格》，许金声、程朝翔译，华夏出版社 1987 年版，第 40—53 页。

性需要，而归属和爱的需要、自尊需要、自我实现需要是成长性需要。人的需要的实现或满足无疑会增加人的幸福感，一般来说，人的需要是一个变化的过程，低级需要的满足会促生出高级需要，同时越是高级的需要的满足会带来越多的幸福感。物质财富主要是满足缺失性需要，当缺失性需要被满足后，物质财富所带给人的幸福感便不那么强烈。因为，物质财富对于成长性需要的满足所发挥的功效是有限的，这时幸福感的来源更多的是内心的自我实现，需要个体进一步在社会关系中完成自我。所以，幸福不总是随着财富的增长而增长。回归现实，越来越多的人认识到，人生的最终目的不是财富的最大化，而是幸福本身的最大化。在幸福面前，人生其他的一切都是微不足道的，不能本末倒置，不能误入歧途。今天，我们讲以人为本的科学发展观以及新发展理念，就是强调不仅要注重物质财富的积累，还要注重人的自我完成、自由而全面的发展。因为，单纯的物质资料本身并不是幸福的真正源泉。人只有在一定的物质条件下，充分发挥自己的创造力，让物质生活和精神生活达到高度的统一，才可能过上幸福美满的生活。

3. 钱本位对幸福的异化

马克思在《资本论》这一巨著中，以最彻底的理论揭示了金钱的本质，批判了资本主义商品拜物教或金钱（货币）拜物教，告诉了人们应当持有怎样的金钱观。马克思认为，商品和货币体现着一定历史阶段中人和人之间的社会关系。但是，这种人和人之间的关系却表现为物和物的关系。于是，对商品和货币就产生了一种神秘观念。价值本来是商品生产者之间的社会关系，却被看作商品的自然属性。商品被看作支配人们命运的力量，作为商品的一般等价物的货币更被当作支配人们命运的力量。正像宗教世界中，人们崇拜人脑的产物——偶像一样，在商品世界里，人们崇拜人手的产物——商品和货币。所以马克思把这种崇拜叫作"商品拜物教"或"货币拜物教"。

资产阶级经济学家没有揭穿商品（货币）拜物教的秘密，相反，不少人却极力宣扬商品（货币）拜物教。马克思分析了商品的二重性和体现在商品中的劳动的二重性，分析了价值形态的发展和货币的起源，科学地揭示了商品和货币的本质，第一次揭穿了商品（货币）拜物教的秘密。

马克思说："商品世界的这种拜物教性质……是来源于生产商品的劳动所特有的社会性质。"① 只有在商品生产的条件下，人类的一般劳动才取得了价值的形式，用时间计算的人类劳动力的支出，才取得了价值量的形式；生产者之间劳动的社会关系，即每个劳动者的劳动对其他人的劳动的依存关系，才取得了劳动产品之间的交换关系的形式。一句话，只有在商品生产条件下，人和人的关系才通过物的关系表现出来。假如不是商品生产，这些关系本来是明明白白的。

商品、货币关系是人类社会发展到一定阶段必然产生的一种社会关系，它不是永恒的，随着历史的发展，它终究要走向消亡。随着商品、货币关系的消亡，商品（货币）拜物教也就消灭了。但是，这需要一个很长的历史过程。

马克思对商品（货币）拜物教的深刻批判，构成了正确金钱观的理论基础。怎样对待金钱是人生观中的重要问题，它是人们对金钱及金钱现象的认识与看法，涉及人们如何看待金钱，采取什么手段获取金钱，以及如何分配、消费金钱的根本看法与观点。当代青年必须运用马克思关于商品（货币）拜物教的基本观点，科学地认识金钱，树立正确的金钱观。

在商品交换社会里，从物质交换的角度来看，人们可以借助金钱这一媒介，获得自己所需要的物质产品，使得人与人之间形成一种广泛的交换关系。金钱可以让人们生活得更加富足，从而有利于人和社会的发展。金钱在便利了人类自身需要的同时，在某种程度上，对于实现社会公正交易，维持社会秩序也是起作用的。从这个角度上说，金钱确实也是实现人们幸福生活的一个手段。人们通过自己正当的手段和劳动获取金钱，这不仅是法律政策所允许的，也是道德所肯定的。

我们既要看到金钱能使人获得幸福生活的积极的一面，又要看到金钱也能使人成为它的奴隶的消极的一面。随着市场经济发展的不断深入，人们对于金钱的认识也发生了很大的变化。今天金钱的意义，已经远超它当初作为一般等价交换物职能的意义，不仅作为一种手段，而且成为

---

① 《马克思恩格斯文集》第5卷，人民出版社2009年版，第90页。

一种满足所有欲望的目的。从这个角度出发，西方著名学者、诺贝尔奖获得者哈耶克说，金钱又是人类最悲哀的自我枷锁。如果我们把人生目标和全部活动锁定在金钱上，其结果不是由人来支配金钱，而是由金钱来支配人；如果对金钱只是一味地追求和拥有，发展到极端将形成一种强烈的货币占有欲和货币崇拜；如果人们仅仅以对于金钱的占有为己任，那么将迷失前进的方向，找不到幸福的归途。毫无疑问，这样的人生是扭曲的人生、背离人性的人生，这样的人生没有任何诗意和理性。人不能把金钱带进坟墓，金钱却能把人带进坟墓。很多腐败分子本来想多捞些金钱过更滋润的日子，结果却使自己日子也没得过，甚至也连累了家人。人们获取金钱绝不能以道德的沦丧、精神的颓废和自我价值的失落迷茫为代价。如果一个人为了金钱，永远只是关心个人的眼前利益，不知关心同情别人，见义而不为，不顾甚至损害他人和集体的利益，长此以往，他与他人的关系将会处于紧张和冲突之中，更谈不上个人对社会、对国家的责任。

在剥削阶级社会里，现实批判主义作家笔下刻画了大量受金钱（货币）拜物教毒害的典型文学形象，也就是吝啬鬼形象，对金钱（货币）拜物教、金钱至上观念做了深刻的鞭挞。其中以莎士比亚的喜剧《威尼斯商人》、莫里哀的喜剧《悭吝人》、巴尔扎克的小说《欧也妮·葛朗台》，以及果戈理的小说《死魂灵》最为典型。夏洛克、阿巴贡、葛朗台、泼留希金也堪称欧洲文学史上"不朽"的四大吝啬鬼形象。

这四大吝啬鬼形象产生在三个国家，出自四位名家之手，涉及几个世纪的社会现实生活，从一个角度概括了欧洲四百年来从封建社会末期转变到资本主义社会历史发展的进程。从创作的时间上说，果戈理的《死魂灵》写成于19世纪40年代，泼留希金出现最晚。但从人物形象的阶级意识上说，泼留希金应列为最早，因为他是俄罗斯封建农奴制下的地主。夏洛克排行第二，他是16世纪封建社会解体、资本原始积累初期的旧式高利贷者。阿巴贡算作老三，他是17世纪法国资本主义发展时期的资产者。葛朗台是老四，他是19世纪法兰西革命动荡时期投机致富的资产阶级暴发户。

这四代吝啬鬼，年龄相仿，脾气相似，有共性，又有各自鲜明的个性特征。简言之，泼留希金的迂腐、夏洛克的凶狠、阿巴贡的多疑、葛朗台的狡黠，构成了他们各自最独特的守财奴的气质与性格。

俄国文学大师果戈理在他的名著《死魂灵》中塑造了一个吝啬鬼形象——泼留希金。泼留希金是俄国农奴制崩溃、商品经济萌发时期的一个地主，一个猥琐贪婪的吝啬鬼、守财奴的典型，强烈的积聚财产的欲望使他一天到晚为财富的积累和贮存而奔波。尽管家里财产堆积如山，他还要到外面去偷捡食物。他残酷地压榨和剥削农奴，农奴在他的迫害下死的死、逃的逃。他自己也过着乞丐般的生活，对儿女没有任何感情，他完全变成财富的奴隶，成了一个异化的人。① 评析这个人物，首先要抓住他腐朽没落的本质特征和他对自己吝啬之极的个性，才能充分认识作者塑造这个钱奴形象的社会意义。

《威尼斯商人》是莎士比亚早期的重要作品，是一部具有极大讽刺性的喜剧。剧本的主题是歌颂仁爱、友谊和爱情，但同时也反映了资本主义早期商业资产阶级与高利贷者之间的矛盾，表现了作者对资产阶级社会中金钱、法律和宗教等问题的人文主义思考。这部剧作的一个重要文学成就，就是塑造了夏洛克这一唯利是图、冷酷无情的高利贷者的典型吝啬鬼形象。

威尼斯富商安东尼奥为了成全好友巴萨尼奥的婚事，向犹太人高利贷者夏洛克借债。由于安东尼奥贷款给人从不要利息，此外，安东尼奥还常常指责夏洛克，两人早就结下了仇怨。怀恨在心的夏洛克乘机报复，佯装也不要利息，但提出一个条件：若逾期不还，要从安东尼奥身上割下一磅肉。不巧，安东尼奥的商船失事，资金周转不灵，无力偿还贷款。夏洛克去法庭控告，根据法律条文要安东尼奥履行诺言。人们劝说夏洛克放弃割肉的残酷合约，但夏洛克坚持要履行合约，从安东尼奥身上割下一块肉来。为救安东尼奥的性命，巴萨尼奥的未婚妻鲍西娅假扮律师出庭，她先是顺着夏洛克说，一定要严格实行威尼斯的法律，但后来话锋一转，她要求在进行处罚时所割的一磅肉必须正好是一磅肉，不能多也不能少，更不准流血。如果流了血，根据威尼斯法律，谋害一个基督徒（公民）是要没收财产的。夏洛克因无法执行恰好割一磅肉而败诉，

---

① 参见［俄］果戈理《死魂灵》，满涛、许庆道译，人民文学出版社2018年版。

害人不成反而失去了财产。①

莫里哀擅长塑造概括性很强的艺术形象。阿巴贡几乎成了吝啬的代名词。阿巴贡是莫里哀喜剧《悭吝人》（又名《吝啬鬼》）中的主人公。他生性多疑，视钱如命，就连赠你一个早安也舍不得说，而说借你一个早安。嗜钱如命、极端吝啬是阿巴贡形象的典型特征。他虽然拥有万贯家财，但是"一见人伸手，就浑身抽搐"，似乎被人挖掉了五脏六腑。为了不花一文钱，他要儿子娶一个有钱的寡妇；为了不用陪嫁，他要女儿嫁给一个年已半百的老头；自己也打算娶一个年轻可爱的姑娘而分文不费。他不给儿子钱花，逼得儿子不得不去借高利贷。为了省几个菜钱，他把吃素的斋期延长一倍，让厨师用八个人的饭菜招待十个客人。为了省一点马料，他半夜亲自去偷喂马的荞麦而遭到马夫的痛打。他总是为自己一万银币的安全担心，怀疑所有的人都想偷他的银币。②作者用酣畅淋漓的艺术夸张手法突出了阿巴贡的种种变态心理，绝妙而逼真地勾画了他极端吝啬的性格特点。

法国批判现实主义文学大师巴尔扎克在他的名著《欧也妮·葛朗台》中塑造了一个举世闻名的吝啬鬼形象——葛朗台。巴尔扎克把葛朗台塑造成一个典型的"守财奴"形象，即看守财产的奴隶。人本应是财产的主人，是财富的支配者，可是葛朗台却成了守财奴，"看到金子，占有金子，便是葛朗台的执狂"，金钱已经使他异化。他为了财产竟逼走侄儿，折磨死妻子，剥夺独生女对母亲遗产的继承权，不许女儿恋爱，断送她一生的幸福。③作者通过对葛朗台一生的描写，深刻揭露了资本主义社会中人与人之间赤裸裸的金钱关系，描写了资产阶级暴发户发家的罪恶手段，作品深刻揭露了资产阶级的贪婪本性和资本主义社会的罪恶。

无独有偶，中国封建社会现实主义文学大师吴敬梓在中国古典名著《儒林外史》中也描写了一个中国吝啬鬼严监生。严监生病重得一连三天不能说话。临去世前晚间，挤了一屋子的人，桌上点着一盏灯。严监生喉咙里的痰响得一进一出、一声不倒一声的，总不得断气，还把手从被

---

① 参见［英］威廉·莎士比亚《威尼斯商人》，方平译，上海译文出版社2016年版。
② 参见［法国］莫里哀《悭吝人》，赵少侯译，人民文学出版社1960年版。
③ 参见［法国］巴尔扎克《欧也妮·葛朗台》，傅雷译，译林出版社2017年版。

单里拿出来,伸着两个指头。大侄子上前问道:"二叔,你莫不是还有两个亲人不曾见面?"他就把头摇了两三摇。二侄子走上前来问道:"二叔,莫不是还有两笔银子在那里,不曾吩咐明白?"他把两眼睁得滴溜儿圆,把头又狠狠地摇了几摇,越发指得紧了。奶妈抱着哥子插口道:"老爷想是因两位舅爷不在跟前,故此记念。"他听了这话,两眼闭着摇头。那手只是指着不动。老婆赵氏分开众人,走上前道:"老爷!只有我能知道你的心事。你是为那盏灯里点的是两茎灯草,不放心,恐费了油;我如今挑掉一茎就是了。"说罢,忙走去挑掉一茎;众人再看严监生时,点一点头,把手垂下,登时就没了气。① 吴敬梓笔下的守财奴形象恰恰生活在资本主义工商业在中国封建社会内部萌发的时期。

这些守财奴、吝啬鬼的形象,都是马克思所说的金钱(货币)拜物教的生动写照,是金钱(货币)拜物教的真实受害者,他们是唯利是图、见钱眼开、谋财害命的剥削阶级金钱观的极端代表。"货币拜物教"行为之所以是错误的,是因为人们盲目地追求物质财富,而忽略了人性价值。幸福的实现本应该是手段价值与目的价值的统一。手段价值是指"我应该以什么样的方式或手段去实现我追求的生活目标才最有价值",目的价值是指"我期待实现的目标所给我的价值指引"。物质财富的占有是实现幸福的途径之一,但对物质财富的占有要讲究方式和方法,不能不择手段地占有物质财富,所谓"君子爱财,取之有道"。同时,占有物质财富的目的是实现幸福,决不能将手段当作目的,即为了占有物质财富而占有物质财富。上述守财奴、吝啬鬼对于金钱的极度追求意味着他们错将手段当作了目的,没有实现手段价值与目的价值的统一,故而导致了他们的悲惨境遇。

4. 树立正确的金钱观与幸福观

孔子曰:"见贤思齐焉,见不贤而内自省也。"即向贤者学习,向贤者看齐,用道德楷模来要求和激励自己,从而使自己学有榜样、赶有目标、行有方向。拥有为实现全人类幸福而奋斗的伟大理想的马克思,在生活上却穷困潦倒。马克思曾写信给恩格斯说:"一个星期以来,我已达

---

① 参见(清)吴敬梓《儒林外史》,华文出版社2018年版。

到非常痛快的地步：因为外衣进了当铺，我不能再出门，因为不让赊账，我不能再吃肉。"① 但是，这些困难没有摧毁马克思的信心，因为他拥有为实现全人类幸福而奋斗的远大的人生理想，他像是一个钢铁战士，穷且益坚。他的事迹与精神影响了无数的青年，使他们坚定了共产主义的人生理想，为着实现全人类的幸福，奋勇拼搏、勇往直前。马克思这种对待金钱的态度，是最高的一种金钱境界，即为天下追求金钱的境界。他虽然也缺少金钱，但他从来不盘算为自己去追求多少金钱，而是以让亿万百姓都富裕起来为奋斗目标，可以说是以天下之贫为忧，以天下之富为乐。为了实现这样的目标，他可以忍受缺少金钱的困窘，能够拒绝金钱的诱惑，经受各种严峻的考验，直至献出自己的生命。这是战胜狭隘私欲之后的高尚人生，这是参透生命价值之后的伟大情怀，这是昭示人类光辉未来的灿烂霞光，这就是共产党人的金钱观。

马克思主义的科学社会主义理论认为，当人类社会的生产力高度发达，社会财富会似泉水般涌现出来，充分满足人类全部的物质文化需要，即共产主义社会到来之时，则是人类彻底抛弃金钱（货币）拜物教的时刻，是人类完全从物质（金钱）的束缚下解放出来的时刻。列宁说："我们将来在世界范围内取得胜利以后，我想，我们会在世界几个最大城市的街道上用黄金修建一些公共厕所。"② 列宁所预见的担当货币职能的贵金属彻底失去其金钱价值的时代一定会到来。

当然，消灭金钱（货币）拜物教需要经历相当长的历史时期。已经建立起社会主义制度的国家需要大力发展生产力，努力满足人民的物质文化需求，为人民的幸福生活创造条件。今天，发展经济，就是为了最大限度地满足人民群众的生活需要。在现阶段，人的需要应该是金钱物质与精神文化的统一，不仅包含丰富的物质生活，而且包含高尚充实的精神生活。人们凭自己的勤劳来致富，追求丰富舒适的物质，追求美好生活，本身并没有错。但任何事情都有度，如果只讲物质，不谈精神，只强调个人，不顾集体，只注重金钱，忽视奉献，那就走向极端了。确立科学的金钱观，把追求丰富的物质生活和崇高的精神生活结合起来，

---

① 《马克思恩格斯全集》第 28 卷，人民出版社 1973 年版，第 28 页。
② 《列宁专题文集·论社会主义》，人民出版社 2009 年版，第 293 页。

把金钱看作只是实现个人幸福和集体幸福生活的手段和条件,把追求个人的幸福同大众的幸福结合起来,让人类成为金钱的主人,而不是金钱的奴隶,这样一种对待金钱的人生,才是真正有意义和幸福的人生。

二 权力与幸福

50年前,一个名字响彻神州大地。他就是"县委书记的榜样"——焦裕禄。50年后,习近平总书记再次来到兰考,缅怀焦裕禄的先进事迹,号召全党结合时代特征大力学习、弘扬焦裕禄精神。焦裕禄精神犹如一座丰碑,巍然矗立在中原大地上。重访兰考,习近平总书记多次动情地回忆起四十多年前学习焦裕禄的情景:"1966年2月7日,《人民日报》刊登了穆青等同志的长篇通讯《县委书记的榜样——焦裕禄》,我当时上初中一年级,政治课老师在念这篇通讯的过程中多次泣不成声。特别是念到焦裕禄同志肝癌晚期仍坚持工作,用一根棍子顶着肝部,藤椅右边被顶出一个大窟窿时,我受到深深震撼……我希望通过学习焦裕禄精神,为推进党和人民事业发展、实现中华民族伟大复兴的中国梦提供强大正能量。"

焦裕禄在兰考虽然仅仅工作了470多天,但在群众的心中,却铸就了一座永恒的丰碑,在党员干部心中,留下了不可磨灭的印象。他的事迹之所以历经岁月风雨仍为人们所传颂,他的精神之所以穿越半个世纪仍然历久弥新,就是因为他"心中装着全体人民,唯独没有他自己"的公仆情怀,凡事探求就里、"吃别人嚼过的馍没味道"的求实作风,"敢教日月换新天""革命者要在困难面前逞英雄"的奋斗精神,艰苦朴素、廉洁奉公、"任何时候都不搞特殊化"的道德情操。县委书记焦裕禄的模范事迹感动了许多人,让我们深深地认识到应该如何看待权力,如何行使权力,特别是每一位领导干部,应该如何用好权力,管好权力。在新的历史时期,权力观是我们需要经常去思考和面对的一个重大问题,也是每位领导干部应当做好的一篇大文章。

在当代中国,影响人们正确看待权力的,莫过于无孔不入的腐败问题。权力腐败的社会影响十分恶劣,老百姓对此深恶痛绝。能不能解决好腐败问题,关系到人心向背,关系到党和国家的生死存亡。中国共产党自诞生之日起，就旗帜鲜明地反对腐败。从中华人民共和国成立初期的刘青山、张子善案到近些年一系列违法乱纪问题的查处，党和国家始终保持惩治腐败的高压态势，取得了一定的成效，不少中高级领导干部受到了严肃查处。而许多触目惊心的腐败现象的发生，给个人、家庭、社会、党和国家都造成了巨大的危害，究其原因，与一些领导干部的权力观出了问题存在非常大的关联。

1. 权力的实质

"权"原指测定物体重量的器具，后引申为衡量、揣度之意。《孟子·梁惠王》中说，"权，然后知轻重"，认为"权"有衡量、审度的意思；《管子》中说，"欲用天下之权者，必先布德诸侯"，认为"权"有统治能力和势力的意思。随着历史发展，"权"逐渐与地位、利益结合在一起，而引申为权力。广义的权力是指存在于社会生活各个层面的一种制约或者影响关系；狭义的权力是指国家政治生活领域的权力。这里所讲的权力，一般指的是狭义的权力。权力不像金钱，它看不见，摸不着，似乎是一种无形无体、无影无踪的东西。权力看似十分抽象，但权力的施行必须依靠强制力量来支撑，从而使人的意志服从权力的意志。可以说，没有强制就没有权力。总之，权力是一种依靠强制力来影响和制约自己或他人价值和资源的能力。

所谓权力观，就是人们对权力的总体看法和基本观点，如权力从何而来、掌权干什么、用权为什么、怎样用权等基本看法。权力观不仅是利益观、地位观的延伸，而且是世界观、价值观、人生观的具体体现。马克思主义权力观是马克思主义对权力问题的科学的正确的态度和观点。

马克思主义权力观认为：一切权力皆来自人民，权力是人民赋予的。对于执政党每一个党员、每一个领导干部来说，必须铭记一切权力都源自人民。坚定不移地走群众路线，保持党同人民群众的密切联系，是中国共产党不断取得胜利的三大法宝之一。党的二十大报告强调："全党要坚持全心全意为人民服务的根本宗旨，树牢群众观点，贯彻群众路线，尊重人民首创精神，坚持一切为了人民、一切依靠人民，从群众中来、到群众中去，始终保持同人民群众的血肉联系"①。这就要求领导干部，尤其是青年党员干部要自觉贯彻党的群众路线，经常深入实际、深入基层、深入群众，做到知民情、解民忧、暖民心。任何权力都有利益倾向性，掌权者的权力观及其行为必然会对其他人产生影响，尤其是对那些在社会及生活领域中和这些掌权者打交道的人来说。权力不仅和每个人的生活息息相关，而且关系党和政府的形象。党和政府的公信力一旦受到损伤，便会陷入塔西佗陷阱，很难修复。执政党的最大危险就是脱离群众，世界上一些老的执政的共产党丧失执政资格，最根本的原因就是忽视了人民的诉求，背离了人民的意志和利益，这种历史教训，必须引以为戒。

  要防止权力被滥用，就必须对权力进行监督制约。19 世纪英国著名的历史学家阿克顿勋爵说过："权力导致腐败，绝对权力导致绝对腐败。"② 1945 年 7 月初，在延安的窑洞中，民主人士黄炎培向毛泽东提出了如何跳出"历史周期率"支配的问题，毛泽东胸有成竹地回答："我们已经找到新路，我们能跳出这周期率，这条新路，就是民主；只有让人民来监督政府，政府才不敢松懈；只有人人起来负责，才不会人亡政息。"③ 习近平总书记在党的二十大报告中指出："党找到了自我革命这一跳出治乱兴衰历史周期率的第二个答案"④。党的自我革命就是自我监督、自我制约。改革开放的总设计师邓小平也指出："没有民主就没有社会主义，就没有社会主义的现代化"⑤，他强调："继续努力发扬民主，是我们全党今后一个长时期的坚定不移的目标。"⑥ 社会主义民主就是让国家的

---

① 习近平：《高举中国特色社会主义伟大旗帜　为全面建设社会主义现代化国家而团结奋斗——在中国共产党第二十次全国代表大会上的报告》（2022 年 10 月 16 日），人民出版社 2022 年版，第 70 页。
② ［英］阿克顿：《自由与权力——阿克顿勋爵论说文集》，侯健、范亚峰译，商务印书馆 2001 年版，第 342 页。
③ 中共中央文献研究室编：《十六大以来重要文献选编》（上），中央文献出版社 2005 年版，第 144 页。
④ 习近平：《高举中国特色社会主义伟大旗帜　为全面建设社会主义现代化国家而团结奋斗——在中国共产党第二十次全国代表大会上的报告》（2022 年 10 月 16 日），人民出版社 2022 年版，第 14 页。
⑤ 《邓小平文选》第二卷，人民出版社 1994 年版，第 168 页。
⑥ 《邓小平文选》第二卷，人民出版社 1994 年版，第 176 页。

大多数人民群众都参与到政治的管理和政策制定的决策中来,并对政府进行监督。只有不断发展和完善全过程人民民主,加强人民对权力的监督制约,把权力关进制度的笼子里,才能使权力依法运行,才能使权力的运行受到制约,才能确保人民群众的权利,进而推动中国式现代化建设事业的不断发展。

2. 幸福总是随着权力的增长而增长吗

2015 年 6 月 11 日,天津市第一中级人民法院依法对周永康案进行一审宣判,审判长宣读判决书,认定周永康犯受贿罪、滥用职权罪、故意泄露国家秘密罪事实清楚、证据确实充分,决定对周永康执行无期徒刑,剥夺政治权利终身,并处没收个人财产。周永康从普通地质队技术员到石油工业部副部长,到国土资源部部长,到四川省委书记,到公安部部长,到中央政治局常委、中央政法委书记,再到身陷囹圄、一无所有,历经了几十载春秋。随着其官职的不断提升、手中掌握权力的不断变大,他的欲望也越来越大,无限膨胀的欲望最终成为吞噬自身的黑洞,从而葬送了自己的政治生涯,断送了自己的幸福生活,同时给党和国家,还有人民事业造成了巨大损失。不可否认,周永康在"落马"之前还是作出了一些成绩,但归根结底,他没有正确认识到自己的权力是来源于人民的、是人民授予的、是要为人民服务的。他被自身的权力欲望所掌控,用公权力去谋取私利、贪图自身享乐,严重违背了一名共产党员的初心和使命。周永康在不断的升迁中感受着自我实现的满足,体验着绝对权力对他人支配的快感,享受着权力寻租带来的物质财富,在未"落马"之前他是快乐的,但他是幸福的吗?他必然感受到过幸福,但当中央纪委找上他的时候,他还是幸福的吗?他在享受权力带来的一切时,是否还在担心自己贪污腐败的事情什么时候会东窗事发,在这种矛盾的心理下他还是幸福的吗?当得知中央纪委盯上他的时候,他是不是战战兢兢度日、每日精神恍惚,或许当中央纪委找上他的时候才能安心睡一个好觉,接受自己所造成的一切后果。我们观察那些贪污腐败分子,他们在被抓之前哪一个不是意气风发,在被抓之后哪一个不是痛哭流涕,表示自己幡然醒悟、悔不当初。那他们是悔悟自己没有审慎用权,还是悔悟自己不小心露出痕迹而被抓,这是个值得我们注意的问题。周永康从副国级领导岗位上"落马"的案例告诉我们,领导干部要审慎用权,坚持权为民所用、情为民所系、利为民所谋,要用公权力实现最广大人民群众的幸福,而不是追求自己的一己私利。

立足马克思的共产主义价值观,全面反思权力与幸福的关系,我们至少应该明晰以下两个方面的问题。

一方面,人是现实的人、是感性的人、是具体的人、是处在社会关系之中的人。人不是一个抽象的概念,而是社会生活中具体的人,是有着现实欲望和需求的人。人追求权力的一个重要动机是自我实现,人在官职的升迁中获得自我价值的实现,人在充分发挥自己潜能的时候,会获得满足感、幸福感。正如马克思指出:"在这个必然王国的彼岸,作为目的本身的人类能力的发挥,真正的自由王国,就开始了。"① 人要在社会实践中完成自我、实现自我,人完成自我的过程同时也就是实现人生意义和目的的过程,即人生幸福的实现。追求权力过程产生的自我实现构成了幸福的重要因素。此外,权力寻租带来的物质财富享受、权力命令对他人支配的快感在某种程度上也生成了个人对于幸福的感受,但这样的幸福存在着巨大的隐性风险。

另一方面,权力的公共属性要求实现所有人的共同幸福。权力不能私有,就像财产不能公有一样。权力之所以叫公权力,目的在于用权力实现最广大人民群众的根本利益与幸福生活,而不是当权者用以谋取私利的工具。马克思在《共产党宣言》中指出:"代替那存在着阶级和阶级对立的资产阶级旧社会的,将是这样一个联合体,在那里,每个人的自由发展是一切人的自由发展的条件。"② 人生的目的在于追求幸福,在于实现个人的自由而全面的发展,但个人的自由全面发展又依靠着他人的自由而全面的发展。因而,要实现每个个体的自由全面发展,才能达成一切人的自由全面发展。人的解放构成了实现全面幸福的前提。人的解放首先要从阶级统治的权力之中得到解放。在阶级统治的社会中,权力为统治者所私有,权力成为统治者进行阶级统治、攫取利益、自身享乐的工具,在阶级压迫中被统治阶级的幸福无从谈起。因而,要实现全人

---

① 《马克思恩格斯文集》第7卷,人民出版社2009年版,第929页。
② 《马克思恩格斯文集》第2卷,人民出版社2009年版,第53页。

类的解放和幸福，就要推翻阶级统治，实现所有人的自由平等。其次，人的幸福要从公权力的使用过程中得到实现。公权力的使用者一定要自觉树立为人民服务的意识，致力于实现最广大人民群众的利益，把个人价值同社会价值结合起来，在不断为人民服务的过程中实现所有人的共同幸福，同时实现自己的人生幸福。

受中国传统封建社会几千年来的"官本位"观念影响，国人总是会认为，拥有的权力越大，就会越幸福。因为，在他们的观念里，权力就代表着社会地位，可以受人尊重；权力就代表着物质财富，可以占有、享受一切物欲的东西；权力就代表着绝对意志，可以肆意支配其他一切。权力固然是实现幸福的重要手段之一，但若对权力不加以限制，权力就会阻碍幸福的实现。腐败行为不仅会影响权力行使者的幸福，而且会影响社会公众的幸福。中国共产党面对治乱兴衰的"历史周期率"，为了实现权力的有序运行、实现最广大人民群众的幸福，找到了"人民监督政府"和"自我革命"的历史答案。"人民监督政府"是从外部制约权力，"自我革命"是从内部限制权力，内外共同发力实现权力的有序运行，进而有效实现人民群众的幸福。在今天，在社会主义的中国，权力更多的是一种社会责任。官员在利用手中权力实现自身政治抱负的同时，更多的是要实现社会公众的幸福，以社会公众的幸福为自身的幸福。总之，权力虽然构成了实现幸福的合理要素，但幸福不是随着权力的增长而增长，权力只是实现人生幸福的重要手段，用权力实现最广大人民群众的幸福才是最终目的。今天，我们不断加强领导干部的学习教育、讲"反腐倡廉""把权力关进制度的笼子""自我革命"，就是要求领导干部要摆脱"一朝权在手，便把令来行""权力不用，过期作废"等错误的权力观。领导干部要审慎用权，要用人民赋予的权力为人民服务、为人民谋幸福，而不是用公权力谋取私利、贪图自身享乐。

3. 官本位对幸福的异化

"权力至上主义人生观以追求权力、地位作为人生目的和价值，就必然以获得重权、高位作为人生幸福的标准。"[①] 由于民主法治不健全，加

---

① 陈瑛主编：《人生幸福论》，中国青年出版社1996年版，第328页。

之历史传统、文化陋习和社会环境等各方面的影响,特别是理想信念的缺失,在一些领导干部中滋生和蔓延着一些扭曲和错误的权力观。比如,有的领导干部视自己手中的权力为私有财产,认为自己手中的权力是个人奋斗得来的,或是某个领导恩赐的,掌权后以权谋私,滥用权力,把权力视为牟取个人私利的工具。有的领导干部认为自己从领导岗位上退休之后就什么都没有了,萌生"权力不用,过期作废"的念头,便用手中的权力为自己赚取私利。他们往往在尝到甜头后,一发不可收拾,直至东窗事发,身陷囹圄,不仅让自己的亲人朋友受到牵连,也使国家和人民遭受巨大的损失。因贪污受贿被判处死刑的江西省原副省长胡长清在剖析自己的犯罪根源时曾说:"到了我这个级别,监督机制如同'牛栏关猫',根本就没有什么作用啦。"同样被判处死刑的山东省泰安市原市委书记胡建学也曾说:"官做到我这一级,就没人能管了。"可见,没有了监督,就像"牛栏关猫",致使失去权力制约的这只"猫"能够进出自由,必然产生腐败。权力主宰了权力的行使者,而行使者却不自知。权力的行使者应该利用手中的权力实现自己的人生价值、实现最广大人民群众的利益,结果却因权力的诱惑而迷失了自我,断送了自己的幸福生活。

　　权力腐败只是权力异化的一种表现形式,此外还有公共权力私有化、公共权力部门化、部门权力私有化等。权力一旦形成,就有着自我膨胀和扩张的冲动,权力本应该是为公众利益服务的,但具体行使公共权力的部门却形成了自身的利益,部门领导又将公共权力视为自己的私有权力,为了维护部门利益和领导利益,权力就会趋于扩张,进而有可能损害民众的利益。权力是人民赋予的,权力的初始目标是为了实现人民幸福生活的,结果权力被私人和部门占有,甚至反过来压迫着人民。"公仆"成了人民的"主人"。邓小平指出:"要有群众监督制度,让群众和党员监督干部,特别是领导干部。"① 因此,要使公权力能够为实现最广大的人民群众的幸福服务,就必须对权力进行监督和制约,同时领导干部要转变思维,自觉树立为人民服务的理念。

　　2022年联合国发布了《全球幸福指数报告》,根据联合国的标准,主

---

① 《邓小平文选》第2卷,人民出版社1994年版,第332页。

要从6个指标来衡量国家幸福指数：人均国内生产总值、健康预期寿命、社会支持水平、选择生活的自由、政府慷慨水平、政府廉洁程度。全球最幸福的十个国家依次是芬兰、丹麦、冰岛、瑞士、荷兰、卢森堡、瑞典、挪威、以色列、新西兰，中国位列第72位。从数据来看，幸福感高的国家，在人均GDP、社会支持、预期健康寿命、社会自由度、信任宽容度等方面，是高于其他国家的，而腐败程度是相对较低的。也就是说，政府的清廉与否是影响国民幸福感的重要因素。因此，政府要加强制度建设，领导干部要树立正确的权力观，人民要加强对政府公职人员的监督，才能整体提升国民的幸福指数。

4. 树立正确的权力观与幸福观

"政者，正也。"清正廉洁，是党员干部为官从政的基本底线。习近平总书记强调："要守住权力关，始终保持对权力的敬畏感，坚持公正用权、依法用权、为民用权、廉洁用权。"回溯党史，那些保持清正廉洁的优秀领导干部，无不是树立正确权力观的模范。一心一意为民服务的谷文昌公私分明，从没有利用手中的权力为家人牟利，他说："我是领导干部，不能向组织开口给自己孩子安排工作，不然以后工作怎么做呢？"把群众冷暖放在心上的王瑛做官多年，手中的权力一尘不染，她认为："我们手中的权力都是公共权力，是人民群众让我们保管的，我们只是一个保管员。"专注于为百姓谋利的廖俊波，坚持"亲""清"原则，他明确说："任何人打着我的旗号去办私事，你们都不要理。"这些干部虽然岗位不同，但都守住了权力关，彰显了共产党员的赤子之心、为民情怀。[①]

树立正确的权力观，消除各种腐败现象，不仅要从体制机制等方面加强对权力的监督，同时也要对领导干部加强正确权力观的学习和教育。"千里之堤，溃于蚁穴"，从一些领导干部犯错误的教训来看，其思想蜕变往往是由一点一滴逐渐积累的。不加强学习和党性修养，一不小心就可能"一失足成千古恨"，在错误的道路上越走越远，最终成为人民和历史的罪人。要通过马克思主义权力观的学习和教育，使每一位领导干部切实认识和做到权为民所赋、权为民所用、利为民所谋。时刻牢记手中

---

① 参见李林宝《树立正确的权力观》，《人民日报》2022年5月18日。

的权力是人民赋予的，不论自己担任的职务和掌握的权力是选举产生的，还是上级任命的，或者招考应聘的，其实质都是在代表人民管理国家的行政事务、经济事务和文化事务。归根到底，各级领导干部是人民的公仆，而不是人民的主人，必须全心全意为人民服务；有权必有责，权力的行使必须与责任的担当紧密相连，职务越高，责任就越大，应尽的义务也就越多。面对手中的权力，每个领导干部都应该小心翼翼，把对上级负责与对下级负责、对党负责与对人民负责统一起来，始终做到把国家集体的利益、人民的利益摆在第一位，努力成为一个有高尚追求的人，一个全心全意为人民群众谋利益的人。

三 财富、权力的最大化与幸福的最大化

幸福同人对生活意义、人生价值的理解紧密相连，人终其一生都在追问生命的意义，都在追求人生的幸福。著名作家罗曼·罗兰说："在众人之中活着，就是幸福。"因而，在某种意义上，幸福对人来说就是存在和更好的存在，第一个存在规定了幸福的实现必须满足人的基本生理需求，更好的存在则规定了幸福的实现必须满足人的更高层次需求。我们都知道婴儿吮吸母亲的乳汁是先天性的行为，其自主吮吸乳汁的目的就是为了存在，存在构成了幸福的基础条件。婴儿在吮吸乳汁时，其基本的生理需要得到了满足，即他的存在成为可能，他自身感觉便是幸福的。在成年人的世界里，需要用金钱、权力来满足自己的基本物质需要，来实现自己的幸福生活。金钱可以购买所需要的一切商品，权力寻租同样可以获取所需的一切产品，因而产生了人追逐金钱和权力的欲望和动机。但一些人深受金钱和权力的诱惑，一心追求巨额财富的积累，以及绝对权力，沉浸在自我享受的低级幸福之中难以自拔，找寻不到人生的意义，从而迷失了自我。也就是说，在基本的生理需要得到满足之后，如何实现更好的存在，即实现下一个层次的幸福问题、追寻人生最终目的的问题，又摆在了我们面前。我们只有树立正确的金钱观、权力观，用理性节制欲望，才能在寻觅人生意义的社会实践中实现人生幸福。

1. 摆脱金钱异化，享受幸福人生

幸福人生必须以一定的经济发展条件为前提，真正的幸福必须建立在一定的物质基础之上。虽然物质生活条件的改善和生活水平的提高是人们获得幸福的重要因素，但绝对不是唯一的因素。幸福是人生重大需要和欲望得到满足的心理体验。需要和欲望的本性是缺乏，同时只有自身缺乏某种东西，才会对某种东西产生依赖性，才会需要和欲望某种东西。吃、穿、住、用、行的基本物质商品都需要以金钱购买，更好的、发展性的商品也需要通过金钱购买获得，人们对上述商品的缺乏，造成了对金钱的欲求。因而，人生幸福的实现离不开金钱，金钱构成了人存在和发展的基本条件，个人需要通过努力奋斗赚取金钱，同时社会要创造有利于实现财富涌流的社会条件。商品消费的繁荣造就了人的内心贫困。随着现代化的不断推进，人类生产力水平的不断提高，琳琅满目的商品充斥着人类社会，消费主义甚嚣尘上，人们在消费中日益迷失，认为自己占有得越多，自己就越幸福。金钱作为可以购买一切商品的中介，成为人们占据商品之前必先占据的东西。将金钱转化为商品占有的强烈冲动支配着人们的心理。"从进化的角度看，有可能是人类远古的历史影响了我们现在的行为。在原始时代，更多的物质资源决定着人类是否可以度过下一个严冬或免受自然灾害，因此储备成为一种习惯。"① 消费主义"已经习惯性地把人们的欲望转化成起居生活的基本需求，而满足这些基本需要的幸福感，要比满足基本需求欲望以外的幸福感低，所以当人们把越来越多的欲望当成基本需求的时候，幸福感也正在日益缺失"②。我们要摆脱消费主义陷阱，认清楚金钱的真正面目，让它们无法再动摇我们的情感，我们才能获得真正的幸福。

2010 年，在江苏卫视一档知名相亲节目《非诚勿扰》上，一位北京籍的女嘉宾在得知男嘉宾的收入不高的时候，立马熄灯。之后主持人问她原因，她说了一句火爆一时的话："宁愿坐在宝马车里哭，也不愿坐在自行车后面笑。"拜金主义者片面的物质追求，遮蔽了幸福的本来面貌。

---

① ［美］泰勒·本－沙哈尔：《幸福的方法》，汪冰等译，中信出版社 2022 年版，第 60 页。
② 周永先编著：《幸福原来如此简单》，湖北人民出版社 2009 年版，第 16 页。

人生的目的在于实现幸福，如果不能实现幸福与欢乐，那么拥有再多的金钱又有什么用呢？2005年9月23日早晨，92岁的他静静地走了。无数活着的人在口口相传中记住了他——蹬三轮的老人白方礼。这位老人在73岁以后的生命中，靠着一脚一脚地蹬三轮，挣下35万元人民币，捐给了天津的多所大学、中学和小学，资助了300多名贫困学生。而每一个走近他的人都惊异地发现，他的个人生活几近乞丐，他的私有财产账单上是一个零。白方礼的幸福不是靠占有金钱实现的，而是在一次次的无私奉献中实现的。他用自己劳动赚取的金钱照亮了贫困孩子的求学之路，同时也照亮了自己的幸福之路。白方礼的事迹告诉我们有时候给予金钱比占有金钱更令人幸福。

金钱确实能给人带来幸福，是因为人们日常生活中的必需品和喜欢的物件可以通过金钱购买得到。金钱的保障可以让我们对不喜欢的事情说"不"，或者不为账单而烦恼，可以干自己喜欢的事情，实现自己的精神愉悦。人的生存和发展离不开金钱，但人不能被金钱宰制。此外，认知构成了影响个人幸福的重要因素，社会比较的心理机制下产生的认知是人们感觉到不幸福的重要来源，例如社会贫富差距过大导致穷人的普遍不幸福。这就要求社会要创造大量物质财富，不断缩小贫富差距。同时，个人要树立正确的金钱观、幸福观，做到量入为出、理性消费，不盲目攀比消费，注重通过自身的努力奋斗实现自身的幸福生活。

2. 走出权力异化，实现最广大人民群众的幸福

权力可以用来谋取幸福，但不应该以损公肥私的方式为个人谋取幸福，而是应该为全体人民、全社会谋取公共利益和共同幸福。"虽然我们承认个人对权力的追求，不能排除个人功利的目的，或多或少与个人幸福有关。但是个人用公共权力谋取幸福是有界限的。"[①] 权力异化主要表现在两个方面：一是权力的主人、出让者，即人民，成了权力的奴仆；二是权力的行使者，受到权力的宰制而不自知。公权力本是实现人民群众幸福生活的手段和工具，结果人民受到权力的压迫，权力的行使者本是人民的公仆，结果成了骑在民众头上的官老爷，对人民群众颐指气使。

---

① 胡象明：《权力之用：政治学启示录》，湖北人民出版社1999年版，第37页。

权力的行使者自身受权力的宰制,不能自觉抵制权力的负面诱惑,在一次次权力寻租中使自己深陷泥沼。走出权力异化就要使权力在阳光下运行,把权力关进制度的笼子,加强对公权力的监督和制约。同时,领导干部要坚持马克思主义的理想信念,树立正确的权力观,站在最广大人民群众的立场上,自觉抵制不良诱惑,以人民群众的幸福为自己的幸福,不断满足人民群众对美好幸福生活的向往。

1978年初冬,小岗村十八条好汉冒着"坐牢杀头"的风险按下的红手印,掀开了中国改革的序幕。2004年2月,沈浩被安徽省委组织部、省财政厅选派到小岗村担任村党委第一书记。从省城合肥到小岗农村,从省直机关到基层一线,沈浩的内心不能说没有落差。来了就要有贡献,这是沈浩的朴素想法。沈浩扎根小岗村6年,团结带领村"两委"和广大村民,大力弘扬小岗敢为人先的改革精神,改变了小岗村的落后面貌。在沈浩的任期行将结束时,小岗村的村民用"红手印"把他一次又一次地留了下来,"红手印"是对沈浩工作的肯定与信任。沈浩不负人民的重托,审慎用权,始终以人民的幸福为自己的幸福,但他自己却因积劳成疾,于2009年11月6日不幸逝世。沈浩先后荣获了安徽省第二批选派干部标兵、安徽改革开放40年风云人物、全国农村基层干部十大新闻人物、全国百名优秀"村官"、全国敬业奉献模范、感动中国2009年度人物、全国优秀共产党员、全国人民满意的公务员等荣誉称号。2010年1月13日,习近平同志在会见沈浩亲属和沈浩先进事迹报告团全体成员时指出:"沈浩同志是深入学习实践科学发展观活动中的优秀典型。他以忠诚和大爱,以创新和奋斗,以青春和生命,抒写了当代中国农村优秀基层干部的先进事迹和崇高精神,诠释了优秀共产党人的政治品格,树立了新时期基层干部的良好形象。"2016年4月,习近平总书记视察小岗村时要求:"希望大家向沈浩同志学习,进一步把乡亲们的事情办好。"以沈浩为代表的优秀共产党员,坚持权为民所用,利为民所谋,始终维护好、发展好、实现好最广大人民群众的根本利益,在实现人民群众的幸福之中实现自身的人生幸福与价值。

3. 做一个大写的人,追求人类幸福

胡适在《我们对于西洋近代文明的态度》中说:"人世的大悲剧是无

数的人们终身做血汗的生活，而不能得着最低限度的人生幸福，不能避免冻与饿。人世的更大悲剧是人类的先知先觉者眼看无数人们的冻饿，不能设法增进他们的幸福，却把'乐天''安命''知足''安贫'种种催眠药给他们吃，叫他们自己欺骗自己，安慰自己。"① 中国共产党的宗旨是全心全意为人民服务，中国共产党在推进中国式现代化的进程中，全面建成了小康社会，切实增进了人民群众的物质利益，不断满足了人民群众对美好生活的向往，不断提升了人民群众的获得感、幸福感。中国共产党通过坚持和发展全过程人民民主、不断推进党的自我革命，成功跳出了"历史周期率"，以中国特色社会主义伟大实践开创了人类美好未来。中国共产党人是大写的人，是有着坚定理想信念的人，是没有自己特殊利益的人，目的在于实现全人类的解放与幸福生活。

"幸福是对一生具有重要意义的需要、欲望、目的得到实现的心理体验，是获得了对于一生具有重大意义的利益的信号和代表。"② 一般来说，幸福都要由理性作为指导，且经过较长时间的努力奋斗才能实现。正如莱布尼茨强调了理性对于幸福的重要意义"理性和意志，引导我们走向幸福，而感觉和欲望只是把我们引向快乐"③。金钱和权力确实是实现幸福的重要因素，我们可以通过金钱和权力追求幸福，但不能受金钱和权力的宰制，我们要用理性节制对金钱和权力的无限欲望。金钱、权力与幸福并不是简单的正相关关系，一味地贪求物质财富、社会地位只会带来痛苦和不幸。相反，当一个人能够控制自己的欲望，顺应自然，关注自己内在的精神追求和心灵的满足感，将赚钱、自我实现与社会责任相结合，才能得到真正的幸福。新时代中国青年要立志高远，自觉树立正确的金钱观、权力观，在实现中华民族伟大复兴的中国梦中书写绚丽华章，在不断奋斗中寻觅人生意义、实现幸福人生。这正如苏联作家奥斯特洛夫斯基在《钢铁是怎样炼成的》中所写道："人最宝贵的是生命。生命对于每个人只有一次。人的一生应当这样度过：当回首往事的时候，他不会因为虚度年华而悔恨，也不会因为卑鄙庸俗而羞愧；在临终的时

---

① 参见林伟民编《胡适思想小品》，上海社会科学院出版社1997年版，第178页。
② 孙英：《幸福是什么》，《伦理学研究》2003年第3期。
③ ［德］莱布尼茨：《人类理智新论》（上册），陈修斋译，商务印书馆1982年版，第188页。

候,他能够说,我把整个生命和全部精力都献给了世界上最壮丽的事业——为人类的解放而斗争。"①

思考题:

1. 金钱与幸福之间存在着怎样的关系,拥有的金钱越多就会越幸福吗?

2. 权力与幸福之间存在着怎样的关系,掌握的权力越大就会越幸福吗?

3. 我们应该怎样对待金钱和权力,才能实现自身的幸福?

延伸阅读:

1. [英]伯兰特·罗素:《权力论》,吴友三译,商务印书馆2012年版。

2. 丁一凡编:《权力二十讲》,天津人民出版社2008年版。

3. 林喆:《权力腐败与权力制约》(修订本),山东人民出版社2009年版。

4. [德]西美尔著,刘小枫选编:《金钱、性别、现代生活风格》,顾仁明译,华东师范大学出版社2010年版。

5. [荷]曼弗雷德·凯茨·德·弗里斯:《性、金钱、幸福与死亡》,丁丹译,东方出版社2017年版。

6. [德]西美尔:《货币哲学》,陈戎女等译,华夏出版社2018年版。

7. 后向东:《权力限制哲学——权力限制模式及其作用机制研究》,

---

① [苏]奥斯特洛夫斯基:《钢铁是怎样炼成的》,周露译,光明日报出版社2009年版,第270页。

中国法制出版社 2018 年版。

8.［美］罗伯特·普林格：《货币的力量：金钱观念如何塑造现代世界》，彭相珍译，中译出版社 2022 年版。

第 四 章
劳动与幸福

劳动对每个人来说都具有重大的意义。通过劳动，我们能够为自己和社会创造价值，实现个人的成长和发展。在劳动的过程中，我们付出了汗水和努力，但也收获了甜蜜和幸福。通过劳动，我们不仅能够满足物质需求，还能够得到自我实现和实现价值认同。劳动赋予我们自信和满足，给予我们对生活的掌控感和成就感，幸福便在这份成就与满足中悄然绽放。当然，劳动更是一种责任。要想从劳动中获得真正的幸福，我们需要拥有正确的职业观和事业观，并且从中汲取实现理想的动力。当我们热爱并享受自己的工作和事业时，会以乐业的境界和进取的事业心让每一天都变得充实而美好，我们个体的价值实现也会与社会发展统一。然而，迅猛发展的人工智能对我们的劳动权来说既是机遇也是挑战。人工智能可以帮助我们解放更多时间和精力去开展创造性的工作，但是也会冲击原本属于人类的就业机会，挑战我们的幸福。我们在展望新型社会顶层设计的同时，需要不断学习和提升自己的创新能力，保持积极的态度和开放的心态面对智能时代。

一　劳动是幸福的源泉

劳动，作为一个广泛而复杂的概念，涉及人类社会的方方面面。每个人都有自己对劳动的理解和体验，因此对于劳动的看法也各不相同。

有人认为劳动就是修剪花花草草、勤勤恳恳干活，也有人认为劳动是人类改造世界、实现自我价值的重要途径，还有人认为劳动的意义不仅在于提高个人的生活质量，更在于推动着社会的进步和发展。尽管我们都知道劳动对人类来说意义重大，但并不容易讲清楚究竟什么是劳动，劳动与人的本质究竟是什么关系以及为什么说劳动是幸福的源泉。这就需要我们从马克思主义哲学的高度进行梳理。

1. 劳动是人的本质性活动

马克思指出："劳动似乎是一个十分简单的范畴。它在这种一般性上——作为劳动一般——的表象也是古老的。但是，在经济学上从这种简单性上来把握的'劳动'，和产生这个简单抽象的那些关系一样，是现代的范畴。"① 按照马克思的理解，劳动是人的生命活动，是人自由的、有意识的活动。在他看来，人和动物的根本区别就在于这种自由的、有意识的生命活动即劳动。人不是单纯地去适应自然界、适应世界，而是通过更加自觉的、有意识的活动——劳动——来改变这个世界。也就是说，有了人的劳动之后，自然界发生了根本改变。

从劳动活动的过程看，劳动是"人和自然之间的过程，是人以自身的活动来中介、调整和控制人和自然之间的物质变换的过程，人自身作为一种自然力与自然物质相对立。为了在对自身生活有用的形式上占有自然物质，人就使他身上的自然力——臂和腿、头和手运动起来"②。简单地说，劳动是处于自然界中的人类利用其自身禀赋的自然力——臂和腿、头和手等，来作用于其之外的自然物质以满足自身需要的活动或运动。正是在这个活动中，人把自己从自然界中独立出来，并有意识地作用于自然。

从劳动的目的看，劳动是"制造使用价值的有目的的活动，是为了人类的需要而对自然物的占有，是人和自然之间的物质变换的一般条件，是人类生活的永恒的自然条件"③。也就是说，无论人类社会的形式如何

---

① 《马克思恩格斯文集》第8卷，人民出版社2009年版，第27页。
② 《马克思恩格斯文集》第5卷，人民出版社2009年版，第207—208页。
③ 《马克思恩格斯文集》第5卷，人民出版社2009年版，第215页。

变化，劳动都是不可或缺的。劳动是人类维持生存和发展的基础条件。通过劳动实现与自然界的物质互动，人类才能维系自身和社会的存在。

从辩证法的角度来看，实践和劳动二者是紧密联系的。劳动作为最基础的实践活动，在人类社会及其发展中居于核心地位。劳动不仅是人类生存的基本方式，也是社会、经济、文化等多个领域发展的推动力量。劳动使人类能够从自然界中提取资源，创造物质财富和精神价值，改善生活条件，进而促进社会的进步和文明的发展。

劳动作为实践的主体部分，体现了人类与自然界交互的能力。通过劳动，人类不仅改变了自然界，也塑造了人自身。这种改变和塑造不限于物质层面的物质产品的生产和创造，还包括了社会关系、文化观念、价值体系等非物质层面的构建和发展。

在哲学意义上，劳动体现了实践的本质，即通过人的主观能动性与客观世界相互作用的过程。人们通过劳动实践不断地认识世界、改造世界，同时也实现了自我的发展和完善。因此，可以说，劳动在实践中居于主体地位不仅是因为它在生产中的核心作用，还因为它在人类自身发展、社会进步和文化建设中的基础性作用。

当然，劳动和实践两个概念也需要加以区分。实践"按照马克思的含义是指自由的、普遍的、创造和自我创造的活动，通过这种活动创造（制造、生产）和改造（塑造）自己历史的人类世界及人自身"①。也就是说，实践是人类改造世界和自我改造的活动总和，是一个更广泛的概念，它既包含劳动，也包括更为广泛的社会活动。而劳动则专指人类的生产活动，是实践的一个重要组成部分。

总的来说，劳动是最基础的实践活动，是人类通过自由、有意识的活动与外界进行相互作用，从而满足自己需要的生产活动，是维系人类生存和社会发展的基础条件。

劳动创造了人本身。劳动是人所特有的感性对象性活动，人在劳动中创造了人类社会与人类历史。马克思指出："历史破天荒第一次被置于它的真正基础上；一个很明显的而以前完全被人忽略的事实，即人们首

---

① ［英］汤姆·博托莫尔：《马克思主义思想辞典》，陈叔平等译，河南人民出版社1994年版，第467页。

先必须吃、喝、住、穿，就是说首先必须劳动，然后才能争取统治，从事政治、宗教和哲学等等，这一很明显的事实在历史上的应有之义此时终于获得了承认。"① 也就是说，劳动构成了人类社会和历史发展的基础，因此，劳动也是理解整个人类社会及人类历史的一把钥匙。对于人而言，劳动不仅展现了内在的力量，而且也是确证自身类本质的途径。在这个层面上，劳动创造了人本身，劳动是人的本质。

首先，劳动是使人"成为人"、表现自己"类本质"的活动。"劳动创造了人本身"意味着人是通过劳动而不断成为人的。所以劳动是"自由的生命表现"，是人的本质力量的积极的确证。"劳动是整个人类生活的第一个基本条件"②，是全部世界历史的真正基础。劳动实践活动曾被马克思论证为人与动物界的本质区别。正是通过具体的、历史的劳动实践活动，人才真正地证明自己是"类存在物"，表现出自己的"类本质"。当然，人与劳动都是历史性、过程性的，都处在未完成的形态，劳动的过程正是人的自我生成过程，劳动的发展程度正是人的自由全面发展程度的体现。

其次，劳动是人创造财富、实现价值的活动。劳动与自然界相结合构成了"一切财富的源泉"。只有通过劳动，一个人才能与外部世界进行物质、信息和能量交换，创造一定的物质财富和精神财富，满足自己和社会的需要；也才能按照"任何一个种的尺度"和"美的规律"改造客观世界和主观自我，充分发掘自己的潜能，实现自己的社会价值和自我价值。

再次，劳动是人类相互交往、建立必要的社会关系的本质性活动。在人类诞生的过程中，劳动不是单个人的活动，而是一种群体协作的社会性行为。如荀子将"能群"视为人与禽兽之间的根本区别，马克思则将"一切社会关系的总和"视为人的本质。人们在劳动交往过程中所建立的相互关系，是人的全部社会关系的核心部分。在劳动的过程中，人们不仅仅是在满足自身的生存和发展需求，更是在与他人合作、交流和分享。通过劳动，人们能够建立社会联系，形成社会关系和群体认同。

---

① 《马克思恩格斯文集》第3卷，人民出版社2009年版，第459页。
② 《马克思恩格斯文集》第9卷，人民出版社2009年版，第550页。

这使得人类社会得以形成、文化得以传承、智慧得以积累并且以群体的形式共同追求更高级别的价值和目标。

最后，劳动创造人，揭示了人的本质处于不断的发展之中。劳动和人本身都是未完成的形态，是处于发展和完善过程中的存在，并且永远处于未完成的形态。在劳动过程中，不仅人不断完善和发展自我，劳动的形式和内容也在不断衍生和进化，产生出新的形式和内容。① 劳动创造了人，意味着劳动和人是同时进化的。进化的历史发展过程意味着劳动在人的进化中自身得到进化，人也在劳动的发展进程中实现自身的发展。

总之，劳动是人的本质性活动，劳动创造了人本身。劳动使人类超越自然属性，成为社会意义上的人。劳动不仅是一种创造物质财富的活动，更是人类展示自己才能和创造力的途径。通过劳动，人类能够改造世界、创造物质财富，并实现自我的价值。这种超越自然属性的劳动，赋予了人类尊严和自由。劳动让人们不再只是被动地适应环境，而是能够主动地改变环境和自身。正是在这个过程中，人类展现了独特的能力和智慧，培养了社会交往和合作的能力，进一步发展了文明社会。因此，劳动不仅是满足生活需求的手段，更是人类区别于动物的关键。通过劳动，人类超越了自然属性，获得了精神层面的成长和自我实现。马克思、恩格斯特别强调，劳动在人及人类社会形成和发展过程中起到关键作用，是劳动创造了人本身，恩格斯明确指出："动物仅仅利用外部自然界，简单地通过自身的存在在自然界中引起变化；而人则通过他所作出的改变来使自然界为自己的目的服务，来支配自然界。这便是人同其他动物的最终的本质的差别，而造成这一差别的又是劳动。"② 正是劳动将人同其他动物区别开来，成为人之为人的标志。

2. 劳动创造幸福

幸福，不是一种轻柔细雨般的温存，它不会主动从天而降。幸福，也不是一种既定的存在，不会自动等待我们去享受。相反，幸福是我们

---

① 何云峰、张蕾：《劳动人权马克思主义续论》，《上海师范大学学报》（哲学社会科学版）2017 年第 3 期。

② 《马克思恩格斯文集》第 9 卷，人民出版社 2009 年版，第 559 页。

通过自身的实践和努力来创造的，是我们奋斗的目标。幸福，其实并不神秘，也不遥远，它就在我们的生活中。它隐藏在我们每个人的内心深处，只需要我们主动去发现和追求。劳动给予了我们追求幸福的动力和机会。通过努力工作，我们可以实现自身的成就和进步，积累财富和经验，实现个人的梦想和目标。劳动不仅带给我们物质上的收获，更重要的是，它在实践中培养了我们的能力和品质，让我们收获幸福。

幸福不会从天降。幸福并非坐享其成的果实，而是需要我们不懈追求的宝藏。马克思曾经批评亚当·斯密把安逸、不劳动等同于自由和幸福的观点，他指出："亚当·斯密正是把劳动看作诅咒。在他看来，'安逸'是适当的状态，是与'自由'和'幸福'等同的东西。一个人'在通常的健康、体力、精神、技能、技巧的状况下'，也有从事一份正常的劳动和停止安逸的需要，这在斯密看来是完全不能理解的。……不过，斯密在下面这点上是对的：在奴隶劳动、徭役劳动、雇佣劳动这样一些劳动的历史形式下，劳动始终是令人厌恶的事情，始终表现为外在的强制劳动，而与此相反，不劳动却是'自由和幸福'。"① 马克思认为，人在健康状态下有从事一份正常劳动的需要，并且从事劳动会创造幸福。也就是说，劳动是幸福的源泉。通过劳动，人们不仅可以创造出满足生活需求的物质条件，还能在劳动的过程中体验到成就感、自我实现的满足感以及与他人合作的愉悦感。通过劳动为家人和社会做出的贡献也会给个体带来幸福。因此，劳动不仅仅是一种必要的生存手段，更是一种能够带来内在满足和幸福的活动。劳动创造幸福体现在以下三个方面。

首先，劳动为幸福创造了基础条件，承载着人类对于自我实现和生活改善的追求。正如马克思所说："劳动是人在外化范围之内的或者作为外化的人的自为的生成。"② 人们通过劳动可以改造外界，使自己的智力和体力得以在实践过程中对象化、现实化。劳动不仅为物质财富和精神财富的创造提供了可能，更为个人的成长和自我实现提供了条件。正是劳动使个体有条件发挥自己的才能、实现自我价值。这种自我实现的过程带来的成就感和自豪感，是幸福感的重要组成部分。当个体在工作中

---

① 《马克思恩格斯全集》第30卷，人民出版社1995年版，第615页。
② 《马克思恩格斯文集》第1卷，人民出版社2009年版，第205页。

能够充分发挥自己的能力和潜力，获得他人的认可和尊重时，就会感到自己的存在和付出得到了肯定，从而获得幸福感。因此，劳动为个体建立自我认同和自尊心提供了重要支持，为幸福的实现奠定了精神基础。所以说，劳动不仅仅是为了满足生活的物质需求，更是实现个体自我价值、建立人际关系、获得社会认可的重要途径，劳动为幸福的实现提供了广泛和深刻的基础条件。

其次，在劳动的过程中，可以切实感受到幸福。有一则古希腊哲学家苏格拉底论幸福的故事，意味深长，值得用心琢磨。故事的情节大致是这样的：一群精力充沛的年轻人到处寻找幸福，可是，不仅没有找到幸福，反而遇到了很多的烦恼、忧愁和痛苦。于是，他们向哲学家苏格拉底请教，幸福到底在哪里。苏格拉底没有直接回答他们，而是对他们说："你们还是先帮我造一条船吧！"于是，这帮年轻人暂时把寻找幸福的事放在一边，开始造船。他们找来造船的工具，用了七七四十九天，锯倒了一棵又高又大的树，挖空树心，造出了一条大型的独木船。独木船下水了，他们把苏格拉底也请上船，一边合力划桨，一边齐声歌唱。苏格拉底问："孩子们，你们幸福吗？"他们齐声回答："幸福极了！"苏格拉底说："幸福就是这样，它往往在你为着一个明确的目标忙得无暇顾及其他的时候就突然来访。"

苏格拉底的故事体现了劳动的过程本身就是一种直接的幸福体验。劳动的幸福体验来自多个方面的满足和成就感。其一，当我们充分发挥自己的能力和潜力，创造出有意义的成果时，会感到一种自豪和满足，这是对自我价值的认可，也是幸福感的来源之一。其二，劳动的过程也为我们提供了与他人合作、交流的机会，通过与同事、伙伴共同努力实现目标，可以建立起协同合作的团队精神。劳动分工中的这种合作过程会带来一种归属感和社会交往关系的满足，进而增强幸福感。此外，劳动过程中的挑战与成长也是一种幸福的体验。在劳动过程中克服困难、不断进步的过程让我们感到生活充满了动力和意义，从而更加珍惜并享受每一个劳动的时刻。因此，劳动不仅是实现幸福的基础条件，同时也是幸福的体验来源之一，让我们在日常生活中感受到满满的幸福与喜悦。

最后，辛勤劳动后的结果，也会带来幸福。劳动所产生的结果可以是物质上的，也可以是精神上的，它们都能给人带来满足感和幸福感。

从物质角度来看，通过劳动所获得的收入和财富是人们生活幸福的重要保障之一。当我们通过辛勤的劳动获得了一定的经济收入，能够满足自己和家人的基本需求，提高生活水平，享受物质上的舒适和安全时，会感到一种安心和幸福。这种物质上的满足可以带来生活稳定和安定感，从而增强幸福感。从精神角度来看，劳动所带来的成果也能给人以满足和幸福感。当我们看到自己的努力和付出换来了工作的成果，取得了一定的成就和认可时，会感到一种自豪和满足，这种成就感是精神上的一种享受，能够给人带来幸福和愉悦。此外，劳动所产生的结果还可以是对社会的贡献，这同样会给人带来幸福感。当我们通过自己的劳动为社会作出了一定的贡献，提高了生产效率，帮助了他人，促进了社会的发展和进步时，会感到一种使命和责任的履行，这不仅让我们发现自己的存在有意义，还加深了我们对社会的责任感和归属感，从而带来内心深处的满足和幸福感。因此，劳动所带来的结果不仅可以是物质上的收获，也可以是精神上的成就和对社会的贡献，这些都是劳动的结果带来幸福的体现。

总的来说，劳动是幸福的源泉，劳动创造了幸福，劳动让人获得了自己的类本质。从人们自身的实际出发，通过积极的劳动实践活动不断拓展自身的潜力，实现人生的价值，才能找到自己的幸福道路。20世纪60年代，中国有一部电影《我们村里的年轻人》广为观众所喜爱。电影演的是一群农村青年人用自己勤劳的双手换来了美好幸福的生活。影片中有一段歌词很有哲理："樱桃好吃树难栽，幸福不会从天降。"世界上根本没有天造地设的"幸福"。马克思主义认为，幸福不可能依靠上帝而获得，也不可能通过苦想冥思、靠纯粹的思辨而得来，甚至它也不是自然的"恩赐"，不能依赖他人的"施舍"，不能依赖父母的"庇护"，不会不劳而获、坐享其成，更不可能通过尔虞我诈或弱肉强食地剥削、压迫、掠夺而来。真正的幸福应该建立在劳动的基础上，幸福是通过勤勉的劳动获得的。离开了劳动创造，幸福就成了无源之水、无本之木。真正的幸福是通过劳动创造的，而非单纯依赖个体的内在沉思或神的恩典。唯有知行合一、深入劳动，方能理解幸福的本质。

3. 劳动与幸福程度的关系

劳动实现的幸福，是人在劳动中确证自身类本质，从而获得深层次愉悦体验的美妙历程。它体现的是劳动过程和劳动所获与人的幸福追求和幸福期待之间的一致程度，也体现自我价值得以展现的程度。[①] 当劳动使自己的类本质得到确证，同人的幸福期待具有一致性，就意味着劳动有更高程度的幸福，反之则幸福程度低。

当然，并不是所有劳动都能带来相同程度的幸福，有些劳动可能总体上不幸福，例如奴隶的奴役劳动，不合理分工体制下的强迫劳动。但这些劳动在低程度上又有一定的幸福感。例如，奴隶没有人身自由，所以劳动对他们来说肯定是总体上不幸福的，但这并不等于他们在劳动中一点幸福感都没有。看到自己劳动的成果时，他们有时也会产生幸福感。另外，并不是所有劳动都会带来幸福。真正的幸福不是个人主观意愿上的暂时快乐。比如某些不法分子坑蒙拐骗的行为也算是付出了"劳动"，但这种"劳动"的结果是贪欲的暂时满足，不会带来持久的喜悦。因为坑蒙拐骗的行为是在作恶，这种"劳动"既不会创造价值，给人带来尊严，更不可能促进人的解放和自由全面发展，因而不会产生真正的幸福。

正如我们之前提到的，幸福是客观因素与主观因素的统一，幸福的实现既受到客观因素即幸福的根据的影响，也受到主观因素的影响。也就是说，在劳动中实现幸福需要具备一些条件，并且幸福的程度也会随主体的变化而变化。

幸福具有主体性，依据主体层次的不同，可以大致分为两个层面。一方面，对于个人来说，劳动得到回报的喜悦、劳动中人与人关系的融洽等，都可以是劳动带来快乐的表现。但从人类的类本质之实现的高度来看，更重要的是个人在劳动中展现了自由、自觉的类本质，这对于个体的生命价值实现而言具有重要的意义。并且，对个人来说，因价值观、经历、文化背景等因素不同造成的主观幸福感受对个体的幸福有着极大的影响。另一方面，对于整个人类主体来说，依托劳动实现的幸福需要从社会总体发展的视角去理解。这会牵扯到工作的形式和内容、平均劳

---

① 何云峰：《从劳动作为人的类本质的视角看劳动幸福问题》，《江汉论坛》2017 年第 8 期。

动时间、最低工资待遇、福利保障体系的构建、就业率和社会稳定等方方面面。

也就是说，幸福与每个劳动者的幸福感受有关，但不等于每个人的主观感受。① 所以，要衡量社会总体的幸福程度，应该从人类整体发展状况的高度来考量。今天的人们总体上比数百年前的祖先要幸福。这是因为伴随着生产力的发展，人们在劳动中得以自我实现的方式和渠道更丰富了，这体现在物质生活和精神生活两个方面幸福的总体程度都得到了提高。问题是，社会总体幸福程度的提高如何落实到每个人的身上去？如何让劳动者在劳动中切实体会到社会进步所带来的真实的幸福？这就需要一定的标准。有学者认为，可以从人的全面发展、人的劳动解放以及人的劳动尊严三个维度以幸福的客观根据因素为考量来衡量社会的总体幸福程度②。

首先，幸福的程度体现在人通过劳动实现的自身发展中。人在劳动中得到不断的发展。劳动本身在广度和深度上的不断拓展就是人的发展程度的体现。当人类进入太空探索月球之谜的时候，事实上人类的宇宙认知能力就得到了前所未有的发展。这对于人类来说就是一种巨大的幸福，可以充分体现人的整体认识发展水平，人的发展"表现为活动本身的充分发展"③。劳动和人是同时进化的，并不是劳动先在之条件下再有人的出现。劳动创造人，劳动发展人，并不是一个瞬间完成的动作，而是一个永续的过程。正是在这个过程中，幸福便展现出来。④ 所以，幸福不仅仅是劳动的结果，幸福也体现在劳动的过程之中。

其次，幸福的程度体现在人的劳动解放程度中。劳动具有双重性，一方面给人带来幸福和快乐，另一方面又具有折磨性。而异化劳动则带来三重折磨，一面使劳动变成痛苦，另一面令劳动本身的折磨性被进一步加强，还有一面，异化劳动的结果也会变成折磨人的工具。从人的解放视角来看，实现幸福既要在劳动中实现快乐、实现人的类本质，又要

---

① 何云峰：《劳动幸福论》，上海教育出版社2018年版，第21页。
② 何云峰：《从劳动作为人的类本质的视角看劳动幸福问题》，《江汉论坛》2017年第8期。
③ 《马克思恩格斯文集》第8卷，人民出版社2009年版，第69页。
④ 何云峰：《马克思劳动幸福理论的当代诠释和时代价值——再论劳动人权马克思主义》，《上海师范大学学报》（哲学社会科学版）2018年第5期。

将劳动的负面影响降至最低，确保生理和心理的承受和恢复。换言之，人的解放意义上的幸福衡量标准指的是劳动带给人的痛苦和折磨要不断地最小化。在社会的发展中，劳动环境和条件应该不断改善，使之更加人性化，劳动的本身应该是有意义和满足感的。如果劳动"不是自由地发挥自己的体力和智力，而是使自己的肉体受折磨、精神遭摧残"①，那么人就成了劳动的奴隶，就是从事奴役劳动，幸福自然无从谈起。尤其值得强调的是，劳动解放绝不是"逃避劳动"，而是旨在消除过度的折磨与痛苦，让劳动成为一种享受，成为幸福的源泉。有的人或许会误以为劳动解放就是"摆脱"劳动，成为"不劳动者"。这种理解是完全不正确的。劳动是人的类本质，不劳动就意味着没有实现人的类本质，那就根本无从谈幸福了。随着科技的进步，传统的繁重体力劳动、单调乏味的简单重复劳动以及危险性高的摧残性劳动会逐渐被自动化和智能化的机器取代，新型的劳动形式更注重人的创造力、智慧和沟通能力，更加注重个体的发展和成长。在这样的背景下，劳动的享受性和快乐性得到了充分展现，人们更有可能在工作中找到乐趣和满足感，从而提高幸福的程度。

最后，幸福的程度还体现在人在劳动中的尊严上。劳动不仅仅是为了维持生计，更是为了实现个体的尊严和自我价值。如果劳动不能够给予人应有的尊重和满足感，那么就背离了其本质特征。人必须有尊严地参加劳动。人也要通过劳动在分工体系中实现自我价值和社会价值，从而获得他人的承认和应有的尊严。若劳动无法赋予个体实现自我价值的尊严感，其便谈不上是人类"确证自我"的类本质，会违背应有的幸福维度。正如马克思所揭示的那样，在资本主义社会和"资本的逻辑"支配下，"工人越是感到自己是人，他就越痛恨自己的工作"②，那么幸福就失去了客观依据。当"劳动不是作为对象，而是作为活动存在；不是作为价值本身，而是作为价值的活的源泉存在"③的时候，劳动才能提高劳动者的幸福程度。这样劳动的意义和价值就会得到真正的体现。劳动将

---

① 《马克思恩格斯文集》第1卷，人民出版社2009年版，第159页。
② 《马克思恩格斯文集》第1卷，人民出版社2009年版，第432页。
③ 《马克思恩格斯全集》第30卷，人民出版社1995年版，第253页。

从单纯的生存手段转变为一种自我表达和价值实现的途径，从而赋予劳动者更大的满足感和幸福感。在这种视角下，劳动使个体能够充分展现自己的能力和才华，从而实现幸福。

当然，人的幸福要充分展现，离不开一定的社会历史条件。这种历史条件的形成是漫长的过程，需要生产力的不断发展。人类的幸福程度随着生产工具的改进、生产力水平的提高、科技进步以及社会制度文明的发展而逐步得到提高。因此幸福必须放在社会历史长河中动态地加以考察。幸福之所以具有历史过程性，是因为生产力的发展总是逐步实现的。人的劳动解放、人的全面发展以及人的劳动尊严提高都是历史地渐进的过程，甚至是螺旋式上升的过程。今天的人们之所以在总体上享受着更高程度的幸福，归根结底是因为劳动工具以及整个生产力有了极大的进步。现代科技在劳动中的广泛运用，大大解放了人类的劳动力，减轻了人类体力和脑力劳动的强度，为人们多方面的发展创造了契机，人们在劳动中不断获得更高的劳动尊严，从而促进了幸福程度的提高。尽管由于资本逻辑以及其他诸多因素的制约，人类幸福的程度还远没有达到理想的境地，但其总体性上升的历史发展趋势则是不争的事实。

总之，幸福是人通过劳动使自己的类本质得到确证所得到的深层愉悦体验。人类总体的幸福应该从社会整体发展状态来加以衡量。幸福在本质上展现的是人的全面发展、人的解放和人的尊严实现的程度。幸福的程度既取决于人自身的全面发展程度，也取决于人与劳动关系的发展程度，并随着人的劳动解放而不断提高，也取决于劳动尊严得到实现的程度。从这三个维度也可以看出幸福具有历史过程性，处在不断发展的进程之中。

二 职业观与幸福

在充满变革与挑战的时代背景下，一个人的职业观念和态度决定着他工作的质量和生活的幸福感。在新时代社会主义中国全体人民当家作主的条件下，敬业和乐业成为衡量人们职业态度的两个重要维度。爱岗敬业体现在一个人热爱而且努力投入自己的工作中，而乐业则是在此基础上的一种更高层次的职业满足和幸福感。因此，在实际工作中落实爱岗敬业的美德，并在此基础上提升至乐业的境界，让劳动成为一种深层次的源自内心的幸福体验，有助于人们树立更加积极、健康、充满活力的职业态度，帮助每个人实现劳动的价值，在职业生涯中拥抱幸福。

1. 树立爱岗敬业的职业观

职业是历史的产物，有鲜明的时代特色，职业观亦然。不同的历史时期，人们对同一职业可能有着迥然相异的看法。社会存在决定社会意识，职业观属于社会意识的范畴，其形成受历史条件、劳动方式和人的具体社会身份的制约。当然，社会意识对社会存在有能动的反作用，一个时期人们的职业观对历史进程也有反作用。从宏观看，职业观可以影响社会的政治、经济、文化的结构和发展。从微观看，职业观影响个人的职业选择与职业发展路径选择。马克思在年轻的时候曾经充满激情地写道："如果我们选择了最能为人类而工作的职业，那么，重担就不能把我们压倒，因为这是为大家作出的牺牲；那时我们所享受的就不是可怜的、有限的、自私的乐趣，我们的幸福将属于千百万人，我们的事业将悄然无声地存在下去，但是它会永远发挥作用，而面对我们的骨灰，高尚的人们将洒下热泪。"[1] 也就是说，职业不仅是个人实现自我价值和发展的途径，也是连接个人与社会的重要纽带。

在社会主义社会中，青年人树立正确的职业观，能明确职业目标和生涯规划，在人生的旅途中更有方向感；树立正确的职业观，可以鼓励青年认识到持续学习和自我提升的重要性，为整个职业生涯的发展奠定坚实基础；树立正确的职业观，有助于青年实现个人与社会的共同发展，使得青年在实现个人价值的同时也为社会的整体福祉和发展作出贡献。对此，青年人可以在以下几个方面做出努力。

首先是树立劳动光荣的观点。马克思恩格斯关于劳动在从猿到人的进化中的作用的精辟论述，表明了他们对于劳动的尊崇态度。马克思恩格斯认为，劳动为工人阶级的最终解放创造了条件："工人阶级以不懈的毅力、流血流汗、绞尽脑汁，为使劳动变成高尚的事业并把劳动生产率

---

[1] 《马克思恩格斯全集》第 1 卷，人民出版社 1995 年版，第 459—460 页。

提高到能造成产品普遍丰富的水平创造了物质前提。"① 劳动的重要性毋庸置疑,劳动是人类社会不可或缺的一部分,马克思将劳动视为人类自我实现和社会进步的重要途径,宣扬劳动的光荣和价值。树立劳动光荣的观念,能使得青年理解工作的意义,提升个人的工作热情,同时也加强了对社会发展的共同责任感。通过认可劳动的光荣和价值,青年能朝着更加幸福的道路前进。

梁军的故事可以说明劳动人民最光荣这一观点。梁军是新中国第一位女拖拉机手,是著名的全国劳动模范,也是1962年发行的第三套人民币1元钱纸币上女拖拉机手的原型。她出生于黑龙江省明水县一个贫苦家庭。1948年,她作为唯一一名女学员,参加北安拖拉机手培训班,结业后投身北大荒开发建设。在那个年代,大多数人认为女性就应该围着家庭转,而梁军能够冲出锅碗瓢盆,冲破人们的旧有观念,走到火热的建设一线来开拖拉机。她通过劳动赢得了别人对她的尊重。梁军留给我们的宝贵精神财富,依然在激励着更多的人前进。因此,我们应该珍视并尊重劳动,尊重从事各种劳动工作的人们,实现个人的自我价值,为社会的繁荣和进步作出贡献。

其次是树立职业平等的观念。马克思和恩格斯不否认职业之间的差别,承认社会分工会推动生产力发展的客观性。与此同时,他们也认为所有职业都是平等的,所以他们经常使用"无差别的人类劳动"一词。他们认为,在共产主义社会中劳动是人的第一需要,那时的社会取消了一切职业的高低贵贱之分。工程师通过设计和建造基础设施,如桥梁、道路、建筑物等,为社会提供了便利和安全。警察维护社会的治安和安全。他们保护人民的生命和财产安全,应对紧急情况和灾难,为社会的稳定和谐发挥了关键作用。记者和媒体工作者通过报道新闻和传播信息,起到监督权力、传递真相、引导舆论的作用。这些职业各有不同,但都在自己的领域里作出了重要贡献,为社会发展和实现自身价值作出了积极的贡献。他们的工作都是光荣的,值得受到赞扬和尊重。

中华人民共和国成立后,朴素的工人时传祥用一颗朴实的心记住了这样一个通俗的道理:淘粪也是社会主义建设事业的一部分,是一项十

---

① 《马克思恩格斯全集》第13卷,人民出版社1998年版,第134页。

分光荣的劳动,他要以身作则,以苦为乐,任劳任怨,满腔热情,全心全意为人民服务。这个终生在淘粪行业劳动的人,在1959年10月26日出席了"全国群英会"。这一天,毛泽东、刘少奇、周恩来、朱德等领导人接见了代表们。刘少奇主席热情地握住他粗糙的手,询问工作情况之后勉励他说:"我们都要好好地为人民服务。你当清洁工是人民的勤务员,我当主席也是人民的勤务员。这只是革命的分工不同,都是革命事业中不可缺少的一部分。"刘少奇得知他没有文化时,还特意送给他一支钢笔,鼓励他好好学文化。时传祥认为,再脏再累的活也得有人去干,能以一人脏,换来万家净,这是十分光荣的。荣誉、责任和感动使时传祥真正认识到了为人民服务没有高低贵贱之分,并发自内心地做好在一些人眼中认为低贱的工作,因此成为全国人民的偶像。

最后是树立爱岗敬业的职业观。劳动光荣和职业平等的观念都是为了引导人们对工作的态度和价值进行正确的认识,而这种认识最终需要通过爱岗敬业的实践来落实。习近平总书记在《敬业乐业为美德》中指出:"敬业是一种美德,乐业是一种境界。朱熹说:'敬业者,专心致志以事其业也。'对待本职工作,应常怀敬畏之心、专心、守职、尽责,干一行、爱一行、钻一行,尽心竭力、全身心地投入。要精其术,不拘泥于以往的经验,不照搬别人的做法,力求做得更好,成为本行业的行家里手。人生不满百年,做的也就是那么些事。做一件事情,干一项工作,应该创造一流,力争优秀。要竭其力,对待事业要有愚公移山的意志,有老黄牛吃苦耐劳的精神,着眼于大局,立足于小事,真抓实干,务求实效,努力在平凡的岗位上做出不平凡的业绩。"[1] 敬业是中华民族的传统美德。爱岗敬业体现的是公民热爱、珍视自己的工作和职业,勤勉努力,尽职尽责的道德操守。任何一个社会的存续和发展,都是以其成员勤奋工作、创造价值为前提的。因此所有生气蓬勃的社会,都把爱岗敬业作为核心价值加以强调,将之作为对自己成员的基本要求。[2]

在社会主义社会中,爱岗敬业须热爱工作。热爱自己的工作是敬业精神的前提。只有当公民把工作当作自己珍视的领域,视为自己价值得

---

[1] 习近平:《之江新语》,浙江人民出版社2007年版,第177页。
[2] 郭建宁主编:《社会主义核心价值观基本内容释义》,人民出版社2014年版,第125页。

以表达的所在时，他才有可能进行真正的精力与体力的投入，才有可能克制自己放松懒惰的想法，才有可能不满足于自己所取得的成就。这种热爱不仅驱使个体以高度的责任感、专业性和投入感参与到工作中，也是个人实现自我价值、达到职业满足感与成就感的关键。热爱工作可以激发个人的创造力和效率，使工作成果不仅能够实现个人的职业目标，也能提高社会整体的幸福程度。

在社会主义社会中，职业平等的理念正与热爱工作的敬业精神相辅相成。职业平等的观念认为，无论是哪个行业或职业，每一份工作都有其存在的意义和价值。社会的运转和发展需要不同职业的人才共同努力，每个人在其岗位上的贡献都是不可或缺的。因此，不应该对不同的工作持有偏见或优劣之分的看法。每个人都应该为自己的工作感到自豪，同时也尊重其他职业的工作者。个人在追求职业发展的同时，也应认识到自己所做的工作，无论职位高低，都是现代分工体系中不可替代的一环，都值得自己去热爱和尊重。这样的态度不仅能增强个人的职业荣誉感和使命感，也是构建和谐社会和促进人类进步的重要基石。

爱岗敬业须勤勉努力。敬业不仅仅是对工作的热爱，它还体现为对职责的承担、对目标的追求和对成就的努力。热爱是敬业的出发点，但敬业更需要通过持续的勤勉努力，将这种热爱转化为具体的成果和价值。这一过程中，我们不仅需要付出时间、精力，还需要不断地学习、适应和创新，以达成工作目标和个人发展。

敬业须勤勉努力，正是劳动光荣观念在实践层面的展现。它要求个人不仅仅认同工作的价值，更要通过实际的行动体现这种价值。通过劳动，个人能够实现自身价值，获得成就感和满足感。"劳动光荣"为此提供了社会道德层面的支撑，而勤勉努力的爱岗敬业则是实现路径。勤勉努力不只是完成被分配的任务，更是通过不懈的追求和奋斗，超越自我，实现更高的职业成就。

2. 以乐业的境界拥抱幸福

"敬业是一种美德，乐业是一种境界。"[①] 在爱岗敬业的基础上，乐业

---

① 习近平：《之江新语》，浙江人民出版社2007年版，第177页。

的境界是一种更高层次的追求：乐业代表着在爱岗敬业的基础上，进一步找到工作的乐趣和满足感，体现了更高层次的个人追求。相比爱岗敬业，乐业更加强调内在的感受和态度，即个人通过工作获得的幸福感和满足感，这是一种个体的主观体验。乐业的动机更多地源于个人对工作的热情，以及通过工作实现的个人价值和成就感。乐业不但是对工作的热爱和执着，而且是在职业中实现了幸福的崇高境界。"如果有机会把爱好变成事业，那便是人生的一大乐事。"①

所以说，青年人在树立爱岗敬业的正确职业观之后，还应当进一步迈向乐业的境界，这不仅是职业发展的自然延伸，更是实现个人全面发展和深远幸福感的关键步骤。乐业不仅意味着对工作的热爱，还涉及对个人职业生涯的积极规划以及持续自我成长的态度。而且，在社会主义事业的建设中，青年人追求乐业的境界具有特别的意义和价值。这不仅体现了青年对个人职业生涯的积极态度，而且与社会主义核心价值观中提倡的"敬业"相吻合，反映了个人追求与社会发展的高度一致。而追求乐业的境界可以在以下几个方面体现。

第一，乐业的人不仅仅是在追求物质上的回报，更重要的是追求内在的满足感。乐业的人内心深处有一种强烈的动力驱使他们去工作，他们对工作充满激情，不仅仅因为工作本身所带来的回报，更是因为工作本身的意义和乐趣。乐业的人将工作视作实现个人价值和成就的途径，从而在工作中获得心灵的愉悦和满足。在这个过程中，乐业的人通过工作实现了自我价值并获得了自我成就感，他们在工作中找到了自我认同和自我实现的机会，从而感受到了真正的幸福。因为劳动对乐业的人来说不仅仅是生存的手段，而是自我表达、实现和完善的途径。乐业使得人在劳动中得到不断的发展，那么幸福的实现也就成为可能。

第二，乐业的人总是对工作抱有积极的心态。劳动具有双重性，一方面给人带来幸福和快乐，另一方面又必须付出一定的体力和脑力。劳动并不总是轻松愉快的，劳动过程中往往伴随着各种挑战、压力，往往需要克服这样那样的困难，令人感受到"折磨"。这种"折磨"可能是身体上的，如长时间的体力劳动导致的疲劳和消耗；也可能是心理上的，

---

① 张笑恒：《哈佛幸福课》，北京工业大学出版社2011年版，第111页。

比如面对复杂问题时的焦虑、解决冲突时的压力，或是长期压力下的精神紧张。但是，乐业的人擅长发现并关注他们工作中的意义和价值。即使是重复或艰苦的工作，他们也能从中看到对自己、对他人或对社会有所贡献的重要性。这种意义感可以大大减轻劳动过程中的"折磨感"，转而让人感受到成就和满足。面对工作中的挑战和困难，乐业的人看到的是成长和学习的机会。他们通过不断学习新技能和知识，提高解决问题的能力，从而增强自信心。这种进步感让劳动过程变得更加有价值并充满意义。他们倾向于从每次挑战中寻找积极的一面，而不是仅仅关注问题本身。这种心态帮助他们保持动力和热情，即使在面对失败和挫折时也能快速恢复并继续前进。乐业的人以积极的心态让劳动成为享受，劳动的享受性和快乐性就会充分展现出来，幸福就成为可能。

第三，乐业的人在劳动中体现自己的人格尊严，实现幸福。对乐业的人来说，工作不仅仅是维持生存的手段，更是表达个人价值、理想和信念的途径。乐业的人倾向于选择那些能够体现自身价值观和人格理念的工作，通过工作展现自己的类本质，他们使得自己的劳动与个人的价值取向保持一致，从而有尊严地从事工作。并且，乐业的人懂得尊重他人的重要性。尊重是相互的，乐业的人通过与同事建立良好的工作关系，营造团队合作和相互尊重的职场氛围，有助于建立一个积极、健康的工作环境，使得各自的劳动在分工体系中实现价值从而获得应有的尊严，让劳动带来幸福感。

因此，乐业不仅仅是对职业的热爱和勤勉，更是一种生活态度和人生境界。爱岗敬业是实现乐业的前提。当一个人能够认真对待工作、执着于职责时，更有可能在工作中找到乐趣，进而实现乐业的状态。同时，当一个人体验到了工作带来的乐趣和满足感，这种体验又会反过来增强其对工作的热爱和投入，形成一个良性循环。在爱岗敬业的基础上，追求乐业的境界能够让个人在工作中获得更多的幸福感和满足感，实现更高水平的自我价值和生活质量。因此，乐业和爱岗敬业虽为不同层次，却是相辅相成的关系。爱岗敬业为乐业提供了基础和条件，而乐业则是爱岗敬业的升华与理想境界，两者共同组成了一个理想的职业态度。在职业发展过程中，先爱岗敬业再达到乐业的境界，是实现幸福的重要途径。

三　事业观与幸福

事业通常指一个人在职业或工作领域中所追求的目标和计划。事业不仅包括职业发展方面的追求，还包括对个人成长、自我实现和社会价值的追求。职业通常指具体行业的岗位或工作，可能是短暂或长期的，强调以执行特定任务或职责从而换取薪酬。而事业是一个长远的过程，更多关注于一个人在其整个生涯中的持续发展与进步，会涵盖多个职业阶段。事业观是一个人对事业的看法和态度，它涉及个人的价值观、目标和动力。相比职业观，事业观是一个更加宏观和长期的观念，它不局限于一个特定的职位或行业，而是围绕整个工作生涯的发展展开规划。事业观需要考虑个人的理想、抱负、价值观、兴趣、潜力以及如何在不同的职业阶段实现个人的成就和满足。事业观强调的是持续的个人发展、长期目标的实现以及对所处行业或社会的贡献。并且，职业中的满足感往往来源于工作内容本身，而事业中的幸福感则更加聚焦于个人成长和对社会的贡献。因此，事业观对人生的意义与幸福来说有着重要的意义。在习近平新时代中国特色社会主义建设中，我们必须树立正确的事业观，拥有进取的事业心，努力在干事创业的过程中拥抱幸福。

1. 事业观与人生的方向

事业观是人生观的重要组成部分，它是和事业有关的所有观点和方法的集合。青年信仰什么主义、捍卫什么主义，决定着国家和民族的前途命运。代表无产阶级根本利益的马克思主义者在人类历史上第一次把青年视为社会主义事业的建设者和接班人。对青年的这一定位体现了马克思主义者对青年的事业观教育的重视。习近平总书记在清华大学考察时就曾强调："我们要建设的世界一流大学是中国特色社会主义的一流大学，我国社会主义教育就是要培养德智体美劳全面发展的社会主义建设者和接班人。"[①] 坚持社会主义办学方向，让中国特色成为我们建设一流

---

① 新华社：《习近平在清华大学考察：坚持中国特色世界一流大学建设目标方向　为服务国家富强民族复兴人民幸福贡献力量》，2021 年 4 月 19 日。参见 https：//www.gov.cn/xinwen/2021-04/19/content_5600661.htm。

大学和一流学科的关键词，才能培养出社会主义合格建设者和接班人。

因此，在社会主义社会中，青年的事业观应该紧密围绕对社会主义理想和信念的深刻理解。所以青年应该树立正确的社会主义事业观，在坚定理想信念的基础上，致力于个人价值的实现和社会发展的统一。通过树立这样的事业观，青年人不仅能够实现自我价值，还能为社会主义社会的建设和发展做出重要贡献。树立正确的事业观对作为社会主义事业接班人的青年人来说，有以下三个方面的重要意义。

第一，事业观决定了人生为什么要干事。相传周公"一沐三捉发，一饭三吐哺"，为了事业废寝忘食；唐代的韦应物作诗披露心迹："身多疾病思田里，邑有流亡愧俸钱。"他觉得因自己身体不好没有干好事情，愧对领取的俸禄，内心深感不安。邓小平同志也说过，"出来工作不是为了做官，而是为了做事"。人类天生具有探索和创造的冲动。干事不仅仅是为了生存上的需求，更是一种实现自我价值、表达自我、对社会做出贡献的方式。事业使人生具有目标和方向，通过干事，我们可以实现个人梦想，满足成就感，在这个过程中人生的意义就会凸显。在干事的过程中，个人也能够通过向社会提供价值来获得认同和尊重。

第二，事业观决定了应该干什么事。干事当然要实现自己的价值，但是个人价值应当与社会价值在干事中结合起来。因此，青年应当秉持以人民为中心的理念，投身社会主义事业。社会主义的事业观，就要把工作当事业，在其位就要谋其政、尽其责。秉持正确的事业观，需胸怀大局，不计较个人得失。在取得功劳时，保持一颗平常心。我们要正确看待个人努力与组织培养，把全部心思用在工作上，把作风拧在实干上，把感情贴在民心上，把智慧倾在发展上，把名利看得淡些，让心灵更超脱些，在个人进退得失上不计较、不攀比，坦然接受党和人民的选择，做到"花开花落，宠辱不惊"。社会主义事业观，就是以人民为中心，敢于担当负责。事不避难、勇于担当，源于对理想信念的坚定追求，源于强烈的事业心和责任感，源于践行宗旨、造福人民的情怀。①

第三，事业观决定了应该怎样干事。在事业中，最重要的是干好职

---

① 龚文密：《坚持以人民为中心的发展思想 树牢正确世界观权力观事业观》，《湖南日报》2019年6月23日。

责"分内的事"。干事并不是要求每个人去干多么伟大和英雄的事情，对于很多人来说，立足于岗位，做好平凡的工作就是一件不平凡的事业。每项工作都是一个系统，每个人都是这个棋盘上的一个棋子，大家各司其职，又互相配合、团结协作，才能把整盘棋走活；团结就是力量，团结才会产生智慧，形成生产力；在组织中，各个岗位均有不可替代性，整体的运转依赖于每个环节的完备。只有摆正自己的位置，有良好的心态，我们才能在干事中分享快乐，体现出人生价值。黑格尔说："但是特殊性的原理，正是随着它自为地发展为整体而推移到普遍性，并且只有在普遍性中才达到它的真理以及它的肯定现实性所应有的权利……因为特殊的东西必然要把自己提高到普遍性的形式，并在这种形式中寻找而获得它的生存。"① 这段话实际上说的就是要在事业中先干好分内的事，个体的权利就会得到承认，并会在分工和交换的基础上建立起一个相互补充和相互依赖的社会体系，使得每个人的事业都具有意义，实现个人价值和社会价值的统一。

总之，在社会主义社会中，树立正确的事业观会引领青年理解个人价值与社会价值的有机结合，鼓励青年在追求职业发展的同时，为社会做出贡献。通过专注个人分内之事，不仅个体的努力和成就得到社会的认可，还能促进个人与社会的和谐发展，实现自我实现与社会进步的双重目标。

2. 以进取的事业心拥抱幸福

事业心指的是个人对其人生事业的专注度、热情和积极的追求态度。具备事业心的人通常对自己选择的事业满腔热忱，不仅对当前职业的工作内容感兴趣，而且对职业生涯的长远发展和进步保持高度的关注和投入。明白了人生为什么要干事、应该干什么事和应该怎样干事之后，青年应当以进取的事业心不断拼搏、拥抱幸福。

今天，在中国这样一个有着十几亿人口的发展中大国进行建设，发展中国特色社会主义，是一项前无古人的伟大事业，更是一项充满艰辛、充满创造性的事业，需要我们每一个人，以及一代又一代人的持续奋斗

---

① ［德］黑格尔：《法哲学原理》，范扬、张企泰译，商务印书馆2011年版，第253页。

与不懈努力。在今天社会主义的中国，我们迎来千载难逢的发展机遇，这也正是我们干事业的大好时机。今天，在中国共产党领导下，中国特色社会主义事业方兴未艾。走中国特色社会主义道路，实现中华民族的伟大复兴，是现阶段中国各族人民的共同理想。[①] 所以在社会主义建设的发展机遇期，青年应当以进取的事业心，通过拼搏奋斗成就自己的人生目标，实现人生幸福。

在社会主义事业蓬勃发展的关键时期，进取的事业心不仅是青年实现个人理想的动力，也是推动社会发展的关键因素。具备强烈事业心的青年，能够在科技、文化、经济等多个领域发挥出色的创新能力和实践作用。他们敢于面对挑战，勇于解决问题，通过不懈努力实现自身价值，增进社会福祉。进取的事业心可以帮助青年在社会主义建设中实现个人的理想，促进个人的全面发展，享有更加幸福和谐的生活。因此，在社会主义的中国，从国家到社会再到个人，都应该重视和培育青年的事业心。通过教育引导，让青年树立进取的事业心，可以鼓励青年挖掘自身潜力，丰富实践经验，在实现个人梦想的同时，也为社会主义现代化建设贡献青春和智慧，让青年成为实现中华民族伟大复兴的生力军。具体来说，需要在以下几个方面努力。

第一，进取的事业心要求把握机遇，提升自我。有志者事竟成。进取的事业心是在机遇面前迎难而上的勇气，它促使我们在面对挑战与变化时，不畏惧、不退缩。正像风浪中勇往直前的舵手，凭借着进取的事业心，我们能够正确判断形势，快速作出反应，把握住成功的关键节点。而每一个把握住的机遇，都能促进我们的发展，使我们在干事中得到自我完善和发展，找到通往幸福的阶梯。

第二，进取的事业心还体现在对理想的坚持和对事业的热爱上。当个人在事业中寻找到符合自己兴趣和理想的方向时，便能在干事创业中体验到一种成就感和愉悦感。把工作当成事业去做的人，除了注重财富收入外，还会重视自身能力的培养和锻炼。他们会努力地在自己的工作岗位上做到最好，为下一步的提升做好准备。[②] 在科研领域，许多科学家

[①] 郭建宁主编：《社会主义核心价值观基本内容释义》，人民出版社2014年版，第5页。
[②] 张笑恒：《哈佛幸福课》，北京工业大学出版社2011年版，第116页。

在追求突破和创新的过程中体现出强烈的事业心。他们面对重重困难，依旧坚持不懈，当发现新物种或是实现新技术的突破时，那份来自内心深处的成就与喜悦，使得干事的享乐性压倒了劳动的折磨性，幸福也就在事业中真实地体现出来了。

第三，进取的事业心引导我们创造真正的价值，从而赢得社会的尊重。进取的事业心不仅仅关注个人成就，它还体现在我们对社会做出的真正的价值贡献。当我们在事业中实现创新，解决行业难题时，我们不仅仅是为自己实现价值，更是在以实际行动增进社会的福祉。这种由内而外的价值创造，赢得的不仅是同行的认可、领导的赞许，更重要的是社会对我们的尊重和信任。在事业的道路上，每一次的成功都不是偶然，它是进取的事业心与艰苦努力的结晶。而当我们获得同行的肯定、社会的赞誉时，那份荣誉和自豪感会成倍地放大我们的幸福感。

在事业路上，我们的每一段旅程都是对理想的探索，对成就的追求，以及对价值的创造。进取的事业心不仅帮助我们在专业和职业上成长，也为我们铺平了通往幸福的道路。它在无声中说明着我们对工作的热爱、对挑战的勇气、对成就的渴望，以及对社会的贡献。进取的事业心赋予了我们在变动的世界中坚定前行的力量，让我们在实现个人梦想的同时，也为社会的进步作出了贡献。因此，进取的事业心是我们联结个人成功与社会发展的纽带，是迈向更深层次幸福的关键。

四 智能时代的劳动与幸福

劳动一直是人类社会生存和发展的前提。从最早的手工劳动到现代高度机械化的生产，劳动不仅塑造了我们的社会和经济结构，也直接影响着个人和集体的命运。时至今日，人工智能的迅猛发展既减轻了许多繁重劳动的负担，又带来了一些不容忽视的挑战。随着生产和服务的自动化、信息化和智能化，许多传统的职业和劳动岗位正面临着被替代的风险，"数字穷人""无用阶层"正在迅速增加，劳动作为幸福的基础正受到越来越严峻的挑战。

1. 智能系统的劳动正在挑战幸福的基础

今天，人工智能正"进化"得越来越"聪明"，越来越具有"类人智能"和"自主性"。各种智能系统和智能机器人获得了越来越强大的"劳动能力"，正在大规模走进经济和社会各领域，替代人类承担越来越多的劳动任务和劳动职责。智能系统可以拥有远超人类的体力和耐力，各种专用机器系统正在接替"蓝领工人"承担大量的体力劳动，特别是那些人类不情愿承担的脏、累、苦的工作，机械、重复、乏味的工作，以及有毒、有害、在危险环境中的工作。有些专业化的智能系统在一定程度上已经超越了人类智能，正在向一些曾被认为"专属于人类"的脑力劳动领域进军。例如，基于深度学习等算法技术的智能系统正在尝试咨询服务、"授业解惑"、新闻报道、诊疗手术、审案断案、文艺创作、舞台表演……甚至以智能技术为基础，接管原本属于人类的管理、监督、评价、决策等权力，逐渐表现出令人叹服的生产、服务和"管理"技能。我们不难发现，随着经济和社会的快速信息化、智能化，智能系统的"劳动能力"正在与日俱增，已经初步表现出相对于普通劳动者的"劳动优势"。这正在对人类的劳动权形成日益严峻的挑战。

首先，与智能系统相比，普通劳动者的劳动技能日益处于劣势。工业革命时期，机器就在体力、速度、耐力等方面超过了普通劳动者，在现代工业中甚至成为生产的主要承担者。恩格斯曾经揭示："现代工业，产品是用动力推动的机器生产的，工人的工作只限于监督和调整机器的运转。"[①] 在高度依赖人工智能的经济和社会体系中，智能系统的复杂程度、劳动技能更是机械化的机器所无法比拟的。它们不仅具有以往机器的全部功能，而且可以自动接受指令、及时作出反应，自主承担或完成一定的工作职责，并且表现出连人类都难以企及的"协作能力"。普通劳动者即使通过比较长时间的学习、培训和钻研，掌握了一定的知识和技能，往往还是难以理解、控制既复杂又精密的智能系统，难以与专业化的智能机器人同台竞争，难以跟上智能系统日新月异的更新速度。与飞速发展的智能系统相比，普通劳动者显得越来越"原始"、笨拙，甚至

---

① 《马克思恩格斯文集》第 3 卷，人民出版社 2009 年版，第 502 页。

愚钝。

其次，与普通劳动者的劳动态度相比，智能系统堪称"劳动模范"。自人类历史上出现阶级分化，出现生产资料私人所有者主导的不合理的社会分工，"劳动阶级"的劳动被异化了。"在奴隶劳动、徭役劳动、雇佣劳动这样一些劳动的历史形式下，劳动始终是令人厌恶的事情，始终表现为外在的强制劳动，而与此相反，不劳动却是'自由和幸福'。"①不仅如此，传统意义上的普通劳动者还需要养家糊口、维持劳动力的再生产，希望不断改善生存条件，提高生活品质，因而他们不可能不计较劳动环境、劳动时间和劳动待遇。事实上，他们多年来也一直在通过风起云涌的劳工运动不懈地进行争取。而各种智能系统没有自己的利益考量，没有阶级或政治属性，生存动机和生存需要相对"单纯"，甚至可以说是无欲无求、无忧无虑。它们在工作中"勤劳踏实""任劳任怨""不计报酬""不讲条件"……各种专用的智能系统甚至就是"为劳动而生"的，不知疲倦地"劳动至死"是其"生存的要诀"。因为一旦丧失了劳动技能，或一旦无法完成劳动任务，它们也就丧失了存在的理由。

再次，与普通劳动者相比，智能系统恪守劳动纪律，劳动状态更好。受制于劳动价值观的差异和对工作纪律的认知，以及情绪、情感、意志等主观因素的影响，普通劳动者的劳动态度和投入程度参差不齐，专注程度存在身心方面的极限。他们的劳动时间安排需要劳逸结合、张弛有度，即使这样，有时也难以避免因为主观因素制造残次品，甚至酿成工作事故。而智能系统具有"钢铁般"的身体和意志，能够维持比较恒定的劳动状态。它们不像自然人那样易于疲劳，可以长时间地专注于劳动过程，特别"擅长"从事那些人们厌恶的又苦又累、单调重复、枯燥乏味的工作。它们不会出现"思想波动"和情绪化，更没有酗酒、吸毒、赌博之类的恶习，可以一丝不苟地遵守劳动规程和工作纪律。当一项工作"交给"智能系统之后，如果系统通过不断改进日趋成熟，那么它们的精确性与正品率就能够得到保证，差错率与事故率往往会显著降低。

最后，智能系统与人的"物种进化"、"劳动能力"提升遵循完全不同的法则。智能系统遵循"摩尔定律"之类的规律，"正在以指数速度提

---

① 《马克思恩格斯文集》第8卷，人民出版社2009年版，第174页。

高自己的性能"①，而人作为生物体遵循生物进化规律，劳动技能的实质提升则要缓慢得多。"十年树木，百年树人。"一个自然人从呱呱坠地到长大成人，成为智能社会合格的劳动者，至少需要经过十多年的养育、教育和培训，需要投入难以计量的人力、物力成本；而且人的知识、经验和劳动技能无法简单地"下载"、遗传，每一个人都需要从零开始辛辛苦苦地学习、积累。人的进化、成长规律决定了不能揠苗助长，不能人为地、显著地缩短这一过程。智能系统或智能机器人不仅可以源源不断地被创造，可以生存于虚拟时空，而且升级版可以"继承"以前版本的知识和技能，甚至可能通过自主学习，自我提升。近些年来，智能系统的功能升级成本与制造成本之比一直呈现快速下降的趋势，它们今后甚至可能"把劳动成本降到几近于零"②。

在工业时代残酷的市场竞争中，资本家通过采用和改进机器，建构了一种按照"机器节奏"运转、流水线分工的生产体系。这大幅提高了工人的劳动强度和生产效率，却不断造成"劳动的过剩"，造成工人的失业，造成整个社会的"过剩人口"越来越多。在智能技术日益成为社会基本技术支撑的时代背景下，人工智能以更加新颖的形式改变了社会生产方式，"劳动过剩"的情况变得更加严峻了。

在智能时代新的社会生产方式和社会分工体系中，智能系统自主运作、人机之间的劳动协作渐成常态，人机之间的劳动机会竞争也日趋白热化。由于专用智能系统不断涌现，"劳动能力"越来越强，价格还越来越便宜，研制、购买它们往往比培训"数字穷人"更合算，因而"数字穷人"的"竞争者"必将如雨后春笋般涌现。"数字穷人"所拥有的"唯一的资本"，即主要以体力和劳动时间为主要表现形式的劳动力，是渔猎时代、农业时代和工业时代可资利用、不可或缺的资源，在那些时代不仅普遍受到重视，而且被统治阶层处心积虑地加以争夺，但在高度信息化、智能化的经济和社会结构中，"数字穷人"的劳动力资源日渐丧

---

① ［英］卡鲁姆·蔡斯：《经济奇点：人工智能时代，我们将如何谋生？》，任小红译，机械工业出版社 2017 年版，第 138 页。
② ［美］约翰·普利亚诺：《机器人来了：人工智能时代的人类生存法则》，胡泳、杨莉萍译，文化发展出版社 2018 年版，第 33—34 页。

失原有的优势,其劳动价值骤然成为一个令人尴尬的问题。"数字穷人"失业之后,并不容易获得足够的培训和再就业的机会,从而难免被信息化、智能化、全球化的经济和社会体系排斥在外,沦为"无用阶层"。

劳动是人所特有的自我肯定、实现价值、维护尊严的本质性活动。劳动作为人的存在方式和本质性活动,是社会发展和人的美好生活的基础。劳动权是人的基本人权,每个人的劳动是自我幸福的源泉。而在社会信息化、智能化过程中,人的劳动能力不断被各种各样的智能系统所超越,人的工作岗位不断被智能系统所掠走,"数字穷人"之类普通劳动者的劳动机会正在持续减少,作为基本人权的劳动权不断被剥夺。如果说劳动创造幸福,而人们的劳动机会不断流失,劳动权受到直接的威胁,那么也就彻底破坏了幸福生活的基础。例如,有调查显示,在目前工厂倒闭率和员工失业率比较高的地区,滥用药物、患抑郁症、自杀与犯罪的概率都相对较高。"数字穷人"面对汹涌澎湃的智能化潮流,面对虚拟与现实相交织的梦幻社会,却不知道自己为什么活着,不知道每天要做什么,不知道应该往哪里去,更不知道未来等待他们的是什么。当他们不满足于酒精、药物、短视频文化、电子游戏、虚拟交往、VR 体验等填充的无所事事的"现代生活方式"时,就可能像工业时代的卢德派捣毁机器一样,做出各种仇视、对抗社会的行为,引爆全面、彻底的道德危机、价值危机和社会危机。

2. 通过兴利除弊提升人们的幸福指数

劳动是神圣不可剥夺的基本人权,劳动权是人的生存权和发展权的基础。平等的劳动权对于每个人来说都至关重要。"给人们带来的好处不仅只是保证温饱的薪水,还有群策群力制订并且最终完成具有挑战性目标而带来的归属感、满足感和成就感,甚至是充实每周时光的固定的工作内容和乐在其中的生活节奏。"[①] 不妨设想一下,如果一个人因为人工智能的冲击,长期陷入失业状态,被经济和社会体系排斥在外,甚至被精英群体鄙夷地视为"无用阶层",那么,他不仅无法按劳取酬、获得自

[①] [美] 托马斯·达文波特、茱莉娅·柯尔比:《人机共生:谁是不会被机器替代的人》,李盼译,浙江人民出版社 2018 年版,第Ⅷ—Ⅸ页。

食其力的经济收入,在劳动过程中有所成就、"自我实现",通过劳动成绩赢得他人的尊重和做人的尊严,而且自己的"第一需要"得不到基本的满足,在迷失生活意义和生命价值的窘境中,幸福指数必然显著下降。长此以往,如果这样的人越来越多,社会也会陷入不稳定的状况之中。

面对人工智能对劳动权的挑战,我们应当立足智能科技的发展特点,前瞻性地完善智能社会的顶层设计,为人的劳动解放、提升每个人的幸福指数创造条件。实际上,如果能够合理利用人工智能,它确实能够为人类的劳动解放和幸福指数的提升创造条件。

第一,人工智能的发展为实现一个物质财富极大丰富、实行"按需分配"原则的社会提供了可能。随着智能科技的指数式发展和在经济领域的广泛应用,智能产业横空出世,传统产业的信息化、智能化不断增强,这极大地提升了经济活动的科技含量和劳动生产率。以之为基础,人类正在迈入一个"生产力高度发达、物质财富极大丰富"的富裕社会。这一切不仅是马克思恩格斯所构想的超越资本主义、实现共产主义的基本条件,而且为彻底消除贫困,满足人们日益增长的物质和精神文化需求,实现马克思恩格斯所设想的"各尽所能、按需分配"提供了可能。当然,对于这里所说的"按需分配",我们不应作出随意、夸张的阐释,而要明确它主要指根据人的"需要"组织定制型生产,依据人的"需要"合理分配产品和服务。人的"需要"作为人的社会本性,体现着"人之为人的本质规定性",绝不能将它简单地等同于人的"欲望"甚至"贪欲";"按需分配"绝不能理解为随意地"满足所有人的所有欲望",特别是不包括那些不健康、不合理的欲望,那些试图主宰世界、奴役他人的欲望。

第二,智能化的生产方式正在改变劳动力市场,为人类提供了从异化劳动中解放出来的机会。由于智能系统或智能机器人越来越聪明能干,制造成本不断降低,加上它们从不"计较"工作环境、工作时间和劳动待遇,预计人类将渐次"交出"越来越多的工作岗位。虽然这可能导致汹涌的技术性失业潮,但如果社会顶层设计合理的话,也可能产生巨大的正向效应,即由智能系统承担人们没有兴趣、不愿意从事的工作,将人从被强迫的异化劳动中解放出来。如此一来,就可以消除"迫使个人奴隶般地服从分工的情形",将必要的劳动岗位和工作职责分配给真正有兴趣、由衷热爱它的人，让人们自由、自主、自觉地"各尽所能"，让劳动在人类历史上不仅仅是谋生的手段，而且切实成为生活的第一需要。

第三，智能系统的发展提高了生产效率，减少了必要劳动时间，为人的自由全面发展提供了条件。随着经济活动的信息化、智能化，越来越多的工作可以由智能系统代替人来做，这就大大节约了人力和人的劳动时间，增加了人的自由活动时间，为人的劳动解放和自由全面发展提供了机遇。自由时间为人的自由全面发展提供可能性。在原始的渔猎社会中，由于生产工具简陋，生产力水平极其低下，人们不得不将全部时间都用于物质生活资料的生产。随着科技进步和生产力发展，出现了剩余产品，或者说出现了剩余劳动和以剩余劳动为基础的自由时间。少数人通过占有剩余产品，成为不劳而获的统治阶级和特权阶层，强行占有了整个社会的自由时间，而大多数人则被迫承担全社会的劳动重负，沦为被剥削、被压迫的"劳动阶级"。"劳动阶级"因其创造的自由时间被野蛮剥夺，丧失了自由全面发展的可能性。而智能时代的到来，不仅通过生产工具的革新和生产效率的提高，满足了人们生存、生活所必需的各种消费需求，而且将"劳动阶级"从不合理的社会分工和强迫劳动中解放出来，普遍减少必要劳动时间，增加了自由时间。人们可以利用普遍增加的自由时间，培养自己的兴趣和爱好，发挥自己的力量和才能，过上一种自己理想的幸福生活，并不断地向自由、全面发展迈进。

总之，在智能社会的顶层设计中，只要我们能够通过遏阻资本的逻辑与技术的逻辑及其"联姻"，从而因势利导，建立一种新型、合理的劳动分工体系，人们就可能从旧式分工中解放出来，远离不合理分工所导致的各种"苦役"；就可能逐步缩短人们的必要劳动时间，增加每个人的自由时间或自由发展的空间。当然，值得警惕的是，自由时间与必要劳动时间是相辅相成的。一个人如果完全绝缘于劳动，自由时间就不过是失业被社会排斥在外、丧失劳动权利的代名词。智能社会的人性化与进步实际上体现在大幅减少必要劳动时间的基础上普惠性地增加自由时间；同时，消除马尔库塞所谓的压抑性的强迫劳动，让劳动成为马克思所谓的"生活的第一需要"，自然而然地结出丰硕的劳动果实。在既消除了压抑性的强迫劳动又保障人们的劳动权的社会中，每个人都可能从事自己感兴趣的、热爱的劳动，在不断实现自我价值和社会价值的过程中，过上前所未有的既充实又幸福的生活。

思考题：

1. 如何看待劳动与幸福的关系？为什么说劳动是幸福的源泉？
2. 你最想从事什么职业？你觉得能通过这个职业实现什么方面的幸福？
3. 你的事业观是怎么样的？如何看待事业观和幸福的关系？
4. 在人工智能日益普及的今天，应该如何避免劳动者丧失劳动权，沦为"无用阶层"，同时最大化劳动者的幸福？

延伸阅读：

1. ［德］卡尔·马克思：《资本论》第一卷，人民出版社2018年版。
2. ［德］阿图尔·叔本华：《人生的智慧》，韦启昌译，上海人民出版社2008年版。
3. ［英］伯特兰·罗素：《罗素论幸福》，左安浦译，江苏凤凰文艺出版社2021年版。
4. ［英］齐格蒙特·鲍曼：《工作、消费主义和新穷人》，郭楠译，上海社会科学院出版社2021年版。
5. ［日］岸见一郎、古贺史健：《幸福的勇气》，渠海霞译，机械工业出版社2017年版。
6. ［美］马丁·塞利格曼著，苏德中主编：《持续的幸福》，赵昱鲲译，浙江人民出版社2012年版。
7. 何云峰：《劳动幸福论》，上海教育出版社2018年版。
8. 孙伟平：《智能系统的"劳动"及其社会后果》，《哲学研究》2021年第8期。

第 五 章

爱情、婚姻、家庭与幸福

在一个人的整个生命历程中，较之事业、财富、荣誉等，那些重要的亲密关系、共同体组织（即美好爱情、理想婚姻和和谐家庭），更能给人带来更为平实、深切、稳定和持久的幸福感，让人体验到人生的意义与价值。在现代社会，尽管爱情、婚姻和家庭带给人很多难题、困惑、挫折和各种挑战，它们仍然是人生幸福的重要源泉，只是向现代人的智慧、能力提出了更高的要求。

一 爱情与人生幸福

爱是一种最能使人感受到幸福的情感。而在各种爱中，美好爱情更能让人体验到人生的幸福。美好爱情能够激发人性的真善美，完善和发展人格，丰富人的生命内容，拓展人生境界，使人成为一个更好的人。美好爱情的获得需要对爱情的真正理解，每一个追求美好爱情的人，都应该深刻反思爱情中那些最重要的问题，确立正确的爱情观念，从而找到把握美好爱情的方式，让自己的人生幸福。

1. 爱情的本质与特性

经历过爱情的人，都懂得爱情是一种怎样的情感状态，但是扪心自问什么是爱情，似乎又一筹莫展、莫衷一是。世界有一种情感叫爱情，但是，每个人都有属于自己的爱情故事。不仅引起爱情的原因各异，爱情的经历、内容、方式、对象、结果大不相同，而且每个人对待爱情的态度也有根本的不同。有人视爱情为生命中不可或缺的内容，一生都在追求它；也有人认为爱情只不过是一种虚无缥缈的幻象，甚至怀疑世界上是否存在着一个叫作爱情的东西；也有人弄不清楚，为什么有的爱情天经地义，有的爱情却大逆不道。而要弄清这些问题，就要追问爱情到底是什么这一重要问题。自古以来，爱情就像自由、平等、正义一样，被认为是世间最为美好和值得珍惜的事物。但是，爱情与人的关系既直接、内在又复杂，尤其是爱情经常引起各种令人困惑的人生与社会问题，因而哲学、心理学、社会心理学和伦理学等学科也从各个角度阐释爱情的本质。

哲学家们对爱情的本质的反思总是更为深刻的，其中休谟、黑格尔和弗洛姆的观点使人深受启发。休谟指出，两性之间的爱情，"在它的最自然的状态下是由三种不同的印象或情感的结合而发生的，这三种情感就是：由美貌发生的愉快感觉；肉体上的生殖欲望；浓厚的好感或善意"[①]。黑格尔对爱情的阐释与他的哲学一样达到了一个历史的高度：爱情并不"依靠思考和知解力的诡辩"，"而是植根于心情里"，因为"性别……起作用，所以同时也建立在精神化的自然关系的基础上"，只不过，"爱情如果要显出它的本质，就只有通过主体按照他的内在精神和本身的无限性而进入这种精神化的自然关系"；"这种把自己的意识消失在另一个人身上"的爱情，使主体"重新发现他自己"，"真正实现他的自我"，而爱情的"忘我无私的精神"，则使"爱情的主体不是为自己而存在和生活"，"而是在另一个人身上找到自己存在的根源，同时也只有在这另一个人身上才能完全享受他自己"[②]。弗洛姆是对爱情颇有见地的现代哲学家，他认为，爱情是肯定人的存在本质的"积极的，而不是消极的情绪"，包含着"关心、责任心、尊重和了解"，其重要特征是人把"内心有生命力的东西给予别人"，同别人分享"欢乐、兴趣、理解力、

---

① [英] 休谟：《人性论》下册，关文运译，郑文骧校，商务印书馆1983年版，第432页。
② [德] 黑格尔：《美学》第二卷，朱光潜译，商务印书馆1979年版，第327页。

知识、幽默和悲伤"①。

爱情在心理学、社会心理学、伦理学那里得到了具体的说明。心理学把爱情理解为"人际吸引的最强烈形式。一般指男女之间产生的强烈的相互吸引、相互依恋的具有浪漫主义色彩的情感"②。社会心理学把爱情定义为"一种特别的密切关系"③，包含审美、激情、承诺等因素。④伦理学则把爱情理解为："一定社会经济文化状态下，两性间以共同的生活理想为基础，以平等地互爱和自愿承担义务为前提，以渴求结成终身伴侣为目的，而按一定道德标准自主结成的一种具有排他性和持久性的特殊社会关系。"⑤

从上述种种爱情观中可以发现人们对于爱情的一致看法：爱情以人的自然属性为基础，但是又超越了这一属性而具有社会性；爱情是一种基于两性的亲密关系产生的美好情感，具有无私、奉献和审美的特性，体现一方对另一方的高度认同。这些观点基本上反映了爱情的本质特征，但仍存在两个重要的缺陷：一是没有涵盖全部的爱情，至多只是对自己认可的爱情的阐释；二是只看到了爱情的积极意义，并未论及爱情价值的复杂性。而要克服这两个缺陷，需要从现实的人出发，通过寻找具体爱情的共性，明确爱情与其他爱的情感之间的根本区别来揭示爱情的本质。我们认为，爱情在本质上是由荷尔蒙激素引发，在社会交往中产生，具有审美特性和强烈精神依恋性、高度认同感和非功利性特征的高级社会情感。

爱情的上述本质，蕴含着爱情的三个特性。

第一，主体性。爱情从来不是由外力强加给一个人的，而是由一个人由衷地生发出来的，因而，一个人是爱情主体，其主体因素是决定爱情的因素，爱情具有因主体而异的主体性。一个人对什么人产生爱情、

---

① [美]艾·弗罗姆：《爱的艺术》，李健鸣译，商务印书馆1987年版，第17、20、19页。
② 杨治良、郝兴昌主编：《心理学辞典》，上海辞书出版社2016年版，第541页。
③ 沙莲香主编：《社会心理学》（第二版），中国人民大学出版社2006年版，第73—74页。
④ "亲密是情感成分，包括自我表露，这会带来彼此关心、温暖和信任。激情是动机成分，能将性渴望转换成为生理唤醒的内在驱力。承诺是认知成分，是作出去爱并且与至爱相守的决定。"（参见[美]黛安娜·帕帕拉、萨莉·奥尔兹、露丝·费尔德曼《发展心理学：从成年早期到老年期》，李西营等译，人民邮电出版社2013年版，第61页。）
⑤ 罗国杰等编著：《伦理学教程》，中国人民大学出版社1985年版，第262—264页。

产生怎样的爱情以及他的爱情特征，受制于他在爱情及爱情关系中的自然属性、社会属性和精神属性方面的特性。爱情同人的大脑生理机能、身体感受和感官体验等非理性因素直接地联系着，较多地反映个体的肉体、感受性的状况，也同人的思维与知识水平、认知能力、审美能力、人生观、价值观等理性因素紧密相关，尤其深受个人的爱情需要、爱情认知、爱情标准和现实能力的影响，这些因素的变化也使爱情变化。爱情的主体性更是表现在爱情主体把自己的爱情现实化的活动中，除了主动寻找爱情对象，还能以各种方式向对方传递爱的信息，以积极的行动使对方爱上自己并维持、加深这一情感，满足自己的爱情需要。

第二，社会性。首先，人是社会性存在，在社会化的过程中形成人的本质属性和本质力量，影响爱情的所有主体性因素的尺度都是社会地形成、变化和发展着的，深受社会生产方式、社会关系状况、社会生活方式和社会精神文明程度的影响，为社会模式化了的规范结构所制约。其次，爱情的客体也是现实社会中的人，具有社会的本质属性、特征和现实能力，它们由于社会性才成为爱情主体的审美对象，引发爱情主体的爱情，人从不对非人的事物产生爱情，就是因为非人事物的非人类社会性。最后，爱情在社会中产生并在社会关系中"落地"，与婚姻家庭相关，因而为社会道德、伦理乃至法律所评价和制约，被社会心理和文化、宗教、社会价值观所影响，呈现某一社会所独有的文化特征，比如，西方人注重爱情中的独立性和自我体验，爱情表达更加直接、热烈、开放，而东方人的爱情讲究门当户对，爱情表达比较含蓄、平和、内敛。

第三，审美性。基·瓦西列夫说："爱情是作为男女关系上的一种特殊的审美感而发展起来的。"① 他指出，"情侣彼此把关系和属性审美化"是"一种极其隐秘的心理活动"，"它按照美的规律把人的肉体和精神属性理想化，使之变为愿望和审美直观的统一对象，变为经常作用于意识的审美享受的源泉"。② 他还认为："审美化，作为爱情的成分和因素，其

---

① ［保］基·瓦西列夫：《情爱论》，赵永穆、范国恩、陈行慧译，生活·读书·新知三联书店1997年版，第42页。
② ［保］基·瓦西列夫：《情爱论》，赵永穆、范国恩、陈行慧译，生活·读书·新知三联书店1997年版，第247—248页。

职能特别重要。陶醉于理想化中的情侣,彼此把对方看作审美的形象。两人都会在对方身上看出美的特征,它体现在对方的独一无二的个性中,具有一种征服力量。它包括面容、体形、姿态、道德品质和气质等等。"①既可能因为认为对方美而爱一个人,也可能因为认为对方不美而不再爱一个人,这是爱情最重要的特征,而爱情因为具有审美价值,才使人在爱情中体验到身心在自由状态下的舒畅和无私的愉悦。

2. 爱情的现代原则

爱情具有主体性和社会性,因而不同社会形态以及同一社会形态的不同历史发展阶段的人们的爱情体现不同的原则,比如封建社会的自由恋爱也只能是偶然发生在少数人身上的事情,在爱情上男女并不享有平等的地位,女性的爱情往往发生在父母包办婚姻的前提下。在中国当代社会,随着传统向现代的社会转型的基本完成以及现代社会历史进程的进一步展开,现代世界的基本原则给人们的爱情打上了时代烙印,使其体现三个原则。

第一,自由原则。自由原则是现代世界主体性原则,也是现代爱情的首要原则。在现实中,社会习俗、道德对个人爱情的干涉已经日趋衰弱,针对爱情的法律更多是原则性的,社会已经不为个人爱情设立大、一、统的标准,在年龄、身份甚至性别、排他性上体现越来越多的宽容,个人获得了更大的爱情自由。在要不要爱情、爱什么人、与谁相恋以及如何表达爱情等问题上,即使受到阻碍,最终也将依从个人的意愿而决定。在整体趋势上,个人在爱情上的自我意识明显增强,理智色彩日益凸显,表现为基于自己尺度确立爱情标准和确认对待爱情的态度,在爱情中更加注重自己的尊严、需求和爱情带给自己的人生意义。

第二,现实理性原则。现实理性原则是现代世界社会交往、人际关系的重要原则。这一原则日益渗透到爱情中,更是在以结婚为目的的爱情关系中发挥作用。爱情不再是至死不渝的情感,而是经常反思的对象,爱情是否重要、是否需要坚持,除了爱本身的体验,还要审视它能否增

---

① [保]基·瓦西列夫:《情爱论》,赵永穆、范国恩、陈行慧译,生活·读书·新知三联书店1997年版,第248页。

加人生的幸福指数。现实中的爱情已经不仅仅是一种情感，更是一种现实的选择，人们更注重彼此的价值。爱情一旦妨碍了人的利益，或让人感受到了压力，就极有可能被放弃，爱情至上已是不常见的事情。与此同时，如果较低水平的爱情能够带来更大的利益，在权衡中，人们也会选择这种爱情，而较高水平的爱情，因为没有更高价值或者面临物质、社会因素的挑战，人们也会选择忍痛割爱。此外，人的爱情标准附加了更多的物质化内容，爱情的维持和发展更加依赖物质性的表达。

第三，多元化原则。现代社会的个体化特征在爱情上体现为审美的多元化。现代社会是个体化社会，每个人都是独立的主体，在多样化的生活条件与生活经历中，形成了以个人的主体状况为尺度的多样性的爱情需求、认知、理解和标准。人们在爱的对象、爱的方式、爱的表达和爱的态度上表现出多种多样的个性化的审美观念和偏好，在爱情的世界中呈现"各美其美，美美与共"的景观。人们不仅可以看到以各种美为标准的爱情，包括同性恋、多性恋、跨性别恋，还能体会到社会对于这种多元化审美的爱情越来越多的理解、接受和包容，以及人们不受他人眼光影响，坚持自己独特之爱的勇气。

3. 爱情与人生幸福并不完全统一

从美好体验来说，爱情本身是美妙的。但是爱情幸福与人生幸福并不是一回事，也就是说，爱情不一定给人生带来幸福，事实上，世界上因爱情而经历痛苦甚至陷入困顿的大有人在，因爱而自杀或杀人的悲剧也时有发生。爱情并不必然使人得到人生幸福，在于爱情具有价值属性。

（1）爱情的价值属性

爱情作为人的一种特殊情感和亲密关系，对人的存在和发展会产生各种影响，这就是爱情的价值属性。爱情的价值就是爱情对于爱情主体的存在和发展所产生的肯定或否定意义。价值，即客体对主体的意义。"在实践活动中，客体的存在、属性和合乎规律的变化，是否具有与主体生存和发展相一致、相符合或相接近的意义？这种意义依主体尺度而区别为不同的性质：对主体的生存发展具有肯定的作用，或能够按照主体的尺度满足主体需要，即为正价值，反之则是负价值。"① 爱情的美好体验使之成为人们向往和追求的目标。这一目标现实化的过程和结果，对作为爱情主体的个人所产生的肯定或否定作用，就是爱情的价值。

爱情的价值是怎样的，由作为爱情主体的人的需要、目的性及其现实能力等内在本质力量决定。如果一个人所追求的爱情与人的本质力量相一致、相符合，他就会因为爱情而得到精神的成长，发展了自己的社会本质、生活内容与价值。爱情是人性的内容，爱情需要的满足体现人的自我实现。一个人的爱情需要满足了，人性得以实现，就会产生积极的精神力量。由于爱情的激励，为了所爱之人爱自己，为了让爱情天长地久，爱情中的责任、承诺、尊重、激情使爱人者更有动力不断完善自己，努力成为一个更好的人。爱情中的人，还会把爱的情感投射于周围世界，正所谓"爱屋及乌"。这种积极的情感有助于让人对人和世界产生美好的想象、勇气和热情，而这正是人变得越来越好的精神力量。戴着"爱的眼镜"看世界，世界都是爱的颜色，以美的情感面对他人、社会，整个世界都充满阳光。爱的付出，总能得到爱的回报，在爱的氛围中生活，人更容易努力变得越来越好。如果一个人所追求的爱情与人的本质力量不相一致、不相符合，他就要承受来自爱情的种种伤害。爱情受阻碍、被压制，往往导致个人悲剧；爱情挫败、没有回应的爱、不合时宜的爱、错爱、不被认同的爱、不顾一切的爱会让人付出各种代价，甚至改变人生的命运。

爱情的价值还有层次、类型的区别。其一，爱情的价值是分层次的。第一个层次的爱情的价值是给爱情主体带来的价值，这一价值仅仅局限在爱情领域，比如，美好的爱情使人相信爱情、对爱情的评价很高，失败的爱情或爱情中不好的体验使人对爱情的评价很低，甚至产生爱情虚无主义。第二个层次的爱情的价值，超出爱情领域，对人的社会生活和社会观念产生影响，比如，挫败的爱情有可能让人产生对人性的消极认识，产生对女人或男人的仇恨，也有可能让人对自我和社会产生更深刻、更多方面的认识。最高层次的爱情的价值当数爱情的人生价值，亦即爱情对一个人的生命历程产生的价值。有人因爱情挫折丧失生活意志而游

---

① 李德顺：《价值论》（第2版），中国人民大学出版社2007年版，第79页。

戏人生，甚至轻生，也有人激烈地报复他人、社会，断送自己的大好人生，也有人因爱情的温暖和积极力量更加热爱生活，让自己的人生充满幸福。其二，爱情的价值也是分类型的。爱情既有目的价值也有工具价值。爱情的工具价值就是爱情成为一个人满足其他需要的手段，比如进入某种社会阶层、过某种生活、得到某种利益等。爱情的目的价值指的是爱情及爱情关系成为人本身的内容、结构。爱情具有内在于人的性质和特征，爱情的获得意味着人性的丰富性和自我价值的实现，同时爱情也可以成为真善美的载体，从而成为自由的一种形式，因而具有目的价值。

（2）爱情使一个人远离人生幸福的主体根源

爱情的价值内涵表明，爱情可能会对人产生负价值。现实的种种情况表明，一个人因爱情而人生不幸福的情况也是普遍的。首先，作为在交往中产生的社会性情感，爱情与社会风俗、观念相关，受社会道德、伦理乃至法律的评价，如果不合爱情习俗、父母期望、社会伦理道德，为法律所不许，就会面对来自利益密切相关者的巨大压力、反对、排斥甚至社会惩罚；爱情与被爱者相关，不能得到或无法得到被爱者的积极回应，容易给爱者带来受挫的负面情绪，甚至产生深深的自卑和生活无意义感。其次，爱情作为人的需要体系中的一个需要，与其他需要的满足在时间、精力、社会关系等方面很可能产生矛盾：爱情所含有的激情成分，容易使人沉迷于爱情，甚至把爱情看作至高无上的东西，以至于不能处理好与生活中重要事情、活动的关系，从而妨碍学习、工作、自由、亲情等需要的满足，生活陷入困境。仅仅爱一个人的外在因素，不顾其内在的人品、精神素养、个性特征，就有可能爱上一个不合适甚至不好的人，上演爱情悲剧；两个人相爱开启的可能是其中一方不熟悉、不擅长、难以驾驭、找不到自我的生活，最终将以两败俱伤收场；境界较低、没有共同人生理想和信念的爱情的稳定性、坚固性比较差，经不起生活的考验、外界的诱惑，就避免不了分道扬镳的结局。最后，千变万化、高度流动的现代世界，每个人的生活环境、工作、职业、交往、人生规划，以及身边的人和事也总是变化的，这使爱情充满不确定性，同样成为不能把握在手中的事情。如果爱情中的两个人不能保持协同共进，或者聚少离多，不忠诚于对方，保持多重爱恋关系，为情所伤的状况就是难以避免的。

从上述种种情况可以看出，在现代社会，爱情不能为人生带来幸福的根本原因在于主体。现代社会，个人作为个体也是自己爱情的主体，选择何种爱情、怎样对待爱情是个人的权利。爱情的价值的主体性表明，爱情给自己的人生带来不幸，无论有怎样的外在原因，爱情主体自身的因素都是最重要的根源，其中理性反思缺位或不到位是重要的原因。爱情作为一种感情，其最重要的特点之一是主观性。主观性指的是人的意识或思维状态所固有的特性或依赖于人的意识的特性。主观性包含着由意识和思维所决定的能动性，它在反映事物、作用于事物时可能出现认识上的偏差、谬误和选择上的非逻辑性、错误等。

在爱情上，人的主观性表现在两个方面，一是人所特有的心理效应和感觉特性等主观性，会让人在深陷爱河时失去准确判断、正确把握、合理选择的能力。如："视网膜效应"产生的选择性注意，使人难以判断爱情能否带给他幸福；"禁果效应"让人在爱情受阻时产生叛逆心理，不能冷静地、客观地看待爱情；"近因效应"对过去的心理忽略作用，使人不能准确判断爱情是否可靠，容易为假象所迷惑；"光环效应"使人对所爱之人不仅忽略对方心灵上的不足，还人为地赋予他或她很多美好的品质；感官及其感受性的局限性，让太过感性的人、恋爱脑、"花痴"在爱情关系中无法分清好坏。二是产生错误的爱情观。通常情况下，人的爱情观形成于自己的生活经历、他人的经验，以及媒体杜撰的爱情故事产生的影响，尤其是年轻人在不谙世事的年龄与爱情相遇，不可避免地产生许多错误的认识，比如：把爱情的本质等同于爱的对象，以为只要找到了爱情的合适对象，就找到了爱情；认为爱情是你情我愿，并不需要为彼此负什么责任；利用爱情获得不义之利，影响社会公平；以爱的名义剥夺爱人自由的权利、独立的人格和自我价值，或者以为有了爱情就有了依靠，从而放弃个人独立自主、有尊严的生活态度；背离爱情的本质，把物化的社会关系——金钱、权力作为衡量爱的标准，用物质财富表达和维护爱情，用金钱的多少来决定爱情的命运。爱情观上的理性缺位，使人不能深入主体尺度，对爱情中的重要问题进行反思，以至于不能纠正爱情上的认识偏差和错误选择，也不能矫正片面、异化的爱情观。而基于虚假、幻象的爱情和错误的爱情观发展爱情，就极有可能酿成严重的后果，身心受到伤害，甚至给以后造成不好的影响。带着这种爱情走进婚姻关系中，将使人面对重大的人生挫折，不仅要在离婚后重新塑造自我，还要在日后爱情、婚姻、家庭的选择上应对更加复杂的关系，人生幸福之路就开始变得曲折和难以预料了。

(3) 爱情不是人生幸福的必需品

在现代世界，爱情虽然对于人有神奇的吸引力，但也必须看到，获得爱情幸福是不容易的，因为爱情幸福而使人生增加幸福更是难得之事。人们往往在这一矛盾中不断地追问一个问题："爱情是人生幸福的必需品吗？"事实说明，没有爱情的人生也可以是幸福的。

首先，爱情的价值有正有负，以追求幸福为目标的人生就不一定需要爱情。爱情的需要是人性的需要，但它不是人的基本生存需要，也就是说，人没有饭吃会死，但是没有爱情人不会死。爱情不单纯是两个人感情的事情，它不仅意味着一个人情感世界的重大变化，更代表着一个人走入另一个人最为自我的生活。在一个人还没有能力接受和应对这种变化时，爱情的到来就很有可能解构了一个世界，但是却建立不起来一个更好的世界。这说明，起码在人生这样的时期，爱情是带不来幸福的。

其次，与不幸的人生各有各的不幸一样，幸福的人生也同样各有各的幸福。美好的爱情是人生幸福的源泉之一的根源在于它是人世间爱与亲密关系的一种特殊形式。美好的爱情对于人的最重要的社会正价值与其他爱与亲密关系是一样的，比如，温暖、相互关心、照顾、社会归属感、审美、自我肯定与自我实现，也就是说，人没有爱情，同样会享受到其他爱与亲密关系所具有的正价值。不仅如此，人生除了爱情还有事业、工作、家庭、社会交往等内容，它们对于人生的意义更为根本，因此它们带来的幸福对人生幸福也更为重要。

最后，现代社会是多元化社会，每个个体都有选择自己生活方式的权利，而每一种生活方式都有使人获得人生幸福的可能性。美好的爱情只是代表了人生的某种生存方式，毫无疑问，有美好爱情相伴的人生是幸福的。但是，其他各种生活方式，只要是适合个人主体的，是个体根据自己的需要、喜好和对美好人生的特别理解而选择的，人在其中享受到的幸福也是不会缺少的。因此，在人生幸福的这个终极目标上，也是条条大路通罗马。

对"爱情是否是人生幸福必需品"这个问题的反思的意义是重要的。其一，美好的爱情才是值得追求的，能够带来人生幸福的爱情应成为每个人努力追求的目标；其二，没有爱情的人生也是值得过的，人完全没有必要因为爱而不得或者没有时机拥有爱情，而否定自己人生的意义与价值。有没有爱情，只是活法不同而已，而不同的活法应被理解和包容。

4. 美好爱情才使人生更幸福

爱情是有品质特征的。高品质的爱情即好的爱情，它赋予人正能量，给人以生活的勇气和信心，让人体验到人生的美好与值得。追求好的爱情才应是每个人的爱情目标。

（1）美好爱情的标准

"美好爱情"是从根本上肯定爱情主体，对爱情主体的存在和发展起促进作用，使其人生变得更好的爱情。美好爱情的要件，首先符合身心规律，具有真、善、美特性，因为这种爱情具有社会的和自然的合理性，因其不损害他人和社会利益以及有助于社会和谐而为大多数人所认可和祝福，又因为遵从人性自身的必然性而适合于人自身；其次与爱情主体的其他重要需要的满足不冲突、不矛盾，不会给爱情双方之间的关系带来原则性、不可解决的问题，因为爱情需要不是人的根本需要，如果爱情与其他需要的满足发生冲突，人们最先放弃或忽视的是爱情；再次爱情双方的精神匹配度高，因为爱情的基础是相互理解、相互包容和互利的关系，只有精神水平对等，才能调动爱情双方的积极情感和意志，为爱情生活注入创造力量；最后爱情双方地位平等，互相尊重。因为信任、坦诚、良好和正向反馈的沟通关系，能有效地解决矛盾和冲突，并加深爱情。

从爱情类型来看，相伴之爱是更美好的爱情。与之相对的激情之爱，"刺激了与奖励有关的脑区的活动，这些脑区的多巴胺较为丰富"[①]，表现为对对方的新奇感、强烈的迷恋感和愉悦体验，因此，它的特点是，一旦令激情迸发的那些激素逐渐消退，情感就渐渐趋于平静直至变为冷淡，

---

① 参见［美］戴维·迈尔斯《社会心理学》，侯玉波、乐国安、张智勇等译，人民邮电出版社2016年版，第415—419页。

让人有幻想破灭之感。激情之爱被认为在很多方面都不是意识的常态①，因此，它不一定具备美好爱情的要素。美好爱情的重要指标是维持的时间长久，犹如不竭的泉水，沁人心脾，滋养人的灵魂。这种爱情正是相伴之爱。"在最完美的感情关系中，最初的浪漫幸福逐渐成为更加稳定、更加深情的关系状态，这种关系就被称为相伴之爱。"② 相伴之爱相对和平，是一种深沉的情感依恋，是一种温馨而相互依赖的相爱方式，可以持续一生。相伴之爱的结果常常是，"如果一段感情曾经是亲密的而且相互奖赏，那么相伴之爱就会植根于共同体验的人生风雨历程中，从而愈久弥醇"③，因此，它是美好爱情的典范。

（2）美好爱情需要爱情主体具备基本的能力

就爱情本身而言，如果不遇到问题，没有矛盾和冲突，不受任何干扰、阻碍，它就是美好爱情。现实中，任何爱情都会受到来自多个方面的人、事情、关系的干扰、影响而出现各种各样的矛盾、冲突。如果出现矛盾、冲突且不能解决，爱情就成不了美好爱情。因此，获得美好爱情，需要一定的主体能力，这种能力是一种综合能力，与三种能力紧密相关。

其一，洞悉爱情实质的能力。解决爱情中出现的一切问题，关键是找到解决问题的方法，为此，首先就要分析问题，而对所有具体问题的透彻分析，最终都要指向爱情的本质、特性、规律、价值等。对爱情的这些实质问题缺乏深刻而正确的认识，就不能有效地解决爱情中的具体问题，因此，美好爱情所需要的最重要的主体能力是洞悉爱情实质的能力。在个体化和多元化时代，每个人对爱情的理解、态度都是不同的，每个人的爱情标准和爱情生活的选择更是个性化的。越是个性化的爱情，其遭遇的问题越是需要对爱情的实质问题进行深入思考，才能得以解决。

其二，领悟和表达爱情的能力。在现实的爱情生活中，无论怎样经

---

① 参见［美］戴维·迈尔斯《社会心理学》，侯玉波、乐国安、张智勇等译，人民邮电出版社2016年版，第428页。

② ［美］戴维·迈尔斯：《社会心理学》，侯玉波、乐国安、张智勇等译，人民邮电出版社2016年版，第419页。

③ 参见［美］戴维·迈尔斯《社会心理学》，侯玉波、乐国安、张智勇等译，人民邮电出版社2016年版，第418页。

营都不能得到一个美好爱情的大有人在，其中最重要的原因是缺乏领悟爱情的能力。美好爱情是"双向奔赴"的情感，"默契"是其精髓：一方给予另一方的爱的内容和形式，正是另一方所期待、盼望的；一方解决爱情问题的方式和方法，正是另一方所接受、认可和配合的。爱情双方的这种"默契"，没有彼此领悟和表达爱情的能力是不可能的。这种能力主要包括：深入而准确地了解彼此对于爱情的理解和需要，心有灵犀一点通；读懂那些以间接的方式传递的爱情信息，在平淡生活中的默默陪伴、困难中的不离不弃、日常的唠唠叨叨、差别中的宽容、矛盾中的忍让，在无怨无悔的自我牺牲中体味深沉的爱，在不满、争吵、沉默、冷淡、愤怒中了解爱的渴望；以合适的方式恰当地、及时地传达爱、爱的责任、担当和力量，同时有效地管理情绪。

其三，创造爱情的能力。爱情的生命力在于不断地创造，在爱情中创造爱情是获得美好爱情的根本方式。如果爱情的内容和形式不发展甚至萎缩，随着时间的推移，曾经美好的爱情注定要在两人的关系中消失。爱情不是无缘无故发生或消失的，这意味着爱情是可以创造的。爱情在人的生活中产生和发展，人们能够在人生的不同阶段赋予爱情以新的内容和形式，创造新的、更美好的爱情。美貌不再，美妆也能产生爱的吸引，道德的提升、境界的打开、能力的增加、知识的更新、生活内容的展开、人生智慧的增长，都能产生新的爱情。只要人的优点和价值在增加，创造爱情的能力就会发展。

（3）美好爱情与人生幸福的统一

美好爱情值得追求，在于它不仅构成幸福人生的基本内容，也是人生幸福的强大的精神动力和情感条件。

首先，美好爱情是幸福人生的重要动力。人生幸福是世俗的幸福，满足了人存在和发展的基本需要的人生才是幸福的人生。幸福人生以基本的物质生活条件为基础，需要人努力工作，成为一个出色的劳动者；人生幸福也需要人拥有良好的社会地位，被尊重，享有社会自由，有能力处理各种人际关系；人生幸福更需要人具备足够的智商和情商，从而拥有解决生活难题、应对生活挑战，以及在人生的重要问题上作出合理选择的能力。这说明人生幸福需要足够的动力。一个人若只为自己活着，就会在深陷困境或感到无聊时放弃人生追求。一个人如果拥有美好爱情、积极的人生体验，其人生的意义中就含有与所爱之人共度美好人生的目标，这将激发他热爱生活、克服困难和自强不息的意志，而这是幸福人生不可缺少的精神力量。

其次，美好爱情谱写人生幸福的美好诗篇。幸福人生包含人性的良好发展，这依靠丰富的生活内容、亲密的人际关系。爱情进入生活，一个人走进另一个人的生活，不仅幸福生活多了爱情的甜蜜，而且爱情本身也丰富了生活的内容。一个人是一个世界，一个人的生活边界因为爱情而开阔，生活的意义也因为爱情而升级，生活的乐趣和形式也因为爱情而增加。人生幸福离不开身心健康的支撑，爱情对于人的生理和心理的依赖表明，爱情如其他良好情绪一样，有助于身心健康。幸福人生也依赖良好的社会关系满足人的社会性需要，而亲密关系是完善人的社会性的内在力量，美好爱情中的恋情、亲情和友情则具有满足人多重社会性需要的功能。美好爱情更能够为幸福生活开辟道路，促进良好婚姻关系与家庭关系的产生和发展，有利于人的婚姻幸福和家庭幸福。因此，美好爱情能够把人生变成"诗和远方"。

最后，美好爱情提升人生的幸福指数。幸福指数是衡量人们对自身生存和发展状况的感受和体验，即人们的幸福感的一种指数。幸福指数高，说明人的自我实现的需要的满足程度高。一个人对其人生幸福的最高评价应该是我是一个更好的人，我的人生是非常值得过的。一个人的人生中一直拥有美好爱情，经常沐浴在爱情的阳光下，往往会使一个人在回首人生时这样评价自己。为爱情所做出的无私奉献，被爱人所爱、理解、信任、依赖和尊重，同甘共苦、风雨同舟、不离不弃的相伴之爱，是人生最好的体验。事业、友谊、亲情带给人的幸福没有爱情长久，也没有爱情那样深切和令人陶醉。爱情是缘分，美好爱情不仅是一种运气，更是双方努力的成果，因此，一个人若拥有美好爱情，会备感人生的幸运、美满，获得强烈的成就感。

二　婚姻与人生幸福

曾几何时，婚姻是所有人必然的生活方式，但是，在当今可选择自己生活方式的多元化时代，不婚在年轻人中成为一种趋势，除了婚姻虚无主义和独身主义者，经济独立、男女平等使结婚在个人那里失去了绝对的理由。大多数年轻人不愿意走进婚姻，因为，婚姻给了人太多的压力、限制和经济负担，也不能为爱情提供保障，而离婚成本又太大，其不可预测性和把握的非确定性更是让人产生悲观心理，一些人认为婚姻是幸福人生不能承受之重，也有一些人认为婚姻是幸福的羁绊，降低人生幸福感。现代人应该怎样看待婚姻和婚姻中的问题呢？

1. 婚姻的本质与特性

婚姻是一种为一定历史时代和一定地区内社会制度及其文化和伦理道德规范所认可的夫妻关系。在本质上，婚姻是一种社会设置，指个人之间按照社会所要求的契约关系来组建共同生活，地位、角色、权利、义务是其本质内容。婚姻的特殊本质在于它是一种社会制度安排，通常是男女两性之间的一种特殊的社会关系，以性关系为基础，但是为物质资料的生产方式所决定，受整个社会关系的性质的制约，也深受上层建筑各个领域的影响。社会学把婚姻界定为两个成年个体之间为社会所承认与许可的性的结合，其核心是"持续的性关系+共同生活"。持续的性关系"排除了一夜风流，又涵盖了多妻多夫或同性'婚姻'"，"共同生活"则"既排除了隐蔽的非婚性关系，又容纳了经济的、情感的和潜在的生育的内容"，而且"两个要素融汇，产生更大的总体"[①]。可见，婚姻是深入整个社会结构的重要内容，其本质是具有持续的性关系和共同生活特征并被社会统一规范的人与人之间的社会关系。

婚姻的本质决定了婚姻的多重特性。

第一，婚姻的自然规定性。人类自然性别的差异及其内在统一的自然属性，以及人类生殖繁衍、传宗接代的自然需要，是婚姻起源的最原始基础，婚姻正是人类自然属性和自然需要的社会形式。理解人类的历史，第一个需要确认的事实中包括人的生理特性，而为了延续历史，人们需要生产另外一些人，即繁殖。这些作为历史发展的前提和基础的自然属性和自然需要，在历史发展进程中，便以婚约的方式成为社会关系的内容，展开其现实性。因此，不基于人的自然特性来理解婚姻，难免

[①] 郑杭生主编：《社会学概论新修》，中国人民大学出版社1998年版，第225页。

违背历史规律和历史事实。

第二，婚姻的伦理特性。婚姻实质上是伦理关系，黑格尔指出，"从婚姻的自然属性方面来看待婚姻"，"它只被看成一种性的关系，而通向婚姻的其他规定的每一条路，一直都被阻塞着"，而"把婚姻仅仅理解为民事契约"，"同样是粗鲁的"，"应该对婚姻作更精确的规定如下：婚姻是具有法的意义的伦理性的爱，这样就可以消除爱中一切倏忽即逝的，反复无常的和赤裸裸主观的因素"[①]。婚姻的伦理特性表明，婚姻关系和婚姻制度属于社会秩序范畴，是社会价值体系的内容。

第三，婚姻的社会现实性。婚姻包含当事人共同生活的要素，是家庭形成的前提和基础，也是家庭关系的核心，因而承载了人与人之间那些重要的经济的、政治的、文化的内容。婚姻接受社会力量的调控和规范。婚姻关系作为一种特殊的社会关系，在社会基本制度下形成、发展，受一定的政治、经济制度和思想观念的制约，最终由社会生产方式决定。社会基本制度对于婚姻关系的制约作用，通过婚姻制度来实现；在婚姻制度下，婚姻以及婚姻关系呈现它的现实性内容。

第四，婚姻的历史性。婚姻的社会性决定了它的历史性。社会生产方式的运动，引起社会结构的变革，体现为社会基本制度的发展、变化，这或迟或早将引起社会婚姻制度的变革，婚姻关系的内容和形式也将在这种变革中发展、变化。婚姻制度的发展历史表明，不同的社会生产方式就会有与其相适应的婚姻关系和婚姻制度，比如，原始社会的婚姻关系表现为附属父权之身份关系，而在近代欧洲一些国家中，婚姻关系发展为民事契约关系，现代社会的婚姻关系则突出了身份关系的特征。与此相适应，则形成了不同历史阶段人们的婚姻观念。

2. 现代婚姻的基本特性

婚姻的特性在不同的社会以及同一社会的不同发展阶段是不同的，这是由婚姻的社会关系本质所决定的。比如，封建社会的婚姻具有包办性质，深受封建等级制度和伦理纲常的影响，个人对婚姻及其婚姻形式没有自主权力，婚姻也不以爱情为基础。人类社会从传统社会转型进入

---

① ［德］黑格尔：《法哲学原理》，范扬、张企泰译，商务印书馆1961年版，第177页。

现代社会发展阶段，婚姻制度也发生了历史性变化。现代社会是物的依赖关系社会，也是个体化和法治社会。受现代社会生产方式和社会关系、上层建筑的规定和制约，现代婚姻呈现新的特征。

第一，公民享有受法律保护的婚姻自由。与传统社会的包办婚姻不同，现代社会实现了婚姻自由。婚姻自由包括结婚自由和离婚自由，即婚姻当事人有依法缔结婚姻关系的自由，夫妻有依法解除婚姻关系的自由。中国宪法规定，婚姻受国家保护，禁止破坏婚姻自由。《民法典》进一步明确，婚姻受国家保护，实行婚姻自由、一夫一妻、男女平等的婚姻制度；禁止包办、买卖婚姻和其他干涉婚姻自由的行为；禁止借婚姻索取财物；禁止重婚；禁止有配偶者与他人同居；禁止家庭暴力；结婚应当男女双方完全自愿，禁止任何一方对另一方加以强迫，禁止任何组织或者个人加以干涉；夫妻在婚姻家庭中地位平等；夫妻双方都有各自使用自己姓名的权利；夫妻双方都有参加生产、工作、学习和社会活动的自由，一方不得对另一方加以限制或者干涉。

第二，个体主体性凸显，婚姻标准个体化，婚姻成为理性反思的对象。现代社会，个人有权利决定人生意义和选择生活方式，这一人生自由表现在婚姻上，就是社会把婚姻的权利交给了个人自己，而不再提供"大一统"的标准。个人则在婚姻自由的制度下，根据自己的需要、能力和对幸福人生的理解，选择是否结婚、跟谁结婚或者是否离婚，以及具体的婚姻形式。因此，现代婚姻具有以个体尺度为尺度的主体性以及依主体的不同而不同的个体化特征。现代婚姻对个人而言，不再是一项义务，而是一个选项，其选择的依据就是婚姻带给"我"的价值。一个人，如果认为婚姻能够给自己带来幸福，就选择结婚；如果认为婚姻能够改变命运，就努力寻找让自己过上某种幸福生活的结婚对象；如果认为婚姻妨碍了个人自由、增加了生活压力、婚姻生活不幸福，就选择不婚和放弃婚姻。由于婚姻已经成为个人反思的对象，现代婚姻的不稳定性凸显，不婚率、离婚率攀升。

第三，婚姻幸福的难度提高。在现代社会，个人生命的意义是通过个人自由而被赋予的，每个追求人生幸福的人总是选择令自己满意的生活方式，因此，如美国神学家提摩太·凯勒援引法学家威特的观点所指出的那样——"人们不再通过舍己、牺牲、放弃个人自由、履行婚姻责任和家庭责任来寻找人生意义,婚姻被重新定义为'追求满足情感和性欲,寻找自我实现'"①。也就是说,人结婚是为了自己的幸福和自我实现,不是为了履行某种责任,这无疑提高了实现婚姻幸福的条件。婚姻幸福,不仅需要深厚的爱情作为前提,更需要工作、收入、财富、社会地位和社会物质条件的支撑;婚姻不是童话里王子和公主的故事,而是柴米油盐酱醋茶的世俗生活,婚姻生活不总是阳光普照,还有生老病死与捉襟见肘和一筹莫展,更有各种矛盾和冲突带来的一地鸡毛;因此,婚姻幸福更需要夫妻双方共同的婚姻理想、同甘共苦的信念以及深谙婚姻之道的智慧。

3. 困扰现代婚姻的三个重要问题

现代社会婚姻的基本特征表明,人们要面对比传统社会多得多的婚姻问题的挑战。现代社会个人面临巨大的生存压力,这种压力在人们成婚之后延伸到婚姻生活中,而人在"以我为目的"的婚姻中也要承受源自婚姻自身的压力;现代婚姻比任何时候都缺少天长地久的稳定性,努力为自己寻求保障和降低风险的人们,更加看重物质的意义;现代婚姻从一项社会责任和义务转向一项个人权利,在越来越"私人化"的社会环境中,婚姻具有契约的性质。随之而来的婚姻问题是,过于沉重的婚姻、物化婚姻和婚姻道德困境。这些问题使人们承受婚姻之苦,成为人们实现人生幸福的严重障碍。

(1)"难以承受"的婚姻之重

婚姻的本质和特性说明,它远比爱情更为复杂,对人的意义更大。婚姻的本质就是两个人"合二为一"完成生命的历程,与另一个人共同生活几十年,朝夕相处,一起面对柴米油盐、衣食起居、生老病死,一起完成人生的每个任务和目标。但是,崇尚自我、自由和追求幸福的时代,两个人格独立的人结成婚姻关系,对于很多人来说是一个巨大的压力。

首先,这种巨大的压力与现代社会个人的个体化存在方式有直接关

---

① [美]提摩太·凯勒、凯西·凯勒:《婚姻的意义——如何在婚姻中委身》,杨基译,上海三联书店2015年版,第20页。

系。现代社会是竞争性和充满不确定性的社会，每一个成年人要独自面对生活，靠强大的实力、努力工作才能生存、发展和安身立命，对于绝大多数人而言，一个人无论是过自己能过的生活还是过自己想要的生活，都需要拼尽全力。如果进入婚姻，一个人的生活变成两个人的共同生活，彼此相互依赖、相互支撑、相互制约，每个人的生活中都包括另一个人的生活，生活内容、生活需求增加，生活责任增大，生活中的问题增多，包括房贷、车贷、子女抚养教育费用等在内的家庭生活消费支出陡然增加，显而易见，同样的生活水准，两个人的生活比一个人的生活成本要高很多。

其次，这种巨大的压力在于婚姻生活对于两个独立的个体共同生活在精神上的要求。两个成年人带着各自的精神世界走进婚姻关系，"合二为一"的生存方式要求彼此之间相互了解、相互理解和包容、相互支持，在性格、观念、选择等方面协调一致、求同存异，就吃穿住行、家庭经济、家庭建设和责任担当等各种生活活动达成共识。与此同时，婚姻中二人"合二为一"的生存方式，还要求彼此能够满足对方的精神需求——爱、尊重、理解、安全感、忠诚、扶助、照顾、信任、归属、自我实现等。这些精神需求在婚姻关系中得到满足的要求通常高于其他社会关系。一旦不能得到满足，就会引起各种不满、抱怨等消极情绪，产生对于婚姻的消极评价。

最后，这种巨大压力还在于婚姻生活需要不断经营。对个人而言，婚姻关系是内容最丰富、利益最相关的社会关系之一。现实生活中，一个人与另一个人的任何关系通常都没有夫妻关系涉及的内容和利益关系更多，夫妻关系比很多社会关系都更加带有非理性的特点，带给个人的内心感受也往往比其他关系更为直接和深切，因而是最能影响个人生活和心情的关系。夫妻感情深厚，婚姻中的问题可能不是多大的难题。但是，婚姻不一定能建立在真正的高品质的爱情基础上，即使夫妻在婚姻的一个时期内有很深的爱情，但是大多数爱情经不起日常生活的一地鸡毛而最终消失。夫妻二人爱情不再，在矛盾中既讲不通道理，又必须在一起生活，这说明，"合二为一"的婚姻生活经营起来远不是一件容易的事情。

婚姻生活的压力的大小取决于婚姻双方的感受性和承受能力。现代社会每个已婚的成年人，无不承受来自工作、子女、家庭的种种压力，压力积累到一定程度，人就会产生生存性"焦虑"，这意味着人们感受压力的敏感性增强，而承受压力的能力接近极限。在这种情况下，婚姻成为人们在精神上难以承受的生命之重。

（2）物化婚姻

在当今时代，物化婚姻的流行降低了人的幸福感。幸福生活少不了物质保障，人结婚的目的是过更幸福的生活，因此，对结婚提出一定的物质条件要求是可以理解的。但是，把婚姻当作交易，用彩礼、嫁妆、房、车等物质衡量和表达爱情，以财物胁迫婚姻关系，能否嫁娶取决于对方能否达到自己所提出的物质要求，这就是物化婚姻的种种表现。物化婚姻是婚姻的商品化、物品化，即婚姻的异化，婚姻的异化也是人的本质的异化。在物化婚姻中，夫妻之间的亲密关系、信任关系、依赖关系、彼此之间的责任和义务颠倒地表现为商品交换、物的社会关系和物的能力，婚姻的社会性表现为对于个人的异己的东西，表现为物的东西。物化婚姻把婚姻关系变成了赤裸裸的金钱关系，破坏了爱情的审美境界和婚姻的伦理道德。

物化婚姻形成的根源在于现代社会"物的依赖关系"，即以商品交换的形式表现出来的普遍的劳动关系，在表象上表现为社会关系的物品化、客体化。物化婚姻的形成还有人自身的重要原因。第一，婚姻成为一种普遍的工具价值。婚姻带给个人生活的巨大改变是不言而喻的，这一改变使生活变得更加美好是人们愿意进入婚姻生活的动机所在。而且，结婚时的物质条件如何对婚后的家庭生活影响比较大，良好的物质条件减轻了婚后生活的经济压力，减少了因此而产生的各种矛盾，也能使人更从容地工作和生活。第二，爱情作为一种情感的主观性易产生也易消失，没有谁相信自己会几十年如一日地爱一个人，也不相信他人也会在任何情况下都一如既往地爱自己。不能保证爱情存在的情况下，追求物质条件的保障，能在爱情不复存在时给自己一定的安全感和生活保障。第三，对于中国社会的年轻人而言，经济能力不足以让自己成家，他们的婚姻依靠两个家庭的物质支撑，父母几乎付出了他们的所有，因而就有了干预儿女婚姻的资格和意志，而父母的要求最重要的是物质利益方面"公平"的考量和算计，这样婚姻就不可避免地被物质化了。第四，在大多数婚姻主体不能为自己的婚姻承担主要责任而牵扯两个家庭的情况下，婚姻之事就会变成公共领域的事件，形成和遵从由媒人、彩礼、嫁妆、婚礼等要素构成的某种社会模式，从而成为他人的评价对象，评价的标准就是物质条件的交换程度——彩礼越多，房子、车子等一应俱全，就说明嫁得越好，娶得也越有价值。在这种社会氛围中，人们对婚姻的物质要求就会越来越高，不仅是因为要"面子"、被人瞧得起，也是为了表达自己的身份、地位和价值。

婚姻关系作为现代社会关系的基本内容，深受物的依赖关系的影响，人们在物的依赖关系下形成的社会价值观体现物化的性质和特征，物化婚姻是物化的社会价值观烙在婚姻上的印记。如果没有现代婚姻文明建设的有力干预，物化婚姻自然而然地成为社会的婚姻习俗，成为影响年轻人幸福感的重要因素。

（3）婚姻不忠

在当代社会，给婚姻带来最大伤害的是婚姻不忠。夫妻忠实是人类社会在发展过程中形成的婚姻道德。夫妻忠实符合爱情排他和共同生活的婚姻本质，是一夫一妻制的核心价值，符合夫妻关系的根本利益，对维护婚姻关系和夫妻感情具有重要作用，被视为婚姻关系中的伦理精神。狭义的忠实义务是指配偶的专一性生活义务，也称不为婚外性生活的义务；广义的忠实义务一般包括不得恶意遗弃配偶他方以及不得为第三人的利益而牺牲、损害配偶他方的利益等。当今世界的许多国家，夫妻忠实作为一项义务成为法律规定的内容。中国《民法典》重新明确"夫妻应当互相忠实，互相尊重，互相关爱"，规定："禁止重婚。禁止有配偶者与他人同居。"在中国的婚姻制度中，夫妻忠实的义务既是法律义务也是道德义务。

违背夫妻忠实义务就构成夫妻不忠。夫妻不忠在现实的婚姻关系中是一项世界性的婚姻问题，通常表现为通奸、卖淫嫖娼、婚外同居、重婚、婚外情、精神出轨等。现代社会中的夫妻不忠现象较为严重，主要与三种社会状况相关。其一，婚姻道德对于夫妻不忠的约束不力。现代社会是肯定个人自由的社会，自由主义思想、性自由观念通过互联网对社会的影响比较广泛，一些人认为性权利绝对属于个人，不接受道德的约束，主张"我的身体我做主"，甚至认为夫妻不忠是私生活问题，只要不产生纠纷和其他社会损害，就不在道德的约束之中。其二，关于夫妻不忠的法律不精准、司法难度大，不能有效制止夫妻不忠行为。夫妻不忠行为具有可隐秘、不易被发现和不易取证、举证的特点，即使法律健全，其作用也是有限的。如果法律中有关夫妻不忠的条款是原则性的，夫妻忠实义务在婚姻法中的地位不清晰，立法规定的夫妻忠实义务范围狭窄，就更不能只依靠法律来遏制夫妻不忠行为，否则会造成夫妻不忠成本过低的状况。其三，现代社会的市场经济原则向社会生活领域渗透，使把性作为商品进行交易而获利成为可能。"色权交易""色诱交易"具有"你情我愿""互惠互利""低成本高收益"和隐秘性强的特点，只要法律、道德不到位，就会大行其道。

在现代社会，婚姻不忠造成了夫妻关系的最大精神内耗，也是夫妻关系不睦和婚姻失败的最重要原因，从而成为影响人生幸福的罪魁祸首。

4. 婚姻状况与人生幸福

婚姻生活是大多数人的生活方式，尽管很多人的婚姻没有什么幸福可言，但拥有美满婚姻的也大有人在。不能说一个人婚姻美满，他的人生就一定幸福，但是，一个人婚姻不美满，在这种婚姻持续阶段，他的人生一定是不幸福的。在这个意义上，一个人选择婚姻生活，就应该追求美满婚姻；如果一个人无法获得美满婚姻时，也不应该为了结婚而结婚；当一个人正承受婚姻之苦时，则应该努力摆脱这一痛苦。

（1）美满婚姻给人生带来幸福

现代社会中的美满婚姻，指的是能满足个人基本需要的婚姻。个人的基本需要包括了马斯洛需要层次理论中的各个层次上的需要，也就是人作为自然生命、社会生命和精神生命的统一体表现在三个层面上的基本需要。在客观上，美满婚姻肯定、促进、实现了个人的生存和发展；在主观上，美满婚姻给人带来了总体意义上的幸福感，即人对自己婚姻生活的整体状况感到满意。

婚姻是人生存的一种方式，婚姻幸福与人生幸福具有重要的关系。尽管现代社会婚姻问题凸显，离婚率上升，结婚率下降，但是，近些年来，很多关于幸福关联因素的研究表明，婚姻状况对居民的总体幸福指数、经济生活满意度、文化生活满意度和人际关系满意度均有显著影响，其中已婚居民的平均得分相对其他居民均较高，而且，自称婚姻幸福的已婚者的比例也较高。专家分析其主要原因是，婚姻幸福能够在亲密关系、经济资源和社会资源三个方面对人生幸福提供有力支持。其一，婚姻为法律所保护，降低了夫妻关系的不确定性，强化了双方的承诺和相互付出，可以为个体提供持久的归属感和稳定的亲密关系；其二，婚姻可以通过带来伴侣收入、降低生活成本在一定程度上减少经济负担，两个人结合成为一个经济体，可以共享居所等生活物资，分担生活成本；其三，在注重集体的社会中，社会对婚姻的认同程度比较高，所以已婚的人得到的积极情感较多，而夫妻间的日常互动则有助于缓解心理压力、减少负性情绪，增加幸福体验，特别是一个持久的、支持性的亲密关系能帮助个体免受孤独的煎熬。①

美满婚姻虽然难得，但是也不是可遇不可求。研究人员发现，美满婚姻有三个方面的特点，一是夫妻总是在世界观、价值观、人生观以及兴趣等方面具有很多相似性，就是所谓的志同道合。常言道，物以类聚人以群分，也有人说，寻找合适的人结婚，就是寻找另一个自己，这是有道理的。两个人在是非、善恶、喜好、审美等方面在本质上具有一致性，不仅容易在人生、生活的重大问题上达成共识、形成认同，而且能够互相理解、互相欣赏、互相支持。二是夫妻双方具有健全、积极的人格特征。日常交往活动中，不难发现，开朗、大方、有责任心、慷慨、富有同情心、不苛求他人的人们之间，更容易建立和谐的人际关系，而自私、自恋、工于心计、斤斤计较、敏感多疑、没有责任感、苛求他人、悲观、焦虑、抑郁、神经质、争强好胜的人，很难与人相处。夫妻二人如果人格健全、积极，他们的关系更容易融洽。三是夫妻双方善于处理婚姻中的矛盾、冲突。人际关系的大忌是找不到解决矛盾、冲突的办法，要么直接冲突、一争高低，要么冷战到底，婚姻关系同样如此。美满婚姻不是夫妻间没有矛盾和冲突，而是夫妻二人总能找到解决矛盾和冲突的办法，不断理顺彼此之间的关系。从美满婚姻的上述特点可以得出结论，只要找对了人，在婚姻生活中不断完善自我人格，用心经营自己的

---

① 参见黄希庭、程翠萍、岳童、刘培朵、苏丹《城市幸福指数研究》，重庆出版社2020年版，第77—79页。

婚姻，人人都有可能拥有美满婚姻，成就自己的幸福人生。

（2）离婚与不婚对于人生幸福的意义

婚姻是复杂的，婚姻关系是不断变化的。因此，婚姻矛盾是难免的，而努力解决婚姻中的矛盾，是每个人对自己婚姻负责的态度和表现。但有些严重的婚姻矛盾往往是无法解决的。如果这些无法解决的婚姻矛盾使人毫无幸福可言，那么离婚便是最好的选择。法律赋予了人离婚的权利，这是社会进步的重要表现，其根本目的就是把那些在痛苦婚姻中度日如年的人们从不幸的婚姻中解放出来，给人们重新获得幸福的机会。

在中国的传统思想中，离婚有时被描绘为一件"见不得人"的事。在现实生活中，离婚要经历巨大的精神痛苦，离婚后的生活也充满种种困难。因此，一些人无论婚姻的伤害有多大，也坚持不离婚。在现代社会，"离婚是个体个人生活中的危机，它会危及个体安全及幸福感，然而也为他们自我发展及未来幸福提供了新的机遇"[①]。在这种意义上，离婚是一个社会给予人们的人道主义关怀，也是个体自我觉醒和自我拯救的一种方式，它的积极意义远远大于离婚的阵痛，人们应该给予那些离婚的人以基本的理解与宽容，而不是站在道德高度给予谴责、歧视。只不过需要强调的是，离婚需要慎重，它只应该用于那些不可救药和没有意义的婚姻。

婚姻是不容易的，美满婚姻更是需要很多条件，其中最重要的是爱情。现实生活中出现了一种普遍的现象，一些年轻人到了或已经超过了适婚年龄，仍然没有找到合适的结婚对象，从而遇到催婚的巨大压力。一些人承受不了这种压力，就不再坚持基本的要求，随便找一个还能"将就"的人结婚。这种为了结婚而结婚的婚姻态度和做法是错误的，它往往是不幸婚姻的可能的根源。现代社会是生活方式多元化的社会，它为个体提供了基本的生活保障，不婚的人生选择不意味人生就一定不幸福。一个人即使没有婚姻，也可以过得幸福。不婚的选择总比暗含巨大风险的婚姻选择更加理智。

---

① 参见［英］安东尼·吉登斯《现代性与自我认同：现代晚期的自我与社会》，赵旭东、方文译，生活·读书·新知三联书店1998年版，第11页。

三　家庭与人生幸福

有了婚姻就有了家庭和家庭生活。家庭生活幸福，同样是人生幸福的重要组成部分和实现形式。温馨家庭是人身的居处、心的寄托、生活的动力和人生希望的来源。在温馨家庭中人可以享受到温暖、关爱和归属感。温馨家庭被称为人的幸福港湾，是无数人的人生幸福之所在。

1. 家庭的社会意义以及现代家庭的基本特征

家庭是人们以一定的婚姻关系、血缘关系或收养关系组合起来的社会生活的基本单位，因而具有丰富的社会意义：以共同的住处、相互合作为特征，家庭成员共同生活并有密切的经济交往关系。家庭关系是具有法律效力的社会关系，也是一种精神上、道义上的人际关系，受法律和道德的规范和调节，由社会生产关系所决定，归根结底是社会生产力发展的产物。家庭是最重要的社会设置之一，具有重要的社会功能，正如美国社会学家布利兹坦指出的那样："家庭，对绝大多数成员而讲，是包罗万象、提供各种便利的社会组织；家庭，无论大小，是成员社交与私人生活的稳定的中心。……个体最为关心的福利与财物的分配，信息的交流，只有在家庭中才有可能。人们是以家庭为出发点，随即向其他组织靠拢。家庭为成员的这一步骤准备了一切。"[①]

家庭作为社会的基本构成单位，其社会意义随着社会的发展而呈现不同的特征。现代社会的家庭具有四个基本特征。

第一，积极的家庭功能。在现代社会，家庭的社会功能表现出对于家庭成员的积极作用："地位获得的功能；家庭提供个人基本物质生活需要的满足和保障功能；家庭提供了适当的两性生活形式和合法的出生机构；家庭具有为其成员提供融入社会生活的基本经验和基本规范的功能，即社会化功能；家庭对个人具有情感满足功能。"[②] 其中，"家庭成为更加私人化、隐秘性的生活领域，家庭成员在情感上相互支持的作用更为重

---

① 转引自朱强《家庭社会学》，华中科技大学出版社 2012 年版，第 108 页。
② 朱强：《家庭社会学》，华中科技大学出版社 2012 年版，第 112 页。

要，在心理上的相互依赖程度更高"①。

第二，多元化的家庭形态。在现代社会，除了以异性恋血亲制度为特点的传统家庭，还有收养家庭、寄养家庭、单亲家庭、同性家庭等多元化的家庭形态。核心家庭是最普遍的现代家庭形式，丁克家庭、单亲家庭、再婚家庭也是常见的家庭形态，其中单亲家庭呈多样化的形态，包括离婚式、未婚式、分居式和独身式几种类型。而传统社会几乎没有的非婚家庭形式——同性家庭、同居家庭，在现实中也并不罕见，人们对此类家庭形式持有越来越宽容的态度。

第三，个性化的家庭关系模式。现代社会的家庭关系在根本上受法律的约束和调节，国家不为家庭关系规定统一的样式，只要法律不禁止，任何家庭都有权根据自己的意志选择自己的家庭关系模式。现代人重视自己家庭生活，看重自己在家庭生活中的地位，追求和谐良好的家庭关系，希望过自己想过的家庭生活，与此同时，每个家庭的具体情况和现实条件不同，这就使每一个家庭在内部分工、家庭角色期待、家内权力结构、亲密关系标准、情感沟通和表达方式、家庭生活方式、生活计划、代际关系的伦理原则等各个方面，形成个性化的关系模式，即所谓的"每一个家庭有每个家庭的活法"。

第四，不易把控的家庭生活。现代社会中的家庭生活越发让人深感不易、难以驾驭。贝克夫妇阐述了两个普遍性的原因。一是独立的个体难以协调共同的家庭目标。"在现代社会中，个人设计生活的逻辑变得越来越重要"，"家庭越来越变成一种选择性关系，变成一种个体的联合，个体把自己的兴趣/利益、经验和打算都纳入家庭，每个个体都得屈从于各种控制、风险和限制"，人们"需要花更大的力气才能把不同的人生轨迹结合起来"，"如同玩杂耍一样去平衡并协调日常生活，家庭的纽带变得越来越脆弱，如果试图达成一致而最终失败，家庭就会面临极大的破裂危险"②。二是不断扩展的家庭生活，无休止的选择性使人难以承受。现代人作为个体，"渴望相应的亲密、安全的世界"，大多数人依然会

---

① 邓伟志、徐新：《家庭社会学导论》（第二版），上海大学出版社2020年版，第58—59页。
② [德] 乌尔里希·贝克、伊丽莎白·贝克—格恩斯海姆：《个体化》，李荣山、范譞、张惠强译，北京大学出版社2011年版，第112页。

"倾向于和伴侣一起生活或是组织家庭",但是,很多人对于家庭"已经不像以前那样强调义务和持久",随着家庭生活的展开,"个人生活的范围变得更为宽广","由于人们每天都要选择、商量并决定这种关于'自主自决'的关系的细节,爱情、痛苦和差异也就变成一种'常态的混乱',并不断发展"①。

2. 现代社会影响人生幸福的家庭问题

现代社会中的绝大多数人都要生活在家庭中,家庭的基本特征表明,家庭与社会的关系、个人与家庭的关系以及家庭成员之间的关系出现了复杂性,家庭问题呈尖锐的态势。

(1) 贫困

家庭贫困是现代家庭困境乃至悲剧的根源。现代社会的家庭最基本的生活是物质生活,家庭生活的最重要形式是消费,其所有的功能都直接或间接地建立在一定的物质条件的基础上。家庭贫困不仅意味着家庭成员最基本的生活需要难以满足,家庭关系的糟糕状况、家庭矛盾的难以解决、家庭成员的社会化困境,以及社会歧视,还意味着家庭无力应对任何不期而遇的困难和危机情况。因此,家庭贫困是影响人生幸福的最重要的根源。

(2) 认同困境

家庭是一个共同体,所有的家庭成员都生活在其他成员的生活中,互相认同是家庭关系和睦的基础,而每个家庭成员对自己家庭的认同更是家庭功能发挥作用的基本条件。但是,无论在最普遍的核心家庭中,还是在单亲家庭、再婚家庭、未婚家庭中,都存在着不认同的状况。夫妻之间、再婚夫妻之间、父母与子女(包括继子女)之间、儿女之间,都可能存在各种原因产生的互不相容的关系,每一个家庭成员也都有可能因不满意自己的家庭而拒绝认同它,而任何意义上的不认同,都有可能导致家庭关系矛盾重重,使人处在一个人际关系紧张的环境中。因此,家庭中的认同困境成为人生不幸福的重要因素。

---

① [德] 乌尔里希·贝克、伊丽莎白·贝克—格恩斯海姆:《个体化》,李荣山、范譞、张惠强译,北京大学出版社2011年版,第112页。

(3) 专权

所有的家庭形式都要形成一定的权力结构。现代家庭中存在权力结构中不平等的地位关系，"男性养家"的家庭模式、"男尊女卑"和"大男子主义"的传统家庭观念都可能形成家庭生活中的"男权制"；女性的独立自主和经济独立，以及男性离婚、再婚成本过高，也使一些家庭盛行"女权制"；而"家长制"也是父母与子女关系的常见模式，尤其是在"望子成龙""一切为了孩子"的中国家庭中。家庭关系中的"男权制""女权制""家长制"都是专制的表现，一方对另一方的强制严重危害家庭关系和家庭成员的权益，无法实现家庭关系中的"公正"，是各种家庭问题产生的重要根源。因此，家庭关系中的专权也是影响人生幸福的主要原因。

(4) 暴力

家庭暴力是指在家庭关系中发生的一切暴力行为。《中华人民共和国反家庭暴力法》将家庭暴力界定为家庭成员之间以殴打、捆绑、残害、限制人身自由以及经常性谩骂、恐吓等方式实施的身体、精神等侵害行为，包括身体暴力、情感暴力、性暴力和经济控制，可能发生在夫妻、父母子女、兄弟姐妹、祖孙等家庭成员之间。家庭暴力是世界性问题，在中国是一个严峻的问题。家庭暴力危害家庭成员的合法权利，对受害者造成严重的身体和心理伤害，乃至引起犯罪。家暴的经历往往给人留下难以愈合的精神创伤，使人对生活、婚姻、家庭产生极为悲观的看法，是人生幸福最为严重的损害因素。

3. 温馨家庭提升人生幸福的境界

对于每个人而言，有一个温馨家庭是件很幸福的事情。温馨家庭在主观上表现为人对自己家庭非常肯定的评价，在客观上体现为家庭对于人的基本需要的多方面满足。一个人拥有一个温馨家庭，即使谈不上事业有多大的成功、腰缠万贯，其人生也称得上幸福；一个人倘若事业有成、丰衣足食，同时又拥有温馨家庭，人生则堪称完美。

(1) 温馨家庭的内涵

温馨的汉语意思是"温暖、馨香、客气、体贴"，表达多重美好人文意境：亲切体贴的氛围；令人愉悦的道德气氛；谦让、有礼的风气；忖度别人的心情和处境，给予同情、关切和关怀。韩愈的《芍药歌》赞美芍药花的脱俗之美时使用了温馨一词："丈人庭中开好花，更无凡木争春华。翠茎红蕊天力与，此恩不属黄钟家。温馨熟美鲜香起，似笑无言习君子。"温馨之意可从中领会一斑。用温馨一词形容家庭，描述的是家庭和谐美好的状态：家庭成员之间相处和睦、关系得体；彼此关爱、尊重、体贴、谦让；家庭氛围温暖、亲切；互助互利，团结友善，各得其所。温馨家庭是一种集"真""善""美"于一体的价值境界，每个家庭成员在那里体验到了自己生活中积极的、健康的、充分和谐和自由的内容与形式，从而充分地达到自我实现的境界，产生了由衷的尊严感和人生幸福感。

（2）温馨家庭必备的基本要素

一个家庭要成为温馨家庭，需要具备基本的条件，这些条件包括四个方面。

第一，基本的物质生活条件。满足家庭成员的基本生存和发展需要，一定的物质生活条件是不能缺少的。家庭是一个生活共同体、社会共同体，它的正常运行和所有功能的实现都以一定的家庭财富为基础。一个家庭要负责所有成员的衣食住行、生老病死、家庭建设、文化教育支出，没有基本的物质条件，家庭和家庭成员的正常需要无法满足，家庭矛盾、夫妻冲突就会增多，家庭情感、凝聚力和认同也容易出问题，甚至导致家庭破裂。"衣食足而知礼仪""贫贱夫妻百事哀"说的就是家庭的物质财富的重要性。当然，这不意味着，富足的家庭就是温馨家庭，但是，没有一定的物质条件作为保障，温馨家庭是建不成的。

第二，充分而多方面的互爱。温馨家庭的重要特质是家庭成员之间充满互爱，包括夫妻之间的互爱、父母与子女之间的互爱、兄弟姐妹之间的互爱，以及亲戚之间的互爱。爱是一种强烈的、积极的心理状态，代表着人对人或事物的深切、真挚的喜爱，是人所特有的一种超功利的、无私奉献和给予人温暖的情感。家庭中所有人都能从其他人那里得到各种意义不同的爱，家庭才具有"爱"的品质，也才是美好的。温馨家庭的互爱是充分而多方面的，因为只有全面的、足够的爱才能满足家庭成员多方面的需求。每一种爱都具有不同的方式和内容，满足人的不同需要，得到了多方面爱的人才有可能成为人格健全的人。不同的爱发展人的不同品质与德性，给予人不同的社会性内容和温暖，每一种爱对于一个人的身心健康都是重要的、不可替代的。温馨家庭的互爱还应该是充分的，因为肤浅的、不足的爱难以成为家庭成员行使权利和承担责任的巨大力量。

第三，民主而有良序的家庭关系。家庭关系与一般的社会关系一样，公平是给予所有家庭成员温馨体验和感受的关键。家庭关系中的公平，指的是每一个家庭成员的合法权益和平等人格都得到尊重，所有人的权利与其义务相匹配、相统一。因此，民主是温馨家庭必备的要素。对于温馨家庭而言，民主不是最终的目的，而是形成良好家庭秩序的程序或方式。一个家庭由不同的成员构成，每个成员都是一个独立的人，有自己的需要和利益。要满足所有家庭成员的基本需要，良好的家庭秩序是不可缺少的。所谓良好的家庭秩序，就是保证每个家庭成员实现自身权利、维护家庭利益的基本规则。每个家庭成员权利的实现，都要依靠其他成员承担某种义务，这就形成了家庭关系中的主体间关系，因而需要良好的秩序做保证，而民主就是建立这种规则的最重要的手段。

第四，积极而有效的沟通。家庭沟通是家庭成员之间交流的桥梁，家庭沟通能够让家庭成员之间更好地了解对方的想法、情感和需要，从而增进彼此之间的理解和信任，家庭沟通还能促进家庭成员之间的交流和互动，让彼此感受到关爱和支持，从而提升个人的自信和自尊；家庭成员之间的及时沟通，还能够发现并解决问题，防止或加深矛盾和冲突。大量事实说明，很多家庭暴力的发生是因为沟通不畅，而积极有效的沟通则能避免或减少家庭暴力的发生。

（3）温馨家庭的人生幸福价值

每一个人的人生目的可以用追求幸福来总括，因此，人生幸福是人的最根本的需要。一个事物，如果能够满足人的人生幸福需要，它就具有人生幸福价值。温馨家庭的内涵包含以人为目的的特性和内容，因而具有满足人的人生幸福需要的价值。这一价值主要表现在三个方面。

第一，温馨家庭具有增强主体力量的价值。人生幸福是要靠人在生活中通过自己的主体性活动实现的，因而需要人具有很强的现实的主体能力。这种能力与人的需求及其满足活动相匹配。但是，任何个人以一己之力满足自己的生存和发展需要都是不可能的，即使有足够的钱财也做不到。从整个人生的过程看，弱、病、老等是人生的不可避免的状况，也就是说，人总是需要帮助的。钱是一个人获得他人帮助的重要手段——作为可购买一切商品的"万能"工具，按照市场交换原则把素不相识的人联系起来，使他人的商品满足自己的需要，但是其作用是有限的——钱不是万能的。对于个人而言，最得力的帮助是全心全意、甘于奉献的人的帮助，而这种帮助往往来自在长久的共同生活中，基于权利和义务关系形成亲密关系和产生深厚情感的人，以及依靠爱而整合起来的家庭的物力、财力、人力和精神力量。从这个意义上，温馨家庭是弥补主体能力不足的最可靠和最自在的方式。

第二，温馨家庭的超功利性对人具有目的价值。人是社会性存在，在社会化过程和社会认同中成为一个现实的人，人生幸福中包括人的各种社会性需求得到满足的内容。安全需求、归属和爱的需求、尊重以及自我实现的需求，不仅包括社会文化的内容，在社会的教化中产生，通过他人的行为来满足，而且要与社会关系和社会对个体的需要相统一。也就是说，每个人的人生幸福都离不开成为社会共同体成员这一身份。现代社会中的每个人，一生中要生活在各种共同体中，比如民族—国家、工作单位、政治团体、家庭以及其他各种社团组织。现代社会中的社会共同体，除了家庭之外，都具有被"物的依赖关系"即市民社会所塑造的特点，它们的专门性、非全能的特点，只能满足一个人某个或一些方面的需要，对于个人都不具有绝对的权利与责任。与上述共同体不同的是，以爱为基础的婚姻形成的核心家庭，受到法律的保护和主流家庭伦理的肯定，具有不为市民社会的物质利益原则所左右的紧密性、坚固性和整合性，因而，成为人漫漫人生旅途中一个幸福的港湾。在温馨家庭中，社会等级和身份消失了，成败标准不见了，有的是爱的接纳、宽容、理解、不离不弃的陪伴、宽慰与鼓励，以及力所能及的支持与帮助，而且，由于核心家庭是规模最小的完整家庭形式，每一个家庭成员的基本利益在温馨家庭的氛围中更容易实现，而这是一个人获得人生幸福最重要的支柱。

第三，温馨家庭对幸福人生具有人生意义价值。人生幸福是一个存在论范畴，包含着一个人存在和发展的基本需要被满足的内容，但仅有这一内容还谈不上人生幸福。一个人如果不满意自己的这种状态人生，不认为自己的人生是幸福的，就会在总体上表达对自己、对他人甚至对社会的种种消极态度和不满情绪。现实生活中，很多人就是没有人生幸福感的人，其中大部分在人生中为了得到他想要的，付出了他不愿意付出的代价和成本。现代社会是"物的依赖关系"社会，人的自由、人的独立性是物的独立性和货币的自由，人的能力是物的能力，人与人之间的关系表现为商品交换关系。在这种社会物质生活条件和逻辑中，人满足自己存在和发展基本需要的方式和内容，往往带有否定人自身的"物化"性质和特征，这意味着，现代社会中的许多人在反思自己人生意义时陷入困境之中，甚至产生某种荒诞感。

人生的意义是什么？这要回到人性、人的需要和人的本质来回答这个问题。人的一生从事各种活动，如吃喝玩乐、衣食住行，工作、消费、社交、学习、休闲、娱乐、旅游；人的一生追求各种价值，如爱情、漂亮、修养、知识、权力、财富、事业、舒适、快乐。把它们中的哪一项用来作为人生的意义，似乎都不能令人信服。但是，温馨家庭对于芸芸众生，却是一个可望可即，且能满足各种需要，带给人稳定而持久幸福感的港湾。在现代人所追求的各种价值中，温馨家庭是一个人最有可能把握在自己手中的人生理想，也是最有现实价值的人生理想之一。一个人把温馨家庭作为人生的意义，人生也是一幅美好的画卷：与爱人相濡以沫、同甘共苦，赢得一份相伴之爱，白头到老；把孩子养育成人，看着他们学有所成、成家立业，享受天伦之乐；深沉地爱着每一位亲人，同时体味着来自他们真挚而平凡的情与爱；用心生活，在柴米油盐酱醋茶的人间烟火中悠闲自得。"众里寻他千百度，蓦然回首，那人却在，灯火阑珊处。"纵然有种种人生意义，寻寻觅觅，亦不知心归何处。而这实实在在、有滋有味却有诗和远方的温馨家庭生活，何尝不能成为普通百姓的人生意义呢？

思考题：

1. 在人生幸福的意义上，我们应该追求什么样的爱情？
2. 如何使婚姻成为人生幸福的来源？
3. 温馨家庭对于人生幸福有什么意义？

延伸阅读：

1. ［英］罗素：《罗素的道德哲学》，唐译编译，吉林出版集团有限公司2013年版。

2. ［保］基里尔·瓦西列夫：《情爱论》，赵丹译，安徽文艺出版社2013年版。

3. ［美］提摩太·凯勒、凯西·凯勒：《婚姻的意义——如何在婚姻中委身》，杨基译，上海三联书店2015年版。

4. 周国平：《爱与孤独》，北京十月文艺出版社2018年版。

5. 邓伟志、徐新：《家庭社会学导论》（第二版），上海大学出版社2020年版。

6. 朱强：《家庭社会学》，华中科技大学出版社2012年版。

第六章

在曲折人生中追寻幸福

人生如大海泛舟，扬帆起航便要经历风雨，遭遇惊涛骇浪、激流险滩，挫折、失败、迷茫困顿、不知所措在所难免。身处困境，仍能披荆斩棘、逆流而上，才能获得真正的人生幸福。欧文就曾说："人要想得到幸福，就必须使自己所有的才能、力量和志趣按照自己的本性得到很好的发展，并在自己一生各个相应的阶段得到适当的应用。"[①] 幸福作为涵盖了所有具体的"善"的"总体的善"，与"良好生活"同义，可以说，世界上所有的人都无一例外地以幸福作为人生目标。但是，这个世界人生不幸福的人很多，而得到幸福人生的人，都是生活的强者和拥有人生智慧的人。人生幸福来之不易，在充满竞争的现代社会，挫折、逆境、心魔，给我们的人生幸福带来了巨大的挑战。只有在挫折中奋起，在逆境中前行，在祛除心魔中确立积极心态，才能获得人生幸福。

一 在复杂、坎坷的人生路上把握幸福

没有谁的人生是一帆风顺的，而人在每一次逆境和大挫折中都有可能丧失生活的信心、一蹶不振。人追求自己的幸福，不在于不经历艰难困苦，而在于有勇气克服困难、超越自我，而要做到这一点，必须认清

---

① ［英］欧文：《欧文选集》第二卷，柯象峰等译，商务印书馆1981年版，第25页。

人生的本质特性。

1. 人生幸福得之不易

即使一个人在生命结束时由衷地认为自己度过了幸福的一生，他也是尝过生活的酸甜苦辣，历经人间冷暖与艰辛的。幸福之路无坦途，风雨之后见彩虹，这是人生的本质特性所决定的必然性。

首先，"人生在世"的基本规定性，决定了人生幸福来之不易。人生即人的现实生活过程，其基本规定性是人在世界中生活，即"人生在世"。人生在世，就要和世界中的各种事物、人发生现实的关系，这些关系是他的生命的前提。人在世界中生活，世界为人的存在和发展提供物质、能力和信息，为人的人生幸福提供社会物质生活条件，在这个意义上，世界以其客观性规定了人的存在及其幸福的状况。但是，这个世界的任何事物和人都不是为人而存在的。人只有作为主体在有目的的对象性活动中与时建立起主客体关系，并按照自己的尺度有效地选择、建构和改造客体，客体才能成为为主体而存在、满足主体需要的存在。而要达到"人在世界中生活"的目的，人不仅要懂得对象的尺度、自己的内在尺度，还要懂得处处都把内在的尺度运用于对象，只有这样，人才能按照美的规律来建构自己的生活世界。也就是说，现实的个人只有始终拥有满足自己生存和发展需要的种种能力，而且这种能力能够现实化时，人生幸福的实现才是可能的。

其次，人生是人的生命在社会中从诞生到终结的历史，这一基本特性决定了人生幸福的巨大难度。不仅在人类的意义上，而且在现实个人的意义上，"历史不过是追求着自己目的的人的活动而已"[①]。人生是人的整个生活过程，是无数生活活动的整体，在一定的时间和空间中展开，体现人自己创造自己本质的目的性和能动性。人在其生命过程中的任何时刻，既是其之前生活的结果，又是其未来生活的起点，因此人生是一部个人存在和发展的历史，个人则是这一历史的产物。这个历史由现实的人的现实的活动构成，而驱动这些活动的是物质动因。也就是说，人生作为历史，是主体创造自己的活动，具有主体能动性，但是他是在他

[①] 《马克思恩格斯文集》第1卷，人民出版社2009年版，第295页。

所处的社会历史条件下创造他自己的历史的，受社会历史条件的制约。马克思说："个体是社会存在物。因此，他的生命表现，即使不采取共同的、同他人一起完成的生命表现这种直接形式，也是社会生活的表现和确证。"每个人创造自己人生的历史，不仅受到社会政治的、经济的、文化的各种条件的制约，更是受社会生产方式的支配，这些制约和支配作用表现为他个人的物质生活、社会生活和精神生活的局限性，最终表现为他人生追求幸福的社会历史局限性。这说明，人追求自己人生幸福的活动的条件并不完全把握在个人的手中，更不可能以他的意志为转移。

最后，人生是人的本质力量的现实化，这一内在属性说明人生幸福受制于人的主体尺度。人的本质力量即人作为有生命的存在的一种感性能力。这种感性能力是对象性的，有现实的、不依赖于人的感性对象，由此而表明人是受动的存在；但它也是一种能动地改变自然对象的能力，因此是人的有目的的对象性活动的能力。有目的的对象性活动使观念中的东西现实化即主体向客体的转化，同时也使对象转化为主体的能力即客体向主体的转化，因而人通过有目的地改造和利用客观世界满足自己的需要，也在这一活动中改变自身，增长主体能力，这就是人的本质力量的性质。人的本质力量通过人的各种活动现实化，人生幸福的目的在这些活动的价值成果中得以实现。制约人的本质力量现实化的，是人的本质力量的性质所规定的尺度，其中包括主体的需要、目的性和以现实能力为核心内容的主体尺度是决定性的力量。主体的需要被主体所意识到成为欲望、动机，转化为活动的真实目的，才能成为决定人的本质力量现实化的因素。而人能否正确而全面地反映自己的真实需要，取决于人是否具有较高层次的自我认识能力而且意识到并客观地表达了自己的需要。由于人的需要是各种层级的，那些更高层次的、具有抽象性的需要，不易为人所准确地认识到，同时，那些在社会交往中产生的欲望，并不全是人的真实需要的反映，有些是不具现实合理性的虚假需要。最为重要的是，即使是人的合理需要，在主体不具备将其对象化的主体能力时，无论如何都是不能够得到满足的。上述情况表明，人生幸福依赖个人的现实能力，人生幸福不会超出人的主体能力而变成现实。当然，在现实社会中，有些人的幸福生活并不与他们的主体尺度相匹配，那也只能说，是有人在替他们负重前行。

2. 阻碍人生幸福的社会因素

古希腊有句谚语："要过良好生活，就必须生活在一个伟大的城邦中。"人是社会性存在，人的良好的生活条件是在社会中获得的，而对于个人，没有谁的生活可以不受社会的政治、法律、经济制度和文化的深度制约，也没有谁能以一己之力改变或创造什么社会生活条件，因此，大多数人都会认同一个观点：一个人要过好的生活，就要生活在一个良好的社会中。人生幸福包含两个缺一不可的要件，一是一个人基本的生存和发展需要得到一定程度的满足，二是这个人对自己的这种存在状态产生满足的愉悦感。良好社会应该在这两个方面为每个社会成员提供基本的条件。因此，人们通常都会认为，良好社会的标志是大多数人过着幸福的生活。

什么样的社会能够让人们过上幸福的生活？罗伯特·所罗门、凯思林·希金斯教授说："尽管我们也许能够设想这样一个社会，其中的每个人都富足而健康，人们相互尊重，各尽所需，没有犯罪，也没有贫困，但我们生活的世界却并非如此。……我们不得不研究如何能够在我们所居住的这个世界中生活得最好。"[①] 要回答这个问题，我们就要回到现实中去发现最影响大多数人幸福生活的那些普遍的社会问题，寻找引起这些问题的根本原因。现代社会，最影响每个人人生幸福目标实现的是四种社会问题。

第一，社会生产力发展水平很低，个人在国家的绝对贫穷中难以满足基本的生活需要。国家的绝对贫穷就是绝大多数人的绝对贫穷，即吃穿住行所需要的物质条件匮乏。在绝对贫穷境况中的人们，不可能满足存在和发展的需要，不仅要经历忍饥挨饿的痛苦，还要过只能谋生而不能满足多方面需要的生活，而这种生活是没有人的更多尊严的生活，生活在这种境况中的人是不会感到幸福的。因此，许多哲学家所描述的理想社会都包含了社会财富充裕、人民生活富足的内容。

第二，国家福利体系水平极低，个人不能依靠社会获得本体安全。

[①] [美] 罗伯特·所罗门、凯思林·希金斯：《大问题：简明哲学导论》，张卜天译，清华大学出版社2018年版，第289页。

现代社会的生活逻辑是每个人对自己的生活负责,以自己的劳动能力来满足生存和发展的需要。但是任何优秀、强大的个人,都不能仅仅依靠自己的力量把握人生的命运。生老病死、天灾人祸、失业、生育等,都可能让人们的生活陷入困境而与人生幸福无缘。一个人不能给自己本体安全,只有社会才能承担这份责任。发达的现代国家为了满足个人的本体安全需要,率先建立起了社会保障制度体系。这项社会设置已经在世界范围推广,包括社会保险、福利、救济和安抚制度。在这项制度还不能确立、发展和健全的情况下,社会不能为社会成员提供基本生活安全保障,个人生活完全靠自己支撑,增加了巨大的生存风险,就只有靠一直努力工作和尽可能节俭的生活来为自己的未来生活提供保障。这种持续的生活压力和单调的生活内容,不仅遏制了人的全面发展需求,还会造成人的生存性焦虑,幸福感就会大打折扣。

第三,非民主法治的社会建制,个人难以得到基本的社会自由。"不自由,毋宁死!"美国著名爱国者帕特里克的这句高呼道出了多数人对于自由的极端珍视。"大多数人都相信,自由是世界上最重要的东西之一。自由不仅仅是良好生活的一个要素,而且也是它的先决条件;事实上,自由本身就可以是良好生活。……在一个更深的哲学层面上,自由似乎不仅是良好生活的先决条件,而且也是道德和道德责任的逻辑前提。"① 英国政治哲学家霍布斯认为,平安比自由重要,所以他主张君主专制。人们不禁会问,没有自由,平安还有意义吗?很多人会认可一个观点:没有自由的生活也是不值得过的。当然这个自由指的是社会自由。尽管人们对自由的具体内容众说纷纭,但是,一个人在社会中拥有满足他源自他的本性、他的人性的合理需求的权利,即成为人、作为人而生活和选择成为何种人的权利,并为此承担责任,这应该是所有人基于人性、人道立场和正义信念所认同的社会自由。没有社会自由,或者为他人强迫,或者被社会所抛弃,一个人不成其为人,不会有人的高贵身份和品质,一个不自觉、不自知自己为一个人的人,是没有人生幸福可言的。所以,马克思依据社会运动的基本规律把理想社会称为"自由人联合

---

① [美]罗伯特·所罗门、凯思林·希金斯:《大问题:简明哲学导论》,张卜天译,清华大学出版社2018年版,第229页。

体"——"建立在个人全面发展和他们共同的社会生产能力成为他们的社会财富这一基础上的自由个性"①,"在那里,每个人的自由发展是一切人的自由发展的条件"②。

第四,社会不能奉行符合全体社会成员根本利益的正义原则,个人无法实现自己的社会理想。社会成员一般对身处于其中的社会有一种它应该如何,就该如此的期望,比如,有所劳就该有所得,多劳应多得,不劳不得;对他人、集体有付出就该有回报;同为共同体成员就应地位平等、彼此之间互相尊重,平等地参与社会生活、享受社会发展的成果,不应因地位、能力、种族、性别、年龄、相貌、残疾而被歧视;犯罪就该被惩罚,杀人就该偿命;事关我的利益之事,我应有话语权;等等。这些观念体现了大多数社会成员的一种公平需求,其背后是权利与责任统一的正义原则在起作用。一个社会如果不能满足绝大多数人的公平需求,往往是在正义上出现了问题。罗尔斯在《正义论》中指出:"正义是社会制度的首要价值,正像真理是思想体系的首要价值一样。……在一个正义的社会里,平等的公民自由是确定不移的,由正义所保障的权利决不受制于政治的交易或社会利益的权衡。"③ 也就是说,现实社会中,正义是一个好的社会品质要求,因为它关系到合作的人们在承担着他们的责任的同时得到应得的利益。在现代社会,社会公平包含公民参与经济、政治和社会其他生活的机会公平、过程公平和结果分配公平,其义理是社会正义,还包括政治正义和法律正义等。没有正义的原则,就不会有劳动就业制度、经济分配制度、社会福利制度、文化教育制度、法律制度的公平。制度不公平,好人得不到好报,坏人得不到惩罚,辛劳工作的人仍不能衣食无忧,不劳而获的人却挥霍无度,有人没有责任却得到利益,有人承担责任却没有回报。社会的非正义,一方面不能提供确保人们追求幸福的目标的实现路径,从而不能形成人们的社会归属感;另一方面激发人们普遍的社会不满情绪,从而降低自己的生活幸福感。

---

① 《马克思恩格斯全集》第 30 卷,人民出版社 1995 年版,第 107—108 页。
② 《马克思恩格斯文集》第 2 卷,人民出版社 2009 年版,第 53 页。
③ [美]约翰·罗尔斯:《正义论》,何怀宏、何包钢、廖申白译,中国社会科学出版社 1988 年版,第 3—4 页。

3. 在"转识成智"中做人生幸福的主人

幸福是人以主体身份和能力在生命存在和发展的过程中创造的。人的生命是一个漫长的展开过程，每个人在一生中通常在入学、考学、读书、工作、恋爱、结婚、成家、生子等人生大事前面临抉择，每一件大事都是人生的一次重要选择，每一次选择都是成为什么样的人、过什么样生活的决定。一个人如果能在人生的大问题的选择上不出原则性的错误，人生之路就顺畅些，否则就会更加充满艰辛和曲折。人的生命历程由不同的阶段构成，人在每一个人生阶段的身心特点和规律、生活内容、生存矛盾、社会生活、社会身份都不同，每个人的人生都在世界中展开，与世界上的各种事物和各种人打交道，在社会所提供的物质生活条件、政治法律制度、文化背景中生存和发展，使人生的整个过程充满了复杂多变性。因此，一个人要在影响人生走向的问题上总是能够做出合乎其根本利益，从而奔向人生幸福目标的选择，需要具备足够的人生智慧。在现代社会，人们要获得幸福生活，日常生活经验中的人生智慧是不够的，宗教信仰也不能胜任，而通过接受文化教育和多媒体的影响获得的知识，至多也是增长人们认识和改造对象世界的能力，而在如何过好的生活方面不具有整体的反思、批判和抽象的能力，亦不能向自己证明自己的选择是否正当。但是，知识能够转化为人生智慧。如果一个人能够"转识成智"，就可以通过人生的每一次正确的选择而走向幸福。

人生智慧是人把握自己人生的主体能力，与知识相关。知识即关于世界的认识成果，既包括"知其然"，也包括"知其所以然"，还包括"知其必然"。"知其然"和"知其所以然"，即对在人类实践活动中呈现出来的事物的状态及其内在机理的认知，"知其必然"则是对人、事物运动规律以及人与对象世界发展趋势的整体性把握。从哲学上来理解，"智"即智慧，主要属于主体的智力因素，亦称主观能力。知识是为人认识世界和改造世界服务的，智慧的使命则是使人能在艰难的生存环境中满足各种需要，获得存在和发展，实现自我价值。因此知识与智慧之间存在着彼此贯通和相互转化的性质和趋势。知识向智慧的转化是主体在现实生活中，以对象世界的知识为基础，以过好的生活为目的，对人与世界关系进行理性反思而获得一种理智形式的过程。

人生是满足人的各种生存和发展需要的过程，由无数个有目的的对象性活动构成；人生也是人以自己的生活为对象实现幸福目标的过程。因此，人的主体能力是决定一个人"能否活"和"活得怎样"的最重要因素，一个人没有人生智慧，是不可能得到人生幸福的。人生需要的智慧则在于人生和人生幸福是在选择中实现的，而选择总会遇到各种不确定性带来的困惑，包括我们的知识、信念及它们对于我们的价值的不确定性，也包括周围世界与我们的价值关系的难以预料和变幻莫测。人生之不易和幸福的难上加难，需要我们对诸如生命、我们知道什么、我们应该怎样做或应当相信什么等这些问题进行反思和探究，需要一些确信不移的好的人生信念。而人生幸福最需要的是对生活方式做出正确的选择的智慧。

如果幸福是良好生活的目标的话，人就应该过一种能带来人生幸福的生活。什么样的生活能够给人带来人生幸福呢？亚里士多德说人们"主要的生活有三种选择"："享乐生活""政治生活"和"思辨的生活"。① 他指出，选择过享乐生活的人，把幸福和快乐相等同，以生活享受为满足，他们是最为平庸的人；选择过政治生活的人，崇尚名声、喜欢活动，认为善就是荣耀，这是一种肤浅的生活追求；选择过思辨生活的人，尊重真理、智慧与理智思维；"幸福就是合乎德性的现实活动"②，因而思辨的生活是最好的生活。他指出："如若幸福就是合乎德性的现实活动，就很有理由说它是合乎最高善的，也就是人们最高贵部分的德性。……可以说合于本己德性的现实活动就是完满的幸福了。像所说的那样，这就是思辨活动。"③ 因为"理智在我们中是最高贵的，而且持续得最久"，"我们的思维比任何行为都更能持续不断"，所以，"德性活动的最大快乐也就是合于智慧的活动"。④ 但是伊壁鸠鲁却认为良好的生活

---

① ［古希腊］亚里士多德：《亚里士多德全集》第八卷，苗力田主编，中国人民大学出版社1992年版，第7页。
② ［古希腊］亚里士多德：《亚里士多德全集》第八卷，苗力田主编，中国人民大学出版社1992年版，第16页。
③ ［古希腊］亚里士多德：《亚里士多德全集》第八卷，苗力田主编，中国人民大学出版社1992年版，第226页。
④ ［古希腊］亚里士多德：《亚里士多德全集》第八卷，苗力田主编，中国人民大学出版社1992年版，第227页。

是快乐的生活，主张良好生活就是从生活中得到尽可能多的快乐。他对此进行了哲学意义上的阐释："只有当我们痛苦时，我们才需要快乐，因为快乐不在场；而当我们不痛苦时，我们就不需要快乐了。因为这个缘故，我们说快乐是幸福生活的开始和目的。因为我们认为幸福生活是我们天生的最高的善，我们的一切取舍都从快乐出发；我们的最终目的乃是得到快乐，而以感触为标准来判断一切的善。"① 伊壁鸠鲁也知道，不是所有的快乐都是有益于人的，他指出："就快乐与我们有天生的联系而言，每一种快乐都是善，然而并不是每一种快乐都值得选取；正如每一种痛苦都是恶，却并非每一种痛苦都应当趋避。对于这一切，我们必须加以权衡，考虑到合适和不合适，从而加以判断；因为有的时候我们可以觉得善是恶的，而有的时候，相反地，我们可以觉得恶是善的。……当我们说快乐是一个主要的善时，我们并不是指放荡者的快乐或肉体享受的快乐（如有些人所想的那样，这些人或者是无知的，或者是不赞成我们的意见或曲解了我们的意见）。我们所谓的快乐，是指身体的无痛苦和灵魂的无纷扰。不断地饮酒取乐，享受童子与妇人的欢乐，或享用有鱼的盛筵，以及其他的珍馐美馔，都不能使生活愉快；使生活愉快的乃是清醒的静观，它找出了一切取舍的理由，清除了那些在灵魂中造成最大的纷扰的空洞意见。"② 哲人在确定人的存在方式上都犯难的事情，对于普通人来讲更是不易。生活方式的选择是一个人成为什么样的人的问题，这一选择如果离开了社会所能提供的物质生活条件和制度保障而不具有社会合理性，或者与人的本质、能力的性质不匹配，就使人的存在和发展失去了现实意义，从而使人的生活陷入困境之中。

二　逆水行舟做幸福的划桨人

漫长的人生之旅如大海泛舟，潮起潮落、跌宕起伏，风险不止、生

---

① 参见北京大学哲学系外国哲学史教研室编译《古希腊罗马哲学》，商务印书馆1961年版，第367页。
② 参见北京大学哲学系外国哲学史教研室编译《古希腊罗马哲学》，商务印书馆1961年版，第368—369页。

死未卜，前程难料。人生遭遇逆境在所难免，这是举目可见、无须论证的经验事实。因此，学会在逆境中生存，是人生幸福的重要一课。

1. 逆境的哲学意蕴

逆境是对人不利的状况的总称。人生逆境指的是人在某一时期由于各种原因而处于满足各种人生需要十分困难的状况，或人生运况处处不济、充满不幸的境遇。人活天地间，处处有险阻，人行江湖中，处处有不平。人的生活世界，不总是鸟语花香、风和日丽，人生之路也不全是阳光大道、一马平川。人生逆境百态：大学苦读多年，满腹经纶、踌躇满志，也许一而再再而三地就是叩不开那个理想工作的大门；白手起家，充满理想，倾心尽力创业，到头来却一无所获；恋爱、结婚、成家，日子过得非窘即迫，一地鸡毛，最后妻离子散；终日辛苦，却难以温饱糊口，处处捉襟见肘；等等。个人是有限的存在，以一介肉身生存于变化多端的世界，依赖自己的活动和周围世界才能生存，总会与不期而来的人和事相遇，总有预见不到的意外，总有难以驾驭的事情，总有逃脱不了的厄运，所以人的一生总会或多或少、或大或小、或长或短地处于山重水复的逆境之中。这是人生的宿命。

人生逆境是一个价值范畴，表达的是人的生存环境不容易与人的存在和发展形成肯定的价值关系，或者人本身的现实存在状况很难满足他存在和发展的基本需要，为各种挫折、失败或变故所累，一时难以摆脱窘境的状况。人生逆境表明人的生活条件很是不好，各种生存矛盾尖锐，令人感到生活很难，力不从心，一筹莫展。人生逆境的内涵表明，它与心理学所研究的逆境不同。在心理学中，人生逆境指的是逆境心理："在人的一生中，不可能任何事情都是一帆风顺的，总会遇到各种各样的困难和障碍，无论是来自外界的，还是来自自身的，都在所难免。每当遇到困难和障碍无法克服时，人就会产生不愉快的情感，有时甚至痛不欲生，这便是逆境。"[①] 这一理解是由心理学的研究对象决定的。而现实中人生逆境内容包括人生逆境心理，更主要的还是指人生一时难以摆脱的艰难困苦的境况，两者是不可分割的整体。人生逆境对于人的生存和发

---

① 孤草编著：《逆境心理学》，大众文艺出版社2001年版，第3页。

展所产生的不利后果，必然使身处其中的人做出精神上的反应，产生人生逆境心理。人在生活中若不能体味到逆境之艰难，也就无所谓人生逆境。

人生逆境表明人生存于困难之中，但不是人生遇到困难就是身处逆境。逆境是人的生活活动展开的过程，不得不去做的事情的每一个目标的实现，都需要付出很大的努力，经历一次次失败、一次次挫折才有可能实现。逆境是人的活动的全局性困境，人生困境则是人的生活活动在整体上不利于主体的状况。人生逆境可由各种原因造成。贫穷、重病、残障、无业、家庭变故、生活负担过重、意外，社会动荡不安、兵荒马乱、礼崩乐坏、民不聊生、社会不公平，地震、飓风、洪水、瘟疫等自然灾害，在升学、恋爱、婚姻、家庭、事业等方面的挫折，严重的身体健康问题导致的生活不能自理、无法正常工作和社会生活，以及一些重大的精神打击等等，都能使人处于人生逆境之中。而社会环境给人的生存带来威胁或压力，如受社会排斥、社会竞争失败，以及经常发生在亲密关系、家庭或工作关系之中的过度控制等，使人在社会交往情境中感觉自己没有得到其他人的平等相待、尊严被侵犯，产生被轻视、受拒绝、被质疑以及被排挤的感受，导致人的情感认知与调控能力水平的降低，这种情况也会使人陷入人生困境中。

人生逆境作为价值范畴，具有主体性特征。相同的社会环境和大致相同的物质生活条件，为什么有人就身处顺境，有人却深陷逆境？大学校园中，有多少各方面条件都不错的学生，沉迷于网络、游戏不能自拔，唯独不把学习放心上，以致一个学期下来考试就挂了几科。有学生在这种情况下仍不能自我觉醒、端正学习态度，拒绝接受老师的教育和同学们的帮助，甚至在接到学校试读警告的情况下还不知悔改、一意孤行，这就不可避免地在之后的考试中继续挂科，直到退学。对于这样的学生，人生的不顺其实才刚刚开始，接下来他们就要过一段迷茫、消沉、不知所措的日子，即使重整旗鼓，开始新的生活，也可能要经历更多的磨砺。同样，即使同处于艰难的岁月，有人就能把生活安排得井井有条，没有条件也尽力创造条件，满足最基本的生活需要，把日子过得有滋有味、有声有色、和和睦睦；有人却不能把有限的条件用在最该用的地方，更不能吃苦耐劳，甚至游手好闲、好吃懒做，把日子过得苦不堪言、一地鸡毛。高山峭拔任鹰飞翔，麻雀却望而却步；同样是在水中，鸭子能冲浪、嬉戏，小鸡则难逃沉溺的厄运。这说明，一种生活条件是否对一个人构成人生逆境，一种不利的生存环境对于一个人构成何种程度的人生逆境，以及他能否走出这个逆境都取决于一个人在这种生活中的主体性状况。

2. 在逆境把握自我

俗话说，"苦难是最好的老师"。无数事实说明，人生逆境对人的存在和发展是有积极意义的。贝多芬是一个被称为"交响乐之王""乐圣""精神的英雄"的伟大的音乐家，他卓越的成就与他坎坷不平的人生经历有着莫大的关系。贝多芬的一生承受了巨大的不幸和孤独，在父亲严厉苛刻的教育下度过了童年，又在音乐生涯的鼎盛时期、他的后半生遭逢了耳聋这一残酷的厄运，但他一生中最伟大的作品《第九交响曲》却是在全聋后创作的。不为逆境所困，与厄运苦战，贝多芬让自己变成了更加伟大的人。如果说，人生逆境中的人体现的是一种自我，那么，摆脱逆境就是人超越这种自我而实现的自我完善和自我发展，即自我超越，这意味着一个人摆脱逆境的过程是一个塑造新的自我的过程。

要实现自我超越，塑造新的自我，关键在于人真正地认识自我。阿基米德说，给他一个支点，他就可以撬动地球，这个支点被称为阿基米德点。使人摆脱逆境的阿基米德点就是全面、深刻、正确的自我认识。人的自我认识，即人关于"我是谁"的回答。人生的挫折、失败以及其他种种逆境，大多与我们不真正知道自己是谁有关。每个人的自我认识不仅因人和文化而异，也因人所处的人生阶段和生活环境的不同而不同。我们通常对自己的理解在很大程度上基于一定的情境。例如，在大学中生活，人的自我意识就与他的学校、专业及其前景相关，主要由他认识世界、改造社会的理性思维和时代的精神品质所塑造；在大工厂做工人，人的自我观念中就有了大工业生产所赋予的组织性、纪律性和技术理性；如果一个人只是一个家庭主妇，她的自我理解中除了油米酱醋、家务、孩子、老公之外就很少有其他社会组织生活的内容。人们在各种背景中基于经验，在物理世界和各种现实的社会关系中体认的自我是"经验的自我"——一个"感性的存在"，每个人都有多个"经验的自我"。但是，人在各种背景中形成的各种"经验的自我"总有一些共性的内容，这种不因背景而改变的共性，表达了一个人的个性特征，就是哲学上所说的"自我"。这种"自我"是在"经验的自我"基础上，在"我"与"非我"的逻辑关系中，通过理性思维形成的"超验的自我"——一个存在于思想中的"自我"。使人从逆境中摆脱出来的自我认识离不开"经验的自我"，但是主要与哲学意义上的自我直接相关。

如何真正地认识自我？这取决于人们是怎样看待人的以及是怎样看待自我的。如果如宗教一般，把人看作上帝的创造物，自我就只是上帝面前的一个灵魂，而与人的肉体以及它的快乐与痛苦无关，那么，人只能在上帝的启示中认同自我；如果像笛卡尔一样，认为人是一个"思想的东西"，自我也就是"那个对自己有意识地思想着的自我"，或者是记忆，或者是激情、情感，或者是思想，那么，人只需要在意识中理解自我；如果如萨特理解的那样，人就是人，不仅是他自己认为的那样，也是他愿意成为的那样，自我就是人为自己选择的东西，即自我选择，那么，人就应该在自我意向中认识自我。如果如马克思所揭示的，人是社会性存在，社会使人成为人，人的活动和思想在内容和起源上都是社会性的，自我是社会的产物，那么，就要在现实的社会关系中认识自我。马克思说："在思辨终止的地方，在现实生活面前，正是描述人们实践活动和实际发展过程的真正的实证科学开始的地方。"[①] 每一个人应以社会物质生活条件为基础，以现时代个人的生活方式、需要和本性为依据，在生活活动中，在个人与社会、主体与客体、大我与小我、感性与理性、理想和现实、主观和客观等矛盾关系中，在自然生命、社会生命和精神生命等三重维度及其统一中，把握、定位、审视自我。

塞万提斯说，把认识自己作为自己的任务，这是世界上最困难的课程。人真正地认识自我是一件难事。人了解自我的主要方式包括：参考物理世界，与他人进行社会比较；结合他人对自己的看法，反身自省；检验人的行为发生的背景并得出线索，即自我知觉和归因。人真正的样子与人自己的实际情况之间的相关程度很高，但是通常情况下，尤其是在对人的生活具有重要价值的领域中，人们对自己的判断并不准确，对

[①] 《马克思恩格斯文集》第 1 卷，人民出版社 2009 年版，第 526 页。

自己的评价要比实际更高一些①，这是一个科学的调查研究得出的结论。这种状况的改变，除了人在思维中不断反思外，最重要的是在实际生活中接受现实的检验。人的实际生活能够把人的自我认识与人的实际情况联系起来，从而能够使人把两者进行比较，检验其是否相符合。人的现实生活活动具有直接现实性，能够把人的自我认识变成直接的、实实在在的现实。如果人的自我认识是肤浅的、片面的、错误的，就会表现为其生活活动的挫折和失败。这说明，人生逆境为人的自我认识的完善和发展提供了一种最现实的方式。首先，人生逆境暴露了人在顺境中不可能看到的自己的弱点、缺陷和不足，同时也把现实生活的本质，以及生活中的各种矛盾关系和人性展现给人，这就使得人能够发现真实的自己，审视自己的人生观、价值观、社会观和主体性、主体能力；其次，人生逆境是不利于个人存在和发展，人活很"难"的状况，这就以最紧迫的倒逼方式要求人进行真实的自我剖析、自我批判和自我改变，正视自己的问题所在，使之下决心改变不正确、不现实的自我意识和自我定位，通过自我否定确立新的自我，这种新的自我扬弃之前的自我，更具现实合理性；最后，人生逆境以一种现实的力量告知人应该成为一个怎样的人，应该具备何种知识、品行和意志，使其新的自我中包含使自己更能把握自己命运的价值选择。因此，人生逆境中形成的新的自我认识是一种把人带出逆境，实现自我超越的精神力量。

3. 在逆境中提升逆商

李嘉诚说："人生自有其沉浮，每个人都应该学会忍受生活中属于自己的一份悲伤，只有这样，你才能体会到什么叫做成功，什么叫做真正的幸福。"② 处在人生逆境中的人要走出逆境、逆袭成功，坚韧的精神品格是绝不能缺少的。

1981年的美国，正处于次经济萧条时期，克里斯·加德纳，一个旧金山的医疗器械推销员，日子很不好过。他每天奔波于各家医院和诊所推销他的骨密度扫描仪，但因为价格比X光扫描仪贵出两倍而销情

---

① 参见［美］乔纳森·布朗《自我》，陈浩莺等译，人民邮电出版社2004年版，第55—56页。
② 张笑恒编著：《李嘉诚的人生幸福课》，北京工业大学出版社2011年版，第5页。

不好。他的妻子无法继续忍受艰难的生活而离家出走，留下他和 5 岁的儿子相依为命。他因为缴不起房租而被房东扫地出门，有时甚至要在地铁的卫生间里过夜。在最困难的时候，克里斯带着儿子，提着医疗仪器，四处寻找工作机会，最后决心转行成为有机会获得高收入的证券经纪人。他的努力和智慧让他通过了证券公司的应聘初试，却在复试中出师不利。但是，克里斯的决心极大，最终，证券公司愿意给他一个机会，他成为 20 个实习生之一。此后的半年实习期，因为没有工资，克里斯与儿子的生活更加艰难。在生活的压力下，他不断地努力，奋发向上，最终在股票投资领域找到了新的机会。以上是电影《当幸福来敲门》讲述的令人深受鼓舞的故事。影片取材于非洲裔美国人、投资专家克里斯·加德纳的真实经历。克里斯的人生至暗时期，是现实社会无数人在某个阶段的生活缩影。他的故事告诉人们，即使在最黑暗的时刻，只要有决心，有毅力，不懈努力，就一定能够叩开属于自己的幸福大门。

1997 年，美国心理学专家保罗·斯托茨发现，在智力、资本与机遇相同的条件下，有些人可以一路腾飞，有些人却会一败涂地，归根结底是他们迎接挑战、克服困难的能力不同。他提出了一个表达这一能力的概念——"逆境商数"，即逆商。逆商指的是人们面对逆境时的反应方式，即面对挫折、摆脱困境和超越困难的能力。在保罗看来，逆商对于人的成功是极其重要的。心理学的研究成果也一再彰显这一道理。"每一个人都是自我命运的建筑师，我们用自己的实际行动，给出了我们在逆境中的表现，并证明了自己的逆商是高还是低，而命运则根据这一分数来判断我们应该归类为成功者还是失败者。"[①] 对于现代人，人生幸福离不开高智商（IQ）、高情商（EQ）和高逆商（AQ），尤其需要高逆商。有专家断言，100% 的成功 = IQ（20%）+ EQ 和 AQ（总共占 80%）。"可以说，在这个瞬息万变、险象环生的逆境时代里，逆商显得格外重要。没有永远的失败，只有暂时的不成功。逆商往往比情商、智商更能体现出个人的生命价值，当我们能够以不变的心境来应对万变的逆境时，

---

① 刘丽娜：《心理学与情商、智商、逆商》，中国法制出版社 2018 年版，第 167—168 页。

我们在人生中便能够长久地立于不败之地。"①

逆商如同情商、智商一样，是人特有的一种生存能力。保罗·斯托茨指出，逆商来源于大脑对逆境的反应。人脑通过生活拥有促进新脑细胞和新思维模式产生的能力，面对生活变故时，人们会产生一定的思想、情感和解释模式，而这些思想、情感和解释模式影响到体内每一个细胞和大脑结构的功能。这些模式对表现、记忆、观点、信念、健康和行为形成深刻影响。大脑对逆境有天生的偏好。不利的事情会比好消息留下更深刻的烙印，而逆商是一种如何应对逆境的可测量的、无意识的模式。它在思想和语言形成前就已经触发；它初步形成于青年时期，而这种形成可能被永久改变，总的来说，逆商可以帮助我们更好地超越烙印我们拥有的爬行类动物大脑中原始、不稳定和不开化的反应。②

逆商于人生幸福是极其重要的。逆商被认为是人面对突发灾难事件与人相应的应对能力之间的链接。"如果说人是一台电脑，那么每个人都有三类不同的硬件储备：必需能力储备、现有能力储备以及可达到能力储备。必需能力是有关一个人适应当今世界的基本能力需求，现有能力是一个人现有的训练、智能、天分、知识和经验所能达到的整体程度，可达到能力是对一部分现有能力的挖掘和释放。而逆境智商是刺激储备的操作系统。当一个人遇到难以逾越的困难，他所能够释放的不是他所拥有的全部能力，而是逆境智商所能刺激的那部分能力。换句话说，是逆商决定你能否走出逆境，赢得成功。"③ 逆商高的人具有两个突出的品质特征，一是对逆境的控制能力强；二是能够清楚地认识到使自己陷入逆境的起因，并甘愿承担一切责任，且及时采取有效行动。通过这两个品质特征不难发现，逆商的核心是"坚韧"。一个人都已经处于逆境了，还能去尽力控制逆境，并且愿意承担一切责任，这说明他"坚守志向""矢志不渝"，足够坚韧。坚韧是指人不屈不挠、意志坚定，坚忍有韧性的性格品质。人在逆境中，要么坚韧，要么怯懦。选择怯懦，就是承认失败。身处逆境中的人最需要的美德就是坚韧，只有坚韧，才

---

① 刘丽娜：《心理学与情商、智商、逆商》，中国法制出版社2018年版，第169页。
② 参见陈泰中编著《逆商——通向成功的挫折教育》，中国经济出版社2006年版，第8—9页。
③ 陈泰中编著：《逆商——通向成功的挫折教育》，中国经济出版社2006年版，第9页。

能让人改变命运走出逆境。无数人的励志人生经历都证明了这个道理。"人生之树的成长何其难，然而，最难的是经历风雨，最难的是长出坚强的足够经历风雨的根。有了坚强的根茎，沙漠之地能够汲取水源，涝害之地能够保存活力，酷热之地能够显现生命，寒冷之地能够绽放暖色。"①

逆商是冷酷背后透着的一种改变的力量。"在逆境中，残酷的事实的确会给我们带来无可弥补的损失。但是，透过心理学的真相，你却会发现，逆境中隐藏着引发改变的伟大力量。每一次的失败与挫折都是一种自我超越，帮助他人打破过往一成不变的信念框框，终结不当的幼稚与不成熟，每一次的挫折，都是在强迫着你，向着更有利于自我的方向前进。"② 但是，逆商对于人生幸福的另一个重要意义在于时刻要求身处逆境时，人要拿出勇气进行自我拯救，在人生字典中把"躺平"驱逐出去。"躺平"是一种对于人生逆境采取不作为、自暴自弃、放任自流、甘于颓废的人生态度。这是人主动放弃人生幸福意志的表现。"躺平"在现实社会成为一种严重的问题，是对人的尊严的自我放弃，是对自己人生幸福的根本否定。对这种人生态度进行彻底的否定，就要有意识地对自己进行人生观教育，尽可能地提高逆商。

三 挫折亦能成就人生幸福

幸福之路不平坦，首先就表现为人生中总会遇到各种挫折。挫折是人生中必须经历的事件，而且人的需要层次越高，人生目标越大，从事的生命活动越多，做的事情越有社会价值，经历挫折的可能性就越大，挫折就越多。挫折它对于人生而言并不一定是坏事。如果一个人能在挫折中汲取教训，增长知识和经验，历练坚忍不拔的品质，提升智慧的境界，挫折就会成为人生幸福的一个新的起点和推动力量。

---

① 陈泰中编著：《逆商——通向成功的挫折教育》，中国经济出版社2006年版，第6页。
② 刘丽娜：《心理学与情商、智商、逆商》，中国法制出版社2018年版，第166页。

1. 挫折的价值论意蕴

"挫折在社会心理学中，指当个体从事有目的的活动时，在环境中遇到障碍或干扰，致使其需要和动机不能满足而产生的焦虑和紧张不安的情绪状态。"① 我们所说的挫折，指的是行为主体在满足需求的对象性活动中，其追求的目标不能顺利实现，从而使主体陷入困境的状况。这个意义上的挫折，是一个价值范畴。社会心理学所界定的挫折，实则是主体对这一挫折以负面情绪表达的价值评价，至多是精神困境的表现。有的学者提出"广义的挫折"概念——"泛指一切能够引起人们精神紧张、造成疲劳和心理变化的刺激性生活事件"②，与作为价值范畴的挫折有相通之处，但仍不能将二者等同。"引起人们精神紧张、造成疲劳度和心理变化的刺激性生活事件"实际上是一种与主体相关的一个客观事实，它不能直接成为"挫折"，"精神紧张""疲劳"和"心理变化"等是主体以自己为尺度，对这一客观事实给自己造成的不利后果的反映。比如，"离婚"使人产生焦虑，焦虑是主体对发生在自己身上的离婚事件的不利后果的评价，有了这种不利后果，离婚对于主体才是"挫折"——婚姻幸福出现了不顺利的状况，单纯的离婚事件，不能称为挫折，只有在人生的意义上产生了对于主体不利的后果，并且这一后果使主体陷入困难或困境中时，离婚才成为人生的挫折。

从价值论的角度理解，挫折有两个基本内涵。首先，挫折有"失利"之意，即失去利益，既包括失去现实的利益，也包括可以预见的利益或所追求的利益。利益是社会生活中的价值关系。人的全部社会生活本质上是物质生活和以物质生活为基础的精神生活，存在着一个普遍的价值关系，即利益。利益在每一具体的场合都表现为一定的客体对主体的价值关系，是主体活动的直接的、自觉的目的性基础，是人们衡量自己与事物或他人关系的一个尺度，而"失利"是一个活动挫折的重要指标。承认失利是挫折的重要内容，就不至于把挫折仅仅理解为某种主观的情绪状态。其次，挫折有"失败"之意，指的是在竞争或比赛中被击败，

---

① 杨治良、郝兴昌主编：《心理学辞典》，上海辞书出版社2016年版，第574页。
② 陈选华：《挫折教育引论》，中国科学技术大学出版社2006年版，第26页。

输给对方，或工作、行动没有达到预期的目标。目标是主体行动所期望的成果，是人实现目的的途径。人为了实现某种目的，就会确立一系列目标，将目的具体化为各种目标，通过某种可操作性的目标方案实现之，因此目标服从目的，关联着行为的使命、对象、指标、数量和时限等具体要求，体现目的和标准的统一。因而，挫折就是主体期望的目标没有实现。通常情况下，挫折包含着"失利"与"失败"两个方面的意义。

挫折还含有"失意"即主体"不能实现自己的意愿"和"心意迷乱"的意义。一个人基于动机、愿望发起行动，并使行动导向某一目标，同时体现实现这一目标的意志。目标一旦受阻，主体就会意识到"不能实现自己的意愿"；主体在其意志支配下按照头脑中的蓝图实现这一目标，当目标无法实现时，便会在精神上陷入"心意迷乱"之中。失意是主体陷入不能实现目标的境地时体现在精神上的困境。主体陷入不能达到目标的困境，却在精神上对此毫无反映，这种情况无论如何都不会出现在发挥意识的能动作用而努力追求某一目标的主体身上的。也就是说，挫折内在地包含着"失意"的心理特征。挫折的"失意"内涵表明，它是一个因主体的精神特征的不同而不同的主体性事实，即相同的目标不能顺利实现的情况发生在不同的主体身上，对不同的主体产生的影响总是不同的，挫折会因为这种影响的不同而表现为大挫折、小挫折。

在价值意义上理解挫折，对于深刻认识挫折具有重要意义。第一，回到生活本身，在对象性关系中看待挫折，尤其是那些重大的人生挫折。挫折的产生，既有主体的原因，也有客体和外部条件的原因，但是作为价值关系的后果，主体享有与客体建立关系、以何种方式作用于客体的权利，具有能动、主动、自觉、掌控关系的作用，因此，对于挫折这一后果理应承担主要责任，挫折的这一主体性特点内在地要求主体对自身的责任进行深刻的反思。第二，不利后果不是独立于主体的事件，而是与主体本质、尺度不一致的价值关系质态，因此，主体反省自身的责任要坚持主体原则，即深入主体的需要、目的、现实能力等方面剖析产生挫折的主要原因，在事关另一个主体的挫折中，要加入主体间性视角，对价值关系中的思维原则、行为方式以及对待他人、群体、社会的态度等进行主体性批判，而不是仅仅局限在主体的观念、想法的自我审视上。第三，把对挫折的反思置于自身存在发展的价值关系链条中，基于未来来看待每一个挫折，使每一个挫折真正变成成长的财富。挫折作为已经"完成了的事件"、发生了的现实，对其进行反思的真正目的不仅仅是人汲取教训，而且是人面向未来给自己寻找希望。这就需要人正确地对待挫折。挫折本身不重要，因为它并不规定人的未来，但是人看待挫折、对待挫折的态度极其关键，它是决定人在未来怎样的最重要的因素。假如一个人离婚了，离婚本身让他失去了曾经的幸福，如果他就此对婚姻、家庭乃至人生失去了信念，从此就会一蹶不振；如果他能认识自己在婚姻中的问题，精神得到成长，以乐观的态度看待自己的人生，他的人生就会按照他的意愿向更好的方向发展。

2. 现代社会中的人生挫折及其社会成因

人满足其生存和发展的需要，就要从事有目的的对象性活动。挫折有大有小，小的挫折无关人生大事，大的挫折则使一个人失去重大利益和陷入艰难境地，精神状态出现困境。在现代社会里，个人遭受的大的挫折主要包括中高考失利、婚变、失业、重病、家庭变故、事业失败，以及犯罪、犯错被社会惩罚付出大的代价。这些挫折通常会打乱原本的生活秩序和人生规划，瓦解多年来形成的自我，造成自我认同困境，产生生存焦虑、萎靡不振、自我价值否定等情绪反应，使人追求和实现人生幸福的过程多了很多变数，人生走向变得飘忽不定，因此这种意义上的挫折是人生的挫折，人生挫折是个人的最大挫折。"人生十有八九不如意"，谁的人生不经历挫折呢？但是对于现代人而言，人生的挫折不仅多，而且对人的挑战更大。一个人的人生有多少要干的大事，就有多少发生挫折的可能性，即使人一辈子都把避免挫折当作一个重要的目标去追求，挫折也会不期而遇。社会学家乌尔里希·贝克把现代社会称为风险社会，这一称谓在个人生活的意义上也是成立的。现代社会的人生挫折通常与现代人的生活方式有着密切的关系，因此其成因具有普遍的共性特征。

首先，现代社会的个体化性质决定了个人以个体的身份和地位生存于世，即每一个人在长大成人后需要独自面对生活，自食其力，自主选择决定自己的生活方式，并为享有此项权利而承担人生的责任。这就注定了人在长大的过程中要为这一目标的实现做准备，其中一种社会化的任务就是接受系统的学校教育，在完成某种程度的学校教育后走向社会，谋求一份与这一教育水平相匹配的工作养活自己。学校教育在完成义务教育之后，总是通过筛选机制把那些能够胜任更高水平教育的学生送进高一级的学校大门，而那些追求更高学业但没有通过考试的学生，就将首次面临不被社会选择的人生挫折。而所有完成了自己学业的学生，将面临社会的又一次重要选择——就业。在一个对劳动者素质要求越来越高的竞争社会中，只有在能力上保持相对优势的劳动者才能避免失业的挫折。

其次，现代社会是一个以个人劳动能力和社会价值为本位的社会，对于绝大多数以劳动谋生、靠工作生存的人而言，劳动能力越强、创造的社会价值越大，所得就越多。这一社会价值原则和每个人的生存压力引导着绝大多数人把尽可能多的时间、精力用在工作上，这在客观上就使得个人无法发展自己的多方面人性，获得多种能力。但是，现代社会普遍的社会物质变换关系、人与人之间全面的交往关系和人的多方面的需要，向人们提出了多种品质和能力的要求。也就是说，人如果没有丰富的社会生活，不能形成基本的社会认知、社会情感和与人交往的基本能力，不能确立正确的社会价值观念，社会人格不健全，不懂得如何与他人和谐共存、共情、共赢和合作，也不会寻找恰当的办法处理各种关系、解决各种矛盾、冲突，就会在工作、人际交往、恋爱、婚姻、家庭关系中遭受挫折。

再次，现代社会是信息化社会，互联网上的信息交往大量地取代人与人之间面对面的社会交往，人们由此缺少自我认识的现实路径和直接经验，自我的社会性内容缺少真实的实在性。人在本质上是社会性存在，人只有在特定的社会中才能获得自己的身份。任何一个不能过公共生活的人或者自给自足到无须过公共生活的人都不是社会的成员，这意味着他要么是一头野兽，要么是一个神。互联网的生活是社会生活的一种特殊方式，在这种方式中，人以数字化信息的方式存在，人对人的理解表现为人对以数字化信息表现的人的理解，这与人通过经验而达到的对人的理解很是不同。两者的根本区别在于，前者建立在人对数字化信息理解的基础上，后者建立在现实的人的基础上。库利的"镜中我"理论指出，人的自我是通过社会交往在他人对自己的评价中实现的，因而是社会性自我。互联网中人对人的评价并不建立在现实交往中人的真实存在状况的基础上，而是以数字化信息为依据。这样，人通过互联网而形成的社会性自我具有更明显的主观性、非现实性。这就使得那些长时间驻足于互联网与人交往的人，不能形成真正的自我认识。人不能正确认识自己，也就不能按照美的规律与他人建立现实的关系，在追求自己的目的性活动中不可避免地陷入失败的境地。

最后，现代社会中的个体以自己的力量把握人生命运，但是，决定人生命运的条件并不必然掌握在自己的手中，而人为了把握自己的命运又必须掌握这样的条件。在这种情况下，人们只能去把握那个对这些条件具有根本意义的东西——货币、物质财富等，给自己一个物的独立性和物的安全感。有钱就有自由、有房才有家的观念，体现在人的婚姻中就是以物质条件为根本选择配偶的情况，而在选择专业、工作上，往往以挣钱多少为标准而不顾自己的喜好和特长。人生的重大选择，在标准上偏离或无视人的内在尺度和人性本质，就是根本错误的，为错误付出代价就是人生遭遇挫折。

3. 内省使挫折有益于人生幸福

人生挫折之为大的挫折，在于它给人带来大的打击，但是这个挫折最终对人产生何种意义，并不是这个挫折本身所决定的。作为一个重要事件，挫折是人生的一个转折点。但是人生就此转向何方，取决于人面对挫折的所思所想、所作所为。真正把人打败的，不是挫折本身，而是从不把挫折作为意识的对象进行人生意义上的内省，要么怨天尤人，要么一蹶不振，要么我行我素。人生挫折好比人走在路途中跌了重重的一跤，选择趴在地上不起，人生就遭遇了滑铁卢；选择舔舔伤口、忍住疼痛，或者爬着，或者站立，带伤继续前行，也许很快会再跌一跤，也许就此一路顺风，而这要有十分的运气；选择痛定思痛，寻找跌跤的原因，然后抖擞精神，以吃一堑长一智的姿态，再次踏上人生之旅，柳暗花明的人生征程就开始了。在人生挫折面前，人最需要做的，是把挫折变成一件好事，绝处逢生。世界上有无数人的人生经历都说明人是能够做到这一点的。

蔡磊，京东集团副总裁、"互联网＋财税"联盟会长、中国电子发票的推动者、2018 中国"互联网＋财税"领军人物、2018 中国十大资本运营 CFO 年度人物、改革开放 40 周年"中国改革贡献人物"、2020 年中国新经济领军人物，这位有着诸多重要社会头衔、获得了许多社会荣誉的成功人士，在 2019 年遇到了人生中最大的挫折。他被确诊患上了肌萎缩侧索硬化症（ALS），俗称渐冻症。渐冻症位居世界五大绝症之首，至今病因无从知晓，更是无药可治愈。即使使用最好的药物，采用有效的治疗方案，患者的存活时间也仅为 2—5 年。

  一个人的人生最残酷的事情，莫过于在最好的年龄、最有能力创造价值的时候，知道自己将以最没有尊严的方式，绝望地在指日可数的时间里，受尽折磨，最终渐渐死去。蔡磊身处于这种境况，但他始终是清醒的。在确诊后的半年时间里，蔡磊几乎不能睡觉，每时每刻的绝望、病痛、无能为力折磨着他，可想而知，所有的安慰对他都失去了意义。也许这是所有的渐冻症患者的精神状况吧。但是，与众不同的是，蔡磊在绝症面前开始了自我拯救，先是开始接纳人生的大不幸，接受不久将至的死亡，于是，他变得坦然了，紧接着做了一项重大决定：在剩下的生命时间里，开启一项百万生命计划，即助力攻克以运动神经元病为代表的重大神经退行性疾病，挽救一千多万人中的十分之一，给所有患者带来希望。他现在所做的，是努力推动找到治病的方法以及开展药物研发的工作。他的实现路径包括：搭建数据库、寻找资金和科学家支持、推动药物研发。为数以万计的渐冻症患者提供支持：联合 1000 多位病友，捐献脑组织和脊髓组织，供医学研究使用；积极参与医疗健康相关工作；再次创业，成立爱斯康患者医疗数据科研平台，成立医疗投资基金，携手科学家、医学家、药企，探索国际国内最前沿科技，将渐冻症药物研发加速 20—50 倍。他还撰写了自传《相信》，为全世界留下他的精神财富。

  蔡磊把自己视为一个"抗争者"，而不是一个普通的患者。他已经成为中国渐冻症群体的精神领袖，重新找到了生命的意义和人生价值。而支撑他生命重新启航的，则是他一直以来的价值观念：人最有意义的就是要对社会有价值。[①] 绝症对于蔡磊是残忍的，但是，蔡磊在对人生最残

[①] 参见黄小星《患渐冻症的京东原副总裁蔡磊：我已经完全接受死亡，但绝不屈服》，潮新闻客户端，2023 年 8 月 26 日，https：//baijiahao.baidu.com/s? id＝1775289745535200918。

酷的挫折的挑战中所体现的社会价值，让他的生命再次有了幸福的意义。他的抗争，让我们由衷地钦佩他的勇气、毅力、大爱、不屈不挠和对自己生命的尊重的同时，也让我们意识到，人生挫折是一种特殊的警示，它以"切肤之痛"告知人的某种生存样式或价值选择是错误的。人生的航向出了偏差，要求人必须"痛定思痛"，重新思考自己生命意义的定位、生活的态度，并做出合理的改变。在这个意义上，每一次挫折都不必然是件坏事，而是给了人一次在精神上成长、完善和超越自我的契机。

在一次次挫折中完成人生的蜕变，羽化成蝶，内省是极为重要的精神力量。人生幸福需要人生智慧，但人生智慧有一部分不是在书本中得来的，也不能在顺境中获得，而往往在挫折中通过内在的反思获得。人作为有意识、有思维能力的存在，在其整个人生中，内省是一项基本的活动。但是一些人从不深入人生的本质、内在关系和实质性内容中进行深刻的内省，只是把一般的人生原则抽象地运用到人生的各种活动和具体内容中。对于挫折的内省亦是如此。比如，在处处兜售心灵鸡汤的多媒体时代，有人相信了"否极泰来"的人生哲学，在挫折来临时，什么都不做，只是静等好运不请自来。没有内省，人就不会在挫折中汲取教训，增长人生智慧。内省使人回到挫折本身，寻找引起挫折的根本的、内在的原因，尤其是对导致挫折的思想、信念、原则的前提和界限进行反思。这种反思，才会让人基于未来反省现实，基于错误寻找教训，从而树立新的思想观念。

挫折总有主体自身的原因，主体的原因是根本的原因。也许社会没有提供让人成功的外在条件，但是在不具备基本条件的情况下就从事某项活动而导致挫折，这是主体不能实事求是而犯下的错误，而那些由于常识、认知、价值意识、原则、方案而造成的挫折，直接就是主体自身的责任。常识、认知、价值意识、原则、方案属于思想范畴，它们又是在一定思想的支配下形成、变化和发展的，因此，挫折的主体责任更多的是主体的思想造成的，对挫折进行内省主要是对思想的反思。思想是客观存在反映在人的意识中经过思维活动而产生的结果，内省的内容，首先是审视思想是否与其对象符合，是否真实地反映了主体的真实需要、目的和现实能力，是否体现了合目的性和合规律性的统一；更重要的是省察思想的前提和界限。对于人生挫折的反思，归根结底是反思劳动观、道德观、财富观、金钱观、恋爱观、婚姻观、家庭观、人生观、社会观、价值观,反思一切信以为真、确定无疑的信念、信仰、理想。这一反思使人面向人的存在本质去思考人生意义、生活态度和生活方式,本质上是运用理性的力量为人生再次叩开幸福之门。

四 降伏"心魔"才能叩开人生幸福之门

人的精神作为巨大的能动力量对人生幸福起着极为重要的作用。有些精神因素是人生幸福的正能量、助推器,有些精神因素却是妨碍人生幸福的负能量、绊脚石。现代人把后者称为"心魔"。心魔妨碍人追求幸福,"心魔"不祛除,幸福之门永远不会向人敞开。

1. 住在人心里的"恶魔"

"心魔"即心中的"魔"。"魔",在宗教定义中是引诱人犯罪的恶鬼,又称"魔鬼"。基督教中的"魔"本是上帝所造天使之一,因妄想与上帝同等而堕落成为邪恶,他有超人的本领,专做抵挡上帝之事,并诱惑人犯罪。佛教之"魔",一是指魔罗,居于欲界第六天的天人,喜欢阻碍修行者修道;二是泛指阻碍修行者悟道之有形无形、外在内在的事物、障碍、扰乱和破坏等。在神话传说中,"魔"指迷惑人、害人的鬼怪。《汉典》对"魔"的解释是:①宗教或神话传说中指害人性命、迷惑人的恶鬼,喻邪恶的势力。②不平常,奇异的。"心魔"是从上述"魔"的意义引申而来的词,指主宰、胁迫人并制造了人的苦难的精神或心理力量。

著名的成功学家拿破仑·希尔写有《战胜心魔》一书,有助于我们具体理解"心魔"这一概念。这本书以作者与"魔鬼"一问一答的形式展开基本内容。这个"魔鬼"是一种控制人的邪恶力量,存在于人的头脑中,专门为人制造苦难,并以此为荣,因而被称为"心魔"。拿破仑·希尔笔下的"心魔"有三个重要特征:"没有肉体","由消极能量构成","占领人类头脑中不用的那部分空间","在人们心里播下消极想法的种子","占领并控制这部分空间";"利用恐惧"这一"最聪明的手段"控制人的头脑——"在人们心里撒播恐惧的种子,随着它们发芽、生长,……控制了这些种子占领的地方";"最喜欢的住所就是凡人的头脑","在每个人的脑袋里都占据部分领地",领地的大小"取决于那个人思考多少、思考些什么","每个被某种恐惧征服的人都会成为我的掌中之物"。① 上述三个特征表明,"心魔"是一种精神力量,利用人性中的弱点或缺陷,操控人的思想,使人产生消极想法,让人放弃主动性和勇气,引导人作出错误的选择。

"心魔"作为一种把控人、把人引向坏的结果的精神力量,当然不可能是超越人和自然的某种绝对理念、客观精神,而是人的价值观念。"人的价值观念是关于人的社会存在、地位、生活方式和经历的反映,是'我'的现实世界在'我'的观念中的投射。所以说,人的价值观念就是人的灵魂形象。"② 价值观念作为灵魂中的自我,对人的现实自我的反映,是一个人在长期的社会生活中形成的,是不断积累知识和价值经验的结果,与人的精神面貌是内在统一的。一个人有什么样的价值观念,他就是一个什么样的人,因为价值观念一经产生就参与到目的和动机的形成过程中,是一种"为我"的实践意识。它对人的思想、感情、言论和行动起整合和驱动作用,构成人们内心深处的评价标准系统,决定人们的价值选择。价值观念对于人的这一重要作用,也在于价值观念的特有内容。价值观念包括"关于人自我地位的信念""关于人类生活和社会结构方面的信念""关于社会的各种规范方面的信念""关于实行价值追求方面的思维特征"和"价值本位意识"。③ 从这五个方面的内容可以看出,价值观念是人的主体意识,反映人的社会生活理想和信念,以及人生中最看重的价值,体现了人对自己与世界关系的理解。因此,一个人的价值观念反映一个人的本质,也决定一个人成为什么人的自我选择和塑造。心魔之所以能够控制人的头脑,只有在价值观念的意义上得到合理而彻底的解释。

"心魔"是如何来到人脑中的?亦即人们为什么会在自己的头脑中产生把自己置于不好境地的价值观念?主要有两个与主体人有关的重要因

---

① [美]拿破仑·希尔:《战胜心魔》,[美]莎伦·莱希特注,谢春波译,北京联合出版公司2019年版,第54—56、58页。
② 李德顺:《新价值论》,研究出版社2022年版,第274页。
③ 李德顺:《新价值论》,研究出版社2022年版,第272—274页。

素。其一，价值观念起源于主体的体验。"一定的事物、客体对主体的作用，在主体的身上引起了某种快乐或痛苦，愉悦或难受，兴奋或压抑，主体的体验就把这些效果、后果转化为意识，变成了经验，这种本体感觉或体验性感觉才是价值意识的源头。"① 体验或体验性经验是复杂的，包括肉体性体验和精神性体验。肉体性体验可由任何刺激引起，也就是说，不是所有对人好的事物都引起人的好的体验，比如，良药苦口，为了让人改邪归正而对人进行的身体惩罚；也不是坏的东西就一定带给人痛苦的体验，比如，吸烟有害健康，但它给吸烟者带来快乐体验，游戏给人带来愉悦和快感，但是沉迷于游戏却使人荒废了健康、学业、事业。精神体验是由精神需要的满足而引起的，一些精神性的快乐是由肉体的痛苦为前提的，越是高层次的精神需求的满足，就越是要付出更多的体力、脑力，克服更多的困难，同时也要和更多的人打交道，体验更多的不好感受。对于那些以感官的快乐体验和身体的愉悦、舒适为标准过生活的人来说，他的价值观念就不能在人的自由而全面发展的意义上反映自己的真实需要和根本利益。其二，人以自己为目的的生活活动都是通过一定的手段来实现的。那些对于人们实现目的具有极高价值的手段，就会在人的价值体系中成为人生的意义和目的。现代社会的金钱就是这样在人的生活中获得神一样的地位的。西美尔就指出："大多数现代人在他们生命的大部分时间里都必须把赚钱当作首要的追求目标，由此产生这样的想法，认为生活中所有的幸福和所有最终满足，都与拥有一定数量的金钱紧密联系在一起。在内心中货币从一种纯粹的手段和前提条件成长为最终的目的。"②

2. 影响人生幸福的各种"心魔"

人吃五谷杂粮，并非圣贤，人生在世难免为各种快乐、欲望所引诱，被自然的、社会的和自身的种种必然性所限制、奴役和强制，每个人在人生幸福之路上也就难免受某种"心魔"的羁绊。在当今时代，阻碍人

---

① 李德顺、马俊峰：《价值论原理》，陕西人民出版社2002年版，第218页。
② ［德］西美尔：《金钱、性别、现代生活风格》，刘小枫编，顾仁明译，李猛等定校，学林出版社2000年版，第10页。

生幸福的"心魔"主要是三种消极的人生态度。

(1)"局外人"

现实社会出现了一些在心理上"逃离社会的人",他们自以为洞悉生活的荒谬和无意义,厌烦社会上的人和事以及各种行为规范,不接受、不认同社会的评价标准,身在社会,精神却只在自己的世界里。这些人非常像加缪《局外人》中的主角莫索尔,一个不想生活中有社会的影响,不想和别人有任何联系,只想保持自己个性不受干扰的人物。莫索尔对社会和他人怀有一种偏见与排斥,在他看来,大部分人表里不一,他们做的往往并非他们内心真正渴望的;他们都有一种群居意识,惧怕被疏离与被排斥,惧怕孤单无依靠。他有意无意地要跳出这个世界的既定模式,保持和芸芸大众的距离,完全遵照内心本性,做一个冷眼旁观、我行我素的局外人;他虽然平时安分守己,与世无争,没有什么危害极大的行径,但不遵守既定规范,没有一般人的感情和罪恶意识,情感超然冷漠,并且拒绝同社会妥协,有一种从肉体到灵魂都要彻底毁灭的决心。

"局外人"的人生心态,是"佛系"的极端表现形式。佛系一词泛指不争不抢、不求输赢的人,表达了一种按自己方式生活的人生态度。佛系一词在 2017 年底,由《胃垮了,头秃了,离婚了,90 后又开始追求佛系生活了?》《第一批 90 后已经出家了》《年轻人,真的"佛系"了吗?》《也说"佛系青年"(民生观)》等网络文章引爆走红网络。它的一夜风行,反映了年轻人在累、生活节奏快、事业追求高、精神压力大这一生活现实面前,追求一种平和、超脱、自在的生活,是个体化时代个人对生活不易的消极反映。在个体化时代,"为自己而活"可能是最多人的强烈愿望。如果问问人们努力工作的动力和目的是什么,"答案可能是金钱、工作、权力、爱情、上帝或其他来源,但是越来越多的人认为这是对'为自己而活'的期许"[①]。"为自己而活",选择过怎样的生活的标准是个人的主体尺度——他的需要、现实规定性和能力,也就是说,一个人为自己而活,就是过自己想过的生活、过自己能过的生活,自己的人生自己做主,不受传统习惯和他人的规定。尤其在生活压力很大的情况

---

① [德]乌尔里希·贝克、伊丽莎白·贝克—格恩斯海姆:《个体化》,李荣山、范譔、张惠强译,北京大学出版社 2011 年版,第 26 页。

下，越来越多的人选择过无欲无求、不悲不喜、云淡风轻的"无纷扰的生活"。"佛系"一词恰好与当下人们的思想产生了共鸣，就成为表达生活态度的概念，与此同时也现实地对这种态度的传播起了推波助澜的作用，以至于形成了一种新的文化现象。

"局外人"的人生心态，一般由"不好"的社会体验形成，"内卷"的社会环境、社会比较中的弱势地位、各种人生挫折和逆境、社会排斥、不公正的遭遇、缺少温暖的生活环境，以及网络媒体的影响等，都有可能积淀为这种心理。"局外人"的心态，极有可能使人失去充分展开人性丰富性和进一步发展其社会本质的机会，变成一个与社会渐行渐远、"我行我素"的孤独的人。这种社会性的萎缩、退化，将削弱人增长自己主体性的生命意志，使人放弃改变自己命运和超越自我的主体愿望。"局外人"生活对于人生幸福的消极后果是，不能在社会中获得生存和发展的条件，产生与社会对立、不妥协的态度，不能满足自己的社会情感需要，难以实现自己的生活目标。

（2）"躺平"

由国家语言资源监测与研究中心发布的"2021年度十大网络用语"对"躺平"的解释是：该词指人在面对压力时，内心再无波澜，主动放弃，不做任何反抗。"躺平"作为一种人生态度，不是人的一种解压和调整方式，改变不了环境便改变心态的自我解脱，也不是劳累之后的短暂"休息"，积聚能量之后再战，而是身处逆境中的一种主动放弃、随波逐流的命运妥协。无论生活怎样糟糕，都不做理性反思，努力改造现状，而是随遇而安、苟且偷生，一味地消极顺从。人生无理想、无信念、无激情、无意志、无追求，无主动作为，不再渴望成功，面对各种压力选择"一躺了之"，改变不了的不改变，能够改变的也不改变。因此，"躺平"的人生态度是"向下突破天花板"，"不作为""不反抗""不努力""不负责"是面对生活的基本原则和态度。年轻人选择"躺平"，就是选择走向边缘，超脱于加班、升职、挣钱、买房的主流路径之外，用自己的方式消解外在环境对自己的规训。

以"躺平"为生活理念的群体，在中国被称为"躺平族"。中国近年来出现在年轻人群体中的"躺平"现象，主要是一些人对于就业、工作等状况不满，又感到无能为力，于是选择放弃奋斗。他们通常对就业、工作、生活有追求，但是发现社会现实很难满足他们的种种需要，即使再努力也难以实现理想，无奈之下干脆"顺其自然"。这些年轻人，抱着各种人生幻念，踌躇满志地走进社会生活，在理想和现实有巨大反差的时候，既不会调整自己的目标和人生安排，也不会勇敢地接受现实的挑战，让自己蜕变，而是"摆烂"。中国最早的"躺平"族是出现在深圳的"三和大神"，他们诠释了"躺平"这种生活方式和精神特征的"摆烂"内涵。"三和大神"最开始是指游荡在三和的新一代农民工，他们原本怀揣着赚钱致富的梦想来到深圳，现实却无情打碎了他们的梦想。他们卖力工作，却只能游走在都市边缘，一次次被人坑蒙拐骗，落个身无分文，生活陷入绝境的下场。渐渐地，这个群体就形成了特有的生活状态和人生态度：厌恶长期工作，抵制枯燥无味的流水线工作，只做薪水日结的工作；白天四处闲逛，晚上睡大街或在臭气熏天的网吧里待到天明；过着喝 2 块钱一大瓶的水，抽 5 毛钱一根的散装香烟，吃着四五元一碗面条的低廉生活成本的生活；有钱花绝不去工作，没钱花才去工作，活着就好，在生存的极限中"混吃等死"、自我麻醉。网友用"三和大神"来调侃以极低的收入过日子的这个群体。

"躺平"的人生态度对于人生幸福是一个巨大的心理障碍。"躺平"的生活不是人人都有资格过的。在物质生活条件积累到可以维持一段无忧无虑生活的时段，人们选择停止工作或减少工作，放缓生活节奏，过让身心得到恢复的"躺平"生活是应该的。但是，对于那些经济不独立、生活在逆境中、工作处于上升期的人而言，以"躺平"的姿态应对自己的生活，是"自我放逐"的表现，这种人生态度即使在最低生活成本、最少人生欲望的情况下，也只会毁了人生幸福。因此是万万要不得的。

（3）"啃老"

"啃老"指的是成年人由于不思进取、不想努力而靠父母生活的现象。能够自食其力却靠父母养活的群族，被称为"啃老族"。"啃老族"不升学、不就业、不进修或不参加就业辅导，终日无所事事、靠父母供养。他们并非找不到工作，而是主动放弃了就业的机会，赋闲在家，年龄都在 23—40 岁，本已成人，却仍未"断奶"，社会学家称之为"新失业群体"。"啃老"现象是世界性的社会问题，主要在发达国家和经济高增长、生活素质高的国家和地区的青年阶层中产生。英国的尼特族、美国的归巢族、韩国的袋鼠族、日本的蛰居族、西班牙的 nini 族等，都是"啃老"族的别称。近些年来，"啃老"在很多国家成为越来越多的年轻人的生活态度。韩国统计厅 2023 年最新数据显示，"袋鼠族"超过 40 万人，其中 20 多岁有 26.9 万人，30 多岁有 15.9 万人。① 日本发布的 2019 年度《儿童与青年白皮书》显示，40—64 岁的蛰居族约 61.3 万人。日本近些年多发亲子间的杀人案，这些案件的起因是，大龄"家里蹲"孩子和想要杀死他们的父母。日本的蛰居族不上学、没有工作，没有任何亲密的社会关系，生活在社会外的方寸之内，他们的代表口号是"让压力见鬼去吧，我不喜欢它，我就是失败，这（蛰居）就是我想要的生活"。

在中国，"啃老族"人数不在少数，"啃老"现象比较普遍。随着中国社会结构、家庭结构的转型，伴随独生子女一代的长大，"啃老"现象从十几年前一直延续至今，"啃老"造成的社会矛盾越来越多。近些年，媒体经常爆出各种"啃老"新闻。2019 年 7 月，南京市发生了一起家庭纠纷，一名 34 岁男子持刀闯入其父亲家中，扬言要砍死父亲。经民警调查，该男子留学归国后一直没有工作，靠父母养活，至今已有 10 年，父子二人经常为此事争吵。在一般人的眼中，学历低、没什么专业技能或者身体残疾，找不到工作或工资很低的人才会"啃老"，事实上，现实社会"啃老"的人中不乏身强体壮、高学历之人，网络上称这类人为"学霸废人"。他们受到了高等教育，在学校是考试成绩很好的学霸，擅长读书却特别缺乏社会适应性，没有社会生活能力的他们，毕业之后要么找不到工作，要么无法胜任工作，最后选择长期在家"啃老"而成为对社会无用的人。李 XX 就是"学霸废人"的典型代表。他出生农村，从小学习成绩优异，本科考取 985 学校，毕业后顺利读了硕士、博士，一直是全村的骄傲和父母的自豪。可是毕业后，他就回到家里，每天把自己反锁在房间，只有吃饭才出来，不找工作，理直气壮地靠父母养活。这样的生活一过就是两年。家里曾经为了供他上学，一贫如洗，房子破旧不堪，就连父亲睡的床，也都是别人不要了送给他的。原本以为他毕业工作了，家里的境况就会慢慢好起来，可现在，一把年纪、身体欠佳的父母，还要做小工赚辛苦钱养他，就连已婚的妹妹也不得不拿钱接济家里，

---

① 参见张静、韩雯《韩国 40 万"袋鼠族"在家啃老》，《环球时报》2023 年 7 月 19 日。

而他却毫无愧疚之心，心安理得地享受着家人的付出。和父母起争执后，还冲着父亲咆哮："你们只知道赚钱，没有人知道我的苦。"好像父母欠了他一辈子的债没还，毫无一点感恩之心。

有着劳动能力，却一生靠别人养活，这是非常堕落的人生观。有一谜语形象生动地刻画出这帮"啃老族"的生活丑态："一直无业，二老啃光，三餐饱食，四肢无力，五官端正，六亲不认，七分任性，八方逍遥，九（久）坐不动，十分无用"，而谜底就是"啃老族"。靠别人养活的人是没有独立、健全人格的人，也不会有幸福人生的。没有哪一个人，即使是无条件奉献的父母也不能为一个人全权负责一辈子，自然规律不容许，能力也达不到。一个人在最能发展自己生活能力和社会适应性的人生阶段选择"啃老"，父母百年之后，又靠谁来度过余生呢？

3. 如何战胜"心魔"

一个人要获得人生幸福，必须祛除"心魔"，而要祛除"心魔"，就要在人生观中确立两个基本原则。

（1）主体原则

"局外人""躺平""啃老"都是主体缺位或主体性不到位的表现，是人生观中主体意识尚未形成或在心灵深处扎根的结果。主体意识是人确认自己为主体以及作为主体的权利和责任的自我意识，体现为人生观，就是自尊、自立、自强、自主的人生信念和坚韧不拔、不向命运低头、勇于挑战自我的意志力，其核心是在人生的旅程中始终坚持自己为自己负责的人生态度。"心魔"与主体意识是根本对立的，只有在人生观中确立主体意识，"心魔"才没有滋生的土壤。

在人生观中确立主体意识，需要回到人之为人的根本所在。人是依赖自身活动和周围环境才能生存的有需要的存在，其生命的独特性在于人通过实践满足其需要。实践是人有目的的对象性的感性活动。人以实践的方式存在，在其生命历程中，人就是自己人生的主体，具有自主、有目的、主动、能动、自由地活动的地位和特性，因而就要以主体意识面对自己的人生，用尼采的话来说就是要体现权力意志。尼采借查拉图斯特拉之口说，一切生命都是由追求强力的意志，超越自己，克服自己而完成的。尼采认为，人的生命是一种冲动、冲力、创造力，是一种不断自我表现、自我创造、自我扩张的倾向。尼采说这是生命的意志，这意志不是追求生存的意志，而是追求强力的意志，即表现、释放、改善、增长生命力本身的意志——权力意志。尼采说："只有在有生命的地方，那里也才有意志。"① 权力意志在尼采那里人格化、理想化为超人。超人的根本特色是生命力得到充分发扬的人，是具有超群智力、绝对自主性、高昂激情、鲜明特性和创造性的人，与浑浑噩噩、苟且偷生、个性泯灭、无所作为的末人形成鲜明对比。

既然人是自己生命的主体，主体性是人之为人的标志和特点。人如果不能体现主体地位和主体性，就不成其为人。人只有在自己的人生中同一切阻碍其生命意志的力量战斗，从而体现自己是自己人生的主体，才确证他是一个人。一个人若被他生命之外的力量所控制，被生活的困难、不确定性所吓倒，被各种恐惧——害怕贫穷、害怕批评、害怕生病、害怕失去爱、害怕年老、害怕死亡等钳制，随波逐流，放弃主体的地位和主体性，过一种没有灵魂、醉生梦死的生活，就不能称之为真正意义的人。一个人不能成为自己人生的主体，就谈不上人的尊严和自由，因而也就与幸福失之交臂。当一个人在人生中贯彻主体原则，不怕困难、不惧挫折、坦然面对命运的勇气就会主导人生方向，"心魔"将被主体力量所战胜，出现在人面前的就是幸福的曙光。

（2）美德原则

"心魔"作为一种把控人、把人引向坏的结果的价值观念，总会把人引向糟糕的生活状况。这些价值观念，即使不是错误的人生观，也是为错误的人生观所支配。因为人生观是人在现实生活中形成的，关于人生目的和意义以及对人生道路、生活方式的总的看法和根本观点，它决定着人生的价值取向及目标、人生道路的选择，也决定人的具体行为模式和对待生活的态度。人若因"心魔"而陷入人生困境，要走出困境，就要用"正确的人生观"取代"心魔"。指导人实现人生幸福的人生观就是正确的人生观。正确的人生观以社会的物质生活条件为基础，反映主体的需要、目的性和现实能力等内在尺度，并能够在现实生活中把两者统

---

① ［德］尼采：《查拉图斯特拉如是说》（译注本），钱春绮译，生活·读书·新知三联书店 2014 年版，第 130 页。

一起来，实现人的自由发展，在现实生活中具体化为美德。

正确人生观以及美德的形成建立在人对自己现实生活的哲学反思和批判的基础上。苏格拉底认为，幸福是美德的必然结果，而美德是对善的洞见，洞见又是对善的认识，因此他说"美德即知识"。"在苏格拉底看来，通过对话，通过诸如正义、勇敢、德性、真理、现实等概念的分析，我们能洞见到确定不变的事物。借助概念分析，我们能获得有关情境和应当做什么的真理。这一方法，同时适用于对真实事态和对价值目标的洞见，洞见到什么是正当和善，什么是我们应该做的。"① "他确信，人能获得那种洞见，由于这种洞见对他的行为的影响及其后果会给他带来幸福。而且确信，这种洞见只有通过哲学才能获得，即只有坚持不懈地、认真地检视自己、检视别人、检视人类生活关系，才能获得。"② 通过哲学的审视，洞见那些必然导致生活幸福的善，将善转化为美德，然后按照美德来行事，就能过上幸福生活，而幸福生活则是人生的目的。这就是苏格拉底"未经审视的生活是不值得过的"这句名言蕴含的深刻道理。

按照美德生活就是在现实生活中实践善的洞见。如果说美德是关乎"什么是正当和善，什么是我们应该做的"，使人们过幸福生活的原则，那么它必定是合于人性、符合人的根本利益的。因此，美德与"心魔"是完全对立的。"心魔"之所以成为魔鬼，就在于它在本质上就是否定人性，与人的根本利益、幸福人生背道而驰的。而"心魔"之所以能邪行，则在于人从来不对它进行哲学意义上的审视。祛除"心魔"，思想斗争是有力的武器。思想斗争的实质就是拿起"批判的武器"消除邪恶的思想。祛除"心魔"的"批判的武器"，就是"美德"。以哲学的方式不断地审视人生的种种信念、信仰和自我意识，这种审视将触及人的生存本质和安身立命的基础，使人不断趋近生命的真相，进而洞见善、把握美德。人在现实中追寻美德，以美德指导生活，生活就会顺利起来，人生体验

---

① [挪] G. 希尔贝克、N. 伊耶：《西方哲学史——从古希腊到二十世纪》，童世骏、郁振华、刘进译，上海译文出版社 2004 年版，第 43 页。

② [德] 文德尔班：《哲学史教程（上卷）：特别关于哲学问题和哲学概念的形成和发展》上卷，罗达仁译，商务印书馆 1987 年版，第 115 页。

也会好起来。当人的生活出现这一因果关系时,"心魔"就会被美德打败,最终被驱逐出心灵。

思考题:

1. 如何在曲折坎坷的人生路上把幸福掌握在手中?
2. 如何理解逆商与人生幸福的关系?
3. 如何让挫折转化为人生幸福的动力?
4. 如何克服"心魔",成就幸福人生?

延伸阅读:

1. [美]罗伯特·所罗门、凯思林·希金斯:《大问题:简明哲学导论》,张卜天译,清华大学出版社2018年版。

2. 李德顺:《新价值论》,研究出版社2022年版。

3. 李德顺、孙伟平:《道德价值论》,云南人民出版社2005年版。

4. [美]雅克·蒂洛、基思·克拉斯曼:《伦理学与生活》,程立显、刘建译,四川人民出版社2020年版。

5. [美]拿破仑·希尔:《战胜心魔》,[美]莎伦·莱希特注,谢春波译,北京联合出版公司2019年版。

6. 俞敏洪:《俞敏洪:我的成长观》,中信出版集团2020年版。

7. [法]阿尔贝·加缪:《局外人》,田伟华译,台海出版社2019年版。

8. [美]西尔维娅·娜萨:《美丽心灵——纳什传》,王尔山译,王则柯校,上海科技教育出版社2018年版。

9. [法]让-保罗·萨特:《存在主义是一种人道主义》,周煦良、汤永宽译,上海译文出版社2012年版。

10. 周国平:《愿生命从容》,北京十月文艺出版社2019年版。

11. [美]罗洛·梅:《人的自我寻求》,郭本禹、方红译,中国人民大学出版社2013年版。

第七章
生死观与幸福

生死观是指人们对生与死的根本看法和态度。树立正确的生死观有助于我们理解生命、获得心灵安顿和领悟幸福的真谛。然而在现实生活中，大部分人却没有认真考虑过生死这一根本问题，要么是由于琐碎的日常生活分散了我们的心思使我们无暇顾及死亡，也有许多人因为囿于传统观念，"对于死亡要么存而不论，要么含糊其辞，要么把对它的研究斥责为悲观主义"[①]。但事实上，如果不从根本上对生死问题做出一番透彻的理解，就会使人们对人生和生命的思考缺乏深度、力度和完整性，从而无法获得幸福的真谛。就当代青年学生而言，近年来青年学生轻视、漠视自我及他人生命的现象频繁发生，也更加说明了这一议题的重要性和紧迫性。

一 树立正确的生死观是收获幸福人生的重要条件

如何看待生死的问题是人们思考人生与幸福的关键性议题，树立正确的生死观是人们通往幸福之路的重要通道。一切生命皆有生死，在生命的旅程中，生命体都会经历生老病死的过程，死亡是所有生命的必然

---

① 汪堂家：《死与思》，上海三联书店 2019 年版，第 1 页。

归宿。对此,有学者指出:"死亡,作为每个人都无可逃避的事实,从原始人类超出动物界之日起,面对着同类的死亡,初具人类意识的人也就不能不考虑这个问题。"① 然而,虽然我们都知道从出生开始就走在通向死亡的道路上,但是绝大多数人事实上并没有为死亡做好准备。在生命的旅程中,我们一直孜孜不倦地寻找意义、追求幸福,可一旦面临死亡,大多数人会感觉这种意义和寻求会被瞬间否定。因此通常情况下,人们只要一想到死亡,想到自己即将面临自己的存在的"终结",这种"末日感"也会让我们感到自己的存在的无意义,由此感到深深的恐惧和不安,惶惶不可终日。孰为此者?天地,从而痛苦不堪。实际上,生死、疾病、悲欢离合和人世无常,死亡是人生的一部分。而正是由于死亡,才使人们能觉察到生命的可贵,死亡赋予生命以价值存在。错误的生死观,会深深影响人们幸福感的获得;反之,理性地看待生死,正确认识生死之间的关系、摆脱对死亡的恐惧、从容面对生命的无常,是追求幸福人生的应有之义,对此,我们可以从以下三个方面展开论述。

1. 理解了生死才能更加珍惜当下

生死一体,生和死就像一个硬币的两面,有生必有死,生与死不可拆分。从生命的完整意义上讲,人们希望追求幸福的本质要求已经决定了我们势必要对人生做整体的透视和思考。

生死观之成为人所思考的问题,如同人类本身一样古老。但在日常生活中,我们一直把死亡当成获得幸福的最大阻力,畏惧着死亡,甚至恐惧谈到死亡的话题,很多人对"死"相关的字眼都不愿提及,面对死亡事件首先会选择逃避。但事实上,正视死亡、思考死亡是人们追寻生命的意义和人生幸福的一个重要契机。相反,如果我们一直回避死亡,无法直视死亡,那么,就无法体会到生命独特的意义和价值以及幸福的真谛。换言之,我们对于人生幸福的思考,从根本上讲也可以从死亡中体悟生命的意义开始,树立正确的生死观是通往幸福之路的重要通道,因为"死之思本身即发掘人的存在意义和唤起人的生命活力的重要

---

① 段德智:《死亡哲学》,商务印书馆2017年版,第2页。

步骤"①。

死是人生中无定的必然，是每个人的最终归宿。不管人们如何逃避死亡，我们总有一天会和死亡相遇。"故飘风不终朝，骤雨不终日。孰为此者？天地，天地尚不能久，而况于人乎？"②（《道德经》第二十三章）。任何事物都有一个产生、发展、灭亡的过程。生物有新陈代谢，有自己的生长、繁殖和死亡，一粒种子撒入地下后，在适宜的条件下，经过发芽、长株、开花到结果的发展过程，逐渐由生变死。人同样如此，人的成长也有一个从童年、少年、青年、壮年到老年，最后是死亡的过程。常言道，生老病死，人生无常，正是在这个意义上，我们也说"说是人生无常，却也是人生之常"。因为生命的过程本身就包含了死亡，死亡是生命的必然归宿。对此，著名作家史铁生在《我与地坛》中曾经这样深刻地写道："一个人，出生了，这就不再是一个可以辩论的问题，而只是上帝交给他的一个事实；上帝在交给我们这件事情的时候，已经顺便保证了它的结果，所以死是一件不必急于求成的事，死是一个必然会降临的节日。"③

正是因为世间的每个人，始终都要面临死亡，死亡是生命中不可或缺却又异常凝重的话题，所以我们才说死亡是人类社会最公平的事情。我们虽然在世间可能扮演着各种不同的角色，但在死亡之前，都是平等的个体，都将迎来同样的结局。而正是这个确定的、唯一的结局，提醒着我们生命本身包含的不确定性和有限性。

有限性是生命的本质特征。无论是动物、植物还是微生物，自然界的一切物种都有其各自的寿命。庄子曾经在《逍遥游》中讲道："奚以知其然也？朝菌不知晦朔，蟪蛄不知春秋，此小年也。楚之南有冥灵者，以五百岁为春，五百岁为秋；上古有大椿者，以八千岁为春，八千岁为秋，此大年也。而彭祖乃今以久特闻，众人匹之，不亦悲乎！"④。这段话的字面意思是，朝生暮死的菌草不知道黑夜与黎明，春生夏长、夏生秋

---

① 汪堂家：《死与思》，上海三联书店2019年版，第1—2页。
② 《老子》，刘思禾校点，（汉）河上公、（三国魏）王弼注，（汉）严遵指归，上海古籍出版社2013年版，第48页。
③ 史铁生：《我与地坛》，人民文学出版社2011年版。
④ 《庄子》，孙通海译注，中华书局2016年版，第18页。

死的寒蝉不知道一年的时光，就算人类中最长寿的彭祖也只活了八百年。这个寓言故事表达的观点很通俗：所有生命的终点都是死亡。

脆弱性是生命的另一特质。"人只不过是一根芦苇。"人是自然界最脆弱的东西。在万千世界中，生命是渺小的和脆弱的，在疾病、灾难、意外面前，生命有时候稍纵即逝。天有不测风云，人有旦夕祸福。人们常说"你永远不知道，明天和意外哪个会先来"，这句话正是告诉人们：人生旅途中充满众多难以预料的风险。

而正是生命的有限性和脆弱性，才显得生命弥足珍贵。换言之，正是生命的有限性才彰显了生命的无价性。生命的无价性表现在每个人的生命只有一次，正是基于生命这种永不复返的性质，所以，生命诚可贵。阿尔贝特·史怀泽在《敬畏生命》中明确指出："善是保持生命、促进生命，使可发展的生命实现其最高的价值。恶则是毁灭生命、伤害生命，压制生命的发展。"①

人生只有一次，珍惜生命、敬畏生命，这是再朴实不过的道理了。然而，在现实生活中，试问多少人能真正珍惜生命中的每一分每一秒，拒绝消耗、虚掷生命。在这里我们且不论自杀和故意非法剥夺他人生命的行为对生命本身造成的伤害，单就我们现代人的整体的日常生活现状和精神状态而言，不难发现空虚、内耗、心累、无聊等词形容的正是大多数人日常生活的样态。而前段时间在网络上刷屏的《二舅治好了我的精神内耗》就是对于现代人这一生存现状以及精神状态的透视的短视频，而这一短视频使"精神内耗"成了大家耳熟能详的词汇。所谓精神内耗是指在日常生活中因心理冲突、纠结、痛苦等产生心神过度消耗的现象。我们都知道精神内耗有很多危害，严重影响人们的身心健康，常见的有紧张焦虑、失眠多梦、精神疲惫。

人们通常会认为，信仰的缺失会导致精神的空虚状态，这是造成内耗的深层精神。但是如果按照史怀泽的分析，精神内耗本身是一种对生命的不敬重的表现。因为，精神空虚、内耗的背后有一个更深层次的原因，即没有认识到生命的可贵性和神圣性，因此，史怀泽才说："生命意

---

① [法] 阿尔贝特·史怀泽，[德] 汉斯·瓦尔特·贝尔编：《敬畏生命》，陈泽环译，上海社会科学院出版社 1992 年版，第 32 页。

志显示在世界上，并在内心中启示着我们。通过敬畏生命，我们以一种基本的、深刻的和富有活力的方式变得虔诚。"①

生命的无价性和神圣性这一根本特征内在决定了我们要懂得生命的宝贵，敬畏生命，关爱生命。然而，正是生命的可贵性，促使人们对生命意义和幸福的追求。

意义感是幸福的敲门砖，是幸福人生的必需品。尼采曾说："透过对于死亡与其意义的思索，会蓦然发现，我们的'死'是一种全然不同的死亡。"② 意义感能帮助我们克服困难、找到目标，对自己产生引导和支撑作用。换言之，一个在生活中体会不到意义感的人就会感觉现在的生活很空虚、没动力、不快乐、没活力。而对生命的敬重会生发出一种意义感。正是在这个意义上，我们可以说，死亡是追求幸福生活的原动力。生命是短暂的，每个人的生命只有一次，这是人们不能虚度光阴、浪费时间的根本理据。这正如弗洛伊德所说："人生如弈棋，一步失误，全盘皆输；而且人生还不如弈棋，不可能重来一局，也不可能悔棋。"③

既然死亡是既定的、不可更改的，那么，人唯有在有限的生命中认真经营生活，才有可能激发出和实现无限的意义。对此，只要读过《钢铁是怎样炼成的》的人，或许都会被小说主人公保尔·柯察金的一段话所触动："人最宝贵的东西是生命，生命属于人只有一次，人的一生应当这样度过：当他回首往事的时候，他不因虚度年华而悔恨，也不因碌碌无为而羞愧。"④

我们要把自己的生命当成无价之宝，永远地珍惜它，永远不能轻而易举地放弃它，好好看守它，让自己在有限生命的道路上获得无限的幸福。由此，我们可以说：死亡也是大自然赐给人类的恩惠之一。培根对死亡发出的感叹："人生最美好的挽歌，无过于当你在一种有价值的事业中度过了一生后能够说：主啊，如今请让你的仆人离去。"⑤ 与两千多年前司马迁在《史记》中所抒发的感悟实乃异曲同工："人固有一死，或重

---

① [法]阿尔贝特·史怀泽：《敬畏生命》，上海社会科学院出版社1992年版，第32页。
② 转引自段德智《死亡哲学》，商务印书馆2022年版，第512页。
③ 转引自高钰琳主编《大学生死亡教育》，人民卫生出版社2021年版，第113页。
④ [苏联]尼·奥斯特洛夫斯基：《钢铁是怎样炼成的》，周露译，时代文艺出版社2020年版。
⑤ [英]弗兰西斯·培根：《培根随笔》，李登科译，作家出版社2015年版。

于泰山，或轻于鸿毛。"而只有当我们认识到生命包含死亡、死亡是人生的最终归宿之时，我们才能真正体悟以上两句话的含义，理解生命的短暂与易逝，也才能懂得生命为什么值得珍惜，思考该如何生活，如何让有限的生活更有意义、更幸福。

2. 坦然面对生死才能更加从容生活

认识死亡、理解死亡，是我们正确看待生死的逻辑前提。可以说，从逻辑上讲，如果人们能客观地认识死亡的本质以及了解人在死时发生了什么，那么就能帮助人们理性对待死亡。但是，从事实层面上讲，我们究竟能否正视死亡，这绝非易事。因为通常情况下，我们可以说，贪生怕死是人的本能。毫无疑问，死亡从来不是一件轻松的事情，是痛苦的。

而人之所以害怕死亡，一是因为害怕生命的毁灭，因为人本身对生命的存在有欲望。另外一个更重要的原因是因为人们知道死亡的过程是痛苦的。例如很多癌症晚期患者，在生命的最后都会表现出反复的癌痛，据不完全统计，70%的癌症患者在疾病的治疗过程中忍受着剧烈的疼痛，超过25%的癌症患者是带着剧烈的疼痛去世的。

人就是这样，前半生追求幸福，后半生害怕死亡。人在死亡前的痛苦包括肉体的痛苦和心理的痛苦，正如培根在《人生论》中所言："随死而来的东西，比死亡本身更可怕。这是指死亡前的呻吟，将死时的痉挛，亲友的悲号、丧具与葬仪，如此种种都把死亡衬托得十分可怕。"[①] 而如果说死亡是一种生存状态，死亡意味着一种绝对的"无"，而一旦认识到这一点，每个人内心中或多或少都存在着死亡焦虑。应该说，害怕死亡，厌恶死亡，对死亡有一些焦虑是正常的。

所谓死亡焦虑通常是指个体思考自己或他人死亡时产生的恐惧、焦虑及担忧等负性情绪反应。一般而言，死亡焦虑存在于人们的日常生活中，会以不同的形式影响着每一个人，严重的、反复出现的死亡焦虑就会影响一个人的身体健康和心理健康。比如，严重的死亡焦虑会导致多方面的身体、情绪和行为上的反应。从身体上，如果有严重的死亡焦虑

---

① ［英］弗兰西斯·培根：《培根随笔》，李登科译，作家出版社2015年版。

症，就可能会出现呼吸急促、心跳加快、出汗、头痛、胃痛、恶心等症状；在心理上也可能会出现失眠、焦虑、抑郁、恐惧等表现；在行为上也会变得过度谨慎，害怕去参加危险的活动或者去危险的地方，过度关注自己的身体状况，反复去医院检查身体，还有可能会害怕离开家人、朋友，担心自己的生命不能得到延续；等等。这些表现可能会影响人们的日常生活和工作。

不仅如此，大多数情况下，死亡焦虑还会以另外一种隐秘性的方式出现，影响人们的日常生活。例如，有学者指出："每一个噩梦都是死亡焦虑从个人内心向外释放出来的结果，那些被追赶着逃生的梦、意外坠下的梦、面临威胁而四处躲避的梦、有关死亡的梦等，都是死亡焦虑通过梦境象征性地映射出来。"① 除此之外，还比如有些人在日常生活中一想到去医院就害怕死亡，一听到别人谈论与死亡有关的话题就不自觉地流露出对死亡的恐惧和焦虑，害怕自己濒死时的痛苦折磨、死亡的全然消失和死后的未知归处等，都是有死亡焦虑的表现。

而如果说死亡焦虑是无法避免的且危害严重，那么，采取何种方法才能应对和缓解。从目前专业的治疗方法来看，除了心理治疗和药物治疗之外，其实从患者自身出发还有一个根本的方法，那就是正视死亡。对此，培根曾言："在炽热如火的激情中受伤的人，是感觉不到痛楚的。而一个坚定执着、有信念的心灵也不会为畏惧死亡而陷入恐惧。"美国存在主义精神科医生欧文·亚隆也在《直视骄阳：征服死亡恐惧》一书的开篇写道："直视死亡如同直视骄阳，会给你带来痛苦，但在深入思考每个人终将面对的死亡痛苦后，你会获得内心的和谐、平静。"② 虽然直面死亡会引发焦虑，却也有可能极大地丰富人的生命，人在直接面对死亡的过程中，内心才会产生一种存在意义上的紧迫感，才会懂得珍惜自己的生命，进而尝试活出自身的价值，而这正是死亡之于生命的意义。对此，欧文·亚隆在《直视骄阳：征服死亡恐惧》一书的封皮上写道："死亡虽是终点，但人生的意义却不会因此湮没；死亡虽是宿命，但看到死亡的视角却可以让人们获得拯救。"

---

① 高钰琳主编：《大学生死亡教育》，人民卫生出版社2021年版，第69页。
② 高钰琳主编：《大学生死亡教育》，人民卫生出版社2021年版，第71页。

每个人从出生的那一刻起，活在每一天都是在迈向死亡的过程中，"生如夏花之绚烂，死如秋叶之静美"。在死亡面前，人们与其战战兢兢、惶惶不可终日，倒不如坦然面对生死，赋予生死态度神圣性。正如培根所言："倒不如采取一种宗教性的虔诚，从而冷静地看待死——视之为人生必不可免的归宿，以及对尘世罪孽的赎还。"① 死亡是生命的终点，也是生命意义的来源。正是死亡的存在提醒我们生命的有限性，促使我们珍惜生命中的每一刻，体验生活的美好。直面死亡，让人们更加看清生命的意义和价值；正视死亡，我们才会更加珍惜生命，积极地筹划人生并努力实现生命的意义。对此，欧文·亚隆曾提醒读者：死亡和生命是相互依存的，虽然死亡将导致我们的毁灭，但这一对死亡和生命的概念却能拯救我们。对死亡的察觉，帮助我们以更真诚的方式去生活。

总而言之，生命不存在于回避死亡的过程中，而恰恰是存在于面对死亡的过程之中。死亡，是人生里最真实最深刻的宿命。它促使人类认真地思考人的价值以及人作为人的本质规定。一个从不思考死的人，不可能真正理解人生，也不可能获得幸福的启悟。尤其是当我们要从人生幸福的角度出发认识死亡，如果说我们旨在通过对死亡的本质问题进行一番透彻的理解，那么，毋宁说，此问题还要依赖于我们对"如何对待生死"的问题有一个根本性的思考。在这里我们完全可以同意罗素的观点："不应该被动注意死亡的事实，而应注意一种活动，以我们的努力所要创造生命的世界为方向。"②

3. 洞察生死的本质才能更懂得幸福的真谛

由生观死，能让我们体会到生命本身的有限性和珍贵，从而积极地探寻人生的意义、提升生命的质量、实现生命的价值。同样，如果以科学的眼光去透析生死，解除生死问题的神秘性，了解生命与死亡的本质与意义，也是我们正确看待生死的必要前提。

而要理解生死、战胜对死亡的恐惧，首先就要认识死亡是什么，或

---

① [英] 弗兰西斯·培根：《培根随笔》，李登科译，作家出版社 2015 年版。
② [英] 柏特兰·罗素：《社会改造原理》，张师竹译，上海人民出版社 1987 年版，第 97 页。

者知道死亡时发生了什么。众所周知，在我们日常生活中，由于受到儒家文化中"悦生恶死"传统生死观念的影响，我们通常会把死亡问题当成一个需要刻意回避和忌讳的话题，尤其是当我们要在校园谈论"死亡"的话题之时，大多数人或多或少是有顾虑的。比如，不乏有人会认为，当代青年学生如果谈论死亡问题，是一种人生观灰暗的行为，或者认为当代青年学生思考死亡问题是受到当下"躺平"文化的影响，是一种自我颓废之举。但实际上，随着近些年学生漠视生命、自杀事件等事情的发生，已经充分说明，如何正确认识生死问题是一个摆在人们面前的严肃且无法回避的问题。

那么，什么是死亡？应该说，死亡是一个复杂概念，死亡问题也是一个严肃而深奥的问题，不同的人从不同的立场出发就会有不同的理解，不同的学科从不同的方法出发也会有不同的解释。对此，正如有学者指出的："一触及死亡，我们就不由自主地消失在各种生理学的、心理学的、社会学的、伦理学的以及政治的、法律的、道德的、艺术的、宗教的直至常识习俗的死亡概念、死亡意识、死亡心理和死亡理论之中。"①

然而，不管我们如何定义死亡，概括来讲，我们必须区分生理学意义的死亡和生存论意义上的死亡，前者涉及的是死亡的自然规定，后者涉及的是死亡的文化规定。对此，有学者指出，我们"对死亡的追问只能在自然与非自然之间展开"②。

从生理学意义上，我们要知道，死亡首先是一个自然过程，它意味着生命现象的终结。死亡是生物的生命过程，在这个意义上，比如从进食、呼吸、运动和排泄等身体现象观察所有生命体所共有的进程。如果说死亡是生命的最后进程，那么，如何才能判定什么是生命的终结？据此，人们通常进一步将死亡区分为心肺死亡和脑死亡。

1951年美国出版的《布莱克法律词典》把死亡定义为：血液循环全部停止以及由此导致的呼吸脉搏等动物生命活动的停止，这就是人们通常所说的"心肺死亡标准"。而自从1968年哈佛医学院脑死亡定义审查

---

① 余平：《论海德格尔的死亡本体论及其阐释学意义》，《哲学研究》1995年第11期。
② 汪堂家：《死与思》，上海三联书店2019年版，第8页。

特别委员会在《美国医学会杂志》上发表"脑死亡综合征"的定义和诊断标准之后,"脑死亡"成为现代医学判定死亡的标准[①],所以,我们通常说死亡指的是"脑死亡"。基于脑死亡的标准,符合以下四条标准:对外部刺激和内部需要丧失感受能力和反应能力;呼吸不可逆地停止;脑干以及脑干支配的一切反射消失;脑电图平直,可以判定为死亡。死亡标准从心肺标准到脑死亡标准的转化,意味着人们肯定了生命中枢是大脑而不是心脏。而按照脑干死亡还是全脑死亡界定死亡的标准,这又是在学界存在广泛争议的问题。

以上是从死亡的自然属性来理解死亡的本质,除此之外,我们还可以从不同的学科、不同的文化背景认识死亡。在此值得我们注意的是,虽然在日常生活中现代医学关于死亡的理解是最为人们所普遍接受的,但其实死亡这一概念本身一直以来就是被医学的知识、价值、伦理、文化所形塑的,这是因为从根本上人不仅是一个自然的存在,还是社会和文化的存在。

换言之,人不仅是肉体的存在,还是精神的存在,因此,人的死亡不仅仅意味着全身各器官、组织、细胞生命活动的停止,还意味着神经、循环、呼吸系统以及脑、心、肺、肝、肾等器官功能的永久性丧失。所以,我们对死亡的理解不能忽略了人的社会性存在这一本质特征,不能仅仅从生物体的角度理解死亡,还要更多地从文化、社会性层面把握死亡的本质。对此,有学者指出:"大量的人类学资料表明,人类最初是从超自然方面,从社会文化方面,从被自身制度化和仪式化的社会行为方面,而不是从人的生理和心理方面去理解自身的死亡的……不管这些处于原始文明的人对死亡的看法多么千差万别,有一点是共同的,他们都试图到自然过程之外去寻找死亡的原因……如此看来,死亡现象首先是一个文化现象,其次才是一个自然现场。如果不了解这一点,我们就很难理解死亡事件对原始人的社会行为的影响,也很难理解死亡现象在人类生活中的意义。"[②] 因此,可以说,死亡不仅仅是心跳的停止或者是大

---

① 无论是在中国还是其他国家,脑死亡判定标准和操作规范是在不断完善的,具体可以参见《中国成人脑死亡判定标准与操作规范(第二版)》。——作者注
② 汪堂家:《死与思》,上海三联书店2019年版,第10页。

脑功能的丧失，死亡必须涉及人的社会文化规定。

然而，不同的文化传统就有关于死亡的不同的解释系统，弗罗洛夫曾指出："任何一种哲学体系，如果它不能诚实地客观地回答与死相关的问题，就不算是一个完成的体系。"① 所以，从不同的文化、伦理、价值的角度刻画死亡的本质就会呈现完全不一样的画像。对此，有学者指出："死亡是一个有待人们去填充的空洞，它的意义随着文化传统的改变而改变。"②

在中国传统文化中，据不完全统计，单单表示死亡的词就多达150余种，这是任何一种语言都无法比拟的。如果从字源意义上看，死最早见于甲骨文，为会意字，右边是"人"，左边为残骨形状，从其字构形上看像人躬身下拜凭吊死者，后"人"旁讹为"匕"而成"死"字，本义为生命的终止。许慎在《说文解字》中释"死"为"澌"，为"人所离"，认为"死，澌也。人所离也。从歹，从人"③。"澌"为形声字，意指水流到了尽头。

那么，何为"终""尽"？对此，我们可以纵观中国传统文化中关于死亡的论述，其中最具代表性的观点要数"气散说"。"气散说"这一死亡观出于庄子"人之生，气之聚也。聚则为生，散则为死"④（《庄子·知北游》）。人和万物都是由于"气"之凝聚、聚合而生。生为气之聚，死为气之散，气有聚散、升降、往来的变化，因此人也有生死、寿亡的变化。因此，汉语中常用"断气""咽气"来表述死亡。

而在西方文化的传统中，最为大家所熟悉的一种死亡观念是奠基于灵魂学说之上的。苏格拉底的一段话集中表达出了那时候的观念："死是两种境界之一，或者是灵魂与肉体俱灭，死亡对任何事物都无知觉；或者如世俗所说，死亡就是灵魂从一处移到另一处。如果死后没有知觉，就像无梦的睡眠，死就一定是一个奇妙的境界……按照另一种观点看，死是灵魂从此处移居彼处，如果这一说法是真的，所有的死人都在那一

---

① 参见汪堂家《死与思》，上海三联书店2019年版，第107页。
② 汪堂家：《死与思》，上海三联书店2019年版，第12页。
③ （汉）许慎著，班吉慶校：《说文解字校订本》，凤凰出版社2004年版，第113页。
④ 《庄子》，孙通海译注，中华书局2016年版，第356页。

处，那还有比到那里去更幸福的事吗，尊敬的陪审员吗？"① 简言之，灵魂是指构成人非物质性的部分，是与肉体相结合组成的完整的人的精神性元素，而灵魂与肉体不同，灵魂才是主宰性的存在。那么，死亡通常指的是"肉体的消亡"，而灵魂的不朽则表达出了生命的超越性。那么，灵魂是否不朽？不同哲学家有不同的观点，比如柏拉图就主张灵魂是不朽、永恒的，灵魂不仅能够脱离肉体独自存在，而且人从出生到死亡和从死到再出生，背后都有一个不变的主体就是灵魂。

区别于上述两种文化传统的死亡观，还有另外一种最为大家所熟悉的死亡观，那就是佛教关于死亡的看法。佛教对死的问题进行了广泛的探讨，按照佛教因果轮回的观点，因缘和合产生了生，五蕴离散的死亡现象就是生命永远的终点。"死"是世俗人轮回"六趣"的环节。另外，人不仅有一生，且有无数循环之"生"，而"死"不过就是这种轮回不已之"生"的中介和桥梁。由生而之死，又由死而之生，这是世俗人难以摆脱的命运。换言之，死亡不过是生命流转过程中的环节而已，死亡是此生之终结，同时又是来生之开始。如冯友兰解释的："一个人的身体死了，但他一生中所造的'业'还继续存在着，他的精神还有来生，一致二生三生，这是佛学的主题，也是佛教的根本教义。"②

由此可见，死亡是一个复杂的横亘古今中西文化领域的问题。事实上，在我们讨论什么是死亡的问题时，不同的学科在描述和理解死亡的本质时所使用的术语和方法不同，关于"什么是死亡"的回答也是不同的。而且更重要的是，在不同的文化语境下，人们对死亡的认识也有所不同。但正是在这些不同文化关于死亡的重重思索中，我们看到的是：人类对自身命运的终极关怀和对追求美好生活的共同向往。

生命的本质就是生与死。没有死亡便没有生命，一粒种子虽然死了，但是换来了一大批种子的新生，新的一代在茁壮成长。没有旧的一代生命的死亡，就没有新一代生命的产生。换言之，如果种子不死，那么就不再有生命的创造机会。死亡对我们来说是一个不可抗拒的规律，是人类自然和生命固有的必然。然而，死亡虽然规定了生命的限度，它在本

---

① 转引自汪堂家《死与思》，上海三联书店2019年版，第12页。
② 冯友兰：《三松堂全集（第九卷）》，河南人民出版社2001年版，第509页。

质上是一种对生命的绝对否定，但人类历史发展的长河中，始终存在对这个绝对否定的再否定。在人类发展的漫长历程中，正是死亡激发了人类的创造性，推动人类自我认识和自我开发的伟大进程。比如，不管是现代医学的发展，还是中西不同文化、宗教背景下的死亡观念，其背后都蕴含着对超越死亡的追求。对此，我们可以说，如果死亡是一种生物体的消亡，那么，我们也可以认为现代医学的发展就是人的生理发展规律、以新陈代谢的协调发展目标、维持人作为生物体的健康存在，其最终目标是战胜死亡、追求生的永恒。对此，正如学者指出的"否定死亡、追求不死也许要算人类自古以来最强烈的一种冲动了……不朽的追求在人类活动中占有极重要的地位，它是人类文化创造的根本动力之一"[1]。

概言之，没有生命是不死的。但人类却从未放弃过追求不朽，死亡激起了人类的创造与更新，正如帕斯捷尔纳克说："历史就是要确定世世代代关于死亡之谜的解释以及对如何战胜它的探索。"[2] 正是在此意义上，我们认为，死亡是生命的原动力，而能否理解并认识到这种原动力正是理解死亡的终极意义的关键之所在。对此我们可以说："人类生存中的每个决定性的步骤都涉及某种内在的死亡含义。"[3]

二 树立正确生死观的三个要点

生死问题是人们面临的最大也是最困惑的问题，在上文中我们由死观生，理解和体悟生死问题之于幸福人生的意义。如果说生死的意义问题是一个赋予有限的生命以无限的永恒的意义和价值的问题，那么，归根结底生死观的问题是人生意义和价值的问题。因此，当蒙田说"谁学会了死亡，谁就不再有被奴役的心灵……于是在人生中就能无视一切束缚和强制"[4]，他并不是强调人们要学会如何死亡才能摆脱生死、实现自由，而是提醒我们对待生死要能有如王阳明所说的"看得透""看得破"

---

[1] 胡宜安：《现代生死学导论》，广东高等教育出版社2009年版，第100页。
[2] ［苏］帕斯捷尔纳克：《日瓦戈医生》，力冈、冀刚译，江苏凤凰文艺出版社2020年版，第90页。
[3] 胡宜安：《现代生死学导论》，广东高等教育出版社2009年版，第100页。
[4] ［法］蒙田：《蒙田随笔全集》（上卷），潘丽珍等译，译林出版社1996年版，第95页。

"透得过"的根本态度。换言之,唯有了脱生死、不被生死念头绊住,才是追求自由而幸福人生的开始。因此,如果说树立正确的生死观是通往幸福之路的重要钥匙,那么树立正确的生死观之于幸福的重要性就集中体现在,如何面对生死的问题,而总结历来人们关于这一问题的人生哲理大致可以概括为以下三种。

1. 尊重生命至上的价值追求

生命如同璀璨的繁星,短暂而珍贵。每一刻的呼吸,每一次的心跳,都是生命的礼赞。子曰:"未知生,焉知死"[1](孔子《论语·先进篇第十一》)。这一经典命题表达的意思是,生和死都是难以知晓的,既然生之尚未全知,则死只有悬索,知生先于知死,而借用余华在《活着》一书中的一句更直白的话来说就是:"死也要活着"。

"死也要活着"这一说法看似荒谬,因为死了怎么可能活着呢?但是"死也要活着"这句话背后却表达出了中国人面对生死的一种坚韧态度。可以说,这种态度不一定使人获得幸福,却是获得幸福生活的必要力量和条件,因为从这一立场出发首先教会了我们要敬重生命、珍惜生命。

生命是天地最大的恩德,这就是儒家所说的"贵生"。《周易·系辞上》:"生生之谓易。"[2]《易经·系辞传下》曰:"天地之大德曰生。"[3]天地最大的美德,就是孕育出生命,并且承载、维持着生命的延续。也正是在这一传统的意义上,人们反对轻生、自杀等在对待生命和死亡问题上的不负责任的生死态度,与此同时强调繁衍后代的重大意义,这就是孟子所说的:"不孝有三,无后为大。"[4](《孟子·离娄上》)

如果说敬重生命是最基本的善,无论在任何情境之下,我们都要将珍惜生命作为第一价值原则,那么遇到生死抉择之时,人们又该如何行动呢?当人们面对生死抉择之时,"当生"与"当死"的标准不是别的,而正是"惟义所在"。

---

[1] (宋)朱熹撰:《四书章句集注》,中华书局2012年版,第126页。
[2] 《周易》,(明)来知德集注,胡真校点,上海古籍出版社2013年版,第305页。
[3] 《周易》,(明)来知德集注,胡真校点,上海古籍出版社2013年版,第328页。
[4] (宋)朱熹撰:《四书章句集注》,中华书局2012年版,第292页。

何以为义？简单来说，义是超乎生命本身意义的更高价值，是对生命的超越和升华，是生命价值的确证，是自我价值实现的圆满。人人都知道生命的可贵，都有求生的欲望，并且人们希望生存的愿望是很强烈的，厌恶死亡的心情也是很强烈的；然而人们在生死面前，有生存的机会却选择死亡，自觉自愿地舍生取死，这并不是不希望生存而求死亡，而是由于当时的具体情况，他们认为应当舍生取死，选择生的弊大于选择死。

也就是说，虽然每一个人都有求生的愿望，但自愿"舍其生"，"不欲生而欲死"，这是因为要符合更高的"义"的道德标准，唯此才能"死得其所"。对此，我们熟知的"见义不为，无勇也""杀身成仁、舍生取义""朝闻道，夕死可矣"等经典表述都是要告诉大家，在对待生死问题上要有一种崇高气节和慷慨凛然、泰然处之的态度。

生与死没有完全的分界线，生与死是交织在一起的。人们意识到自身的有限性，生命的短暂、易逝，这就是孔子说的"逝者如斯夫，不舍昼夜"，而只有承认个体生命的有限性才能使人认识到应在有生之年赋予自己生命无限的价值。生则乐生，死当安息。人生时应尽心尽力做事，死时则自然心安理得，安生安死。因为只有穷尽了事物本性而达到"性尽"之境界的人，才能达到人对本体之悟后对生死的超越，才能实现人生不足喜、死不足忧的境界，而著名的"横渠四句"——"为天地立心，为生民立命，为往圣继绝学，为万世开太平"——则更是基于上述生死观而得出的，至今对我们思考人生与幸福的问题仍然具有重要启发。

2. 把握生死之间辩证统一关系

生命与死亡相互依存，共同构成了生命的完整画卷。生与死是辩证统一的关系，二者既对立又统一，没有生就没有死，没有死就没有生。生与死之间存在着一种循环关系，相互依存、相互转化、相互促进。我们都很熟悉的《庄子》中的"鼓盆而歌"典故就集中体现了生与死之间的辩证关系。

原文是，庄子妻死，惠子吊之，庄子则方箕踞鼓盆而歌。惠子曰：

"与人居，长子、老、身死，不哭亦足矣，又鼓盆而歌，不亦甚乎！"① 庄子曰："不然。是其始死也，我独何能无慨！然察其始而本无生，非徒无生也，而本无形；非徒无形也，而本无气。杂乎芒芴之间，变而有气，气变而有形，形变而有生。今又变而之死，是相与为春秋冬夏四时行也。人且偃然寝于巨室，是我噭噭然随而哭之，自以为不通乎命，故止也。"② 庄子妻子亡故了，庄子却敲着瓦盆大声唱歌，以长歌相送！"鼓盆而歌"典故表现出了庄子一种旷达的人生境界，而从生与死的辩证关系来看，这个典故还蕴含了以下生死智慧。

首先，生死齐一，生死转化。我们通常认为，生与死是二元绝对的对立，死亡是对生的否定。而庄子却认为，生与死都是"道法自然"这一过程的体现，生与死本身不能严格区分开。"方生方死，方死方生"，"生者，假借也，假之而生。生者，尘垢也，死生为昼夜"③，任何事物都在不停地向对方转化着，生命也是如此。初生的过程也就是走向死亡的过程；走向死亡的过程，也就是初生的过程。庄子在《大宗师》篇中讲："有认为未始有意者，至矣，尽矣，弗可以加矣。其次认为有物矣，将以生为丧也，以死为反也，是以分已。其次曰始无有，既有而生，生俄而有死；以无有为有，以声为体，以死为尾；孰知有无死生之一守者，吾与之为友。"④ 上述大概的意思是说，庄子认为，第一等人认为万物未曾形成时便是极限、尽头，不能再增进了。次一等的人认为万物形成了，把生视为流落，把死看作回归，生与死已经分开。再次一等的人认为原本是空无的，后来有了生命，生命结束即死亡；把无当作头颅，把生命当作躯干，把死亡当作尻骨。而如果谁能知道有无、死生是一体的，那么，庄子就和他交朋友。对此，赫拉克利特也曾言："在我们身上，生与死，醒与梦，少与老，都始终是同一的东西"⑤，这与我们上述所说的"方生方死、方死方生"的"生死齐一"的命题含义是一致的。

其次，生死有命，顺应自然。庄子关于生死的思考其实是继承了

---

① 《庄子》，孙通海译注，中华书局2016年版，第322页。
② 《庄子》，孙通海译注，中华书局2016年版，第322页。
③ 《庄子》，孙通海译注，中华书局2016年版，第322页。
④ 《庄子》，孙通海译注，中华书局2016年版，第155页。
⑤ 转引自段德智《死亡哲学》，商务印书馆2017年版，第496页。

《老子》的思想，老子曰："故飘风不终朝，骤雨不终日……天地尚不能久，而况于人"①，天地都不能永恒，何况是人。人的死亡是必然的，是不能为人所左右的，"生之来不能却，其去不能止"。老子曰："出生入死。生之徒，十有三；死之徒，十有三；人之生，动之于死地，亦十有三。夫何故？以其生生之厚"②。一切事物的生灭就像日月永恒交替一样，生命的流逝背后遵循的是"道"。"夫大块载我以形，劳我以生，佚我以老，息我以死。故善吾生者，乃所以善吾死也"③，大道的阴阳造化就像亲生父母一样，赋予了我形体，让我生存、衰老以至于死亡。庄子曰："不然。是其始死也，我独何能无慨！然察其始而本无生，非徒无生也，而本无形；非徒无形也，而本无气。杂乎芒芴之间，变而有气，气变而有形，形变而又生；今又变而之死，是相与为春秋冬夏四时行也。"④生死是自然造化的结果，生死有命，那么，在生死面前人只能"安时而处顺"，秉持安之若命的生死态度，安然接受人生过程中发生的一切变化，坦然地接受死。

最后，以生为乐，以死为乐。不以生喜，不以死悲，自然而然。从大道的角度来看，一切变化都是道法自然的结果。按照庄子的观点，道生一气，一气又分阴阳，阴阳两气互相流通于天地，而后产生万物。气之聚散是道之大化的两种自然存在方式，生死是宇宙进程中自然的两种状态，故生无可恋，死亦无恶。庄子在《至乐》篇中通过一个寓言故事表达了要以超脱的姿态对待生死的观点。故事的大概意思是：庄子到楚国去，途中见到一个骷髅，枯骨突露呈现出原形。庄子用马鞭从侧旁敲了敲，于是问道："先生是贪求生命、失却真理，因而成了这样呢？抑或你遇上了亡国之事，遭受刀斧的砍杀，因而成了这样呢？抑或有了不好的行为，担心给父母、妻子儿女留下耻辱，羞愧而死成了这样呢？抑或你遭受寒冷与饥饿的灾祸而成了这样呢？抑或你享尽天年而死去成了这

---

① 《老子》，刘思禾校点，（汉）河上公、（三国魏）王弼注，（汉）严遵指归，上海古籍出版社2013年版，第48页。
② 《老子》，刘思禾校点，（汉）河上公、（三国魏）王弼注，（汉）严遵指归，上海古籍出版社2013年版，第121页。
③ 《庄子》，孙通海译注，中华书局2016年版，第146页。
④ 《庄子》，孙通海译注，中华书局2016年版，第322页。

样呢?"庄子说罢,拿过骷髅,用作枕头而睡去。到了半夜,骷髅给庄子显梦说:"你先前说话的情况真像一个善于辩论的人。看你所说的那些话,全属于活人的拘累,人死了就没有上述的忧思了。你愿意听听人死后的有关情况和道理吗?"庄子说:"好。"骷髅说:"人一旦死了,在上没有国君的统治,在下没有官吏的管辖,也没有四季的操劳,从容安逸地把天地的长久看作是时令的流逝,即使南面为王的快乐,也不可能超过。"庄子不相信,说:"我让主管生命的神来恢复你的形体,为你重新长出骨肉肌肤,返回到你的父母、妻子、儿女、左右邻里和朋友故交中去,你希望这样做吗?"骷髅皱眉蹙额,深感忧虑地说:"我怎么能抛弃比南面为王还快乐的事情而再次经历人世的劳苦呢?"一曲骷髅叹,人生几逍遥,这就是著名的"庄子问骷"的故事。

人生在世,每一个时刻都有过去的自己在死亡,每一个时刻都有一个新的自己在出生,当死生生死的轮回生生不息时,万千变化却成了世间唯一不变的事情。因此,何必为生而喜,何必为死而忧,存在是一种机缘,消亡也是一种必然,死去是另一种形式的存在,甚至死去比生存更逍遥自在,所以死亦可乐。

换言之,生死是自然而然的事情,如同季节的更替变换和太阳朝升暮落一样自然。以自然的视角来审视生死,生命的本质本就应当与自然大化融为一体,"明乎坦途,故生而不悦,死而不祸,知终始之不可故也",生死是人所必然要行走的平坦道路,所以生存不喜悦、死亡也不认为祸害,这种对待生死的态度得以让人们从恐惧和焦虑中解脱出来,超越生死、超越世俗功利,超然物外、自由洒脱、高扬人格。

3. 建立积极向上的人生态度

生死观与人生态度是息息相关的。一个人如何看待生死,往往会决定其人生的态度和追求的价值。而拥有正确的生死观,能够激发人们内心深处积极向上的力量,比如,当我们意识到生命的短暂和珍贵,明白生与死之间的辩证统一关系之后,就会更加珍视生活中每一个瞬间,对"此在"负责,用心感受生活中的美好与温暖,勇敢面对生活的挫折与困难,强力前行。德国哲学家海德格尔说:"死,作为此在的终结存在,存在在这一存在者向其终结的存在之中。"① 这段文字可概括为一句脍炙人口的命题："向死存在！"

"向死存在"的句式借鉴了《新约全书》中"向罪而死"和"向神而活"②的表达方式，以突出人的源于存在体验的态势。海德格尔把以往哲学中超人的先验的存在转化为生活于常人世界的现实人之"在"。他不同意常人把死理解为人生的结束，而是理解为"这一存在者的一种向终结存在"③。生活于常人世界中的人若能看透这本己的不可逾越的死，唤醒生活中的沉沦之"迷梦"，就能"找到自己"的本真；把此在的死亡"悬临于它自身之前"④，把死先行于人生中，从而就能"本真地领会与选择排列在那无可逾越的可能性之前的诸种实际的可能性"；通过"畏""良知"和"决心"等环节把此在"筹划到最本己的能在上去"。海德格尔的"向死存在"思想是深刻的，给我们思考生死观与幸福的问题以重要启示。

首先，"向死存在"使此在能本真地筹划人生。"向死存在"不是让人消极地在沉沦于死中去实现其存在，也不是让人在慷慨赴死中去实现其存在。"向死存在"所意味的，就是必须让死对生有所作为。人可以不惧怕死的威胁，但必须正视死的威胁。"向死存在"就是直面死，以本真地对待排列在死之前的各种可能性，体味人生的酸甜苦辣中的丰富多彩，从而能本真地筹划自己的人生，"把自身筹划到最本己的能在上去"。

其次，更为重要的是，"向死存在"以极端方式给此在以人生意义。"只有死亡的事实才能深刻地提出生命的意义问题"⑤。在"向死存在"的生命活动中构建"为我而存在"的关系，使我的生命的痕迹在价值世界的无限发展中沉淀和积累，这就是让个别融入整体、有限融入无限。

---

① ［德］马丁·海德格尔：《存在与时间》（修订译本），陈嘉映、王庆节合译，生活·读书·新知三联书店2006年版，第297页。
② ［德］贝克尔等编著：《哲人小语：向死而生》，张念东、裘挹红译，生活·读书·新知三联书店1993年版，第8页。
③ ［德］马丁·海德格尔：《存在与时间》（修订译本），陈嘉映、王庆节合译，生活·读书·新知三联书店2006年版，第282页。
④ ［德］马丁·海德格尔：《存在与时间》（修订译本），陈嘉映、王庆节合译，生活·读书·新知三联书店2006年版，第288页。
⑤ ［俄］别尔嘉耶夫：《论人的使命》，张百春译，学林出版社2000年版，第253页。

这正是"能够承担作为死亡的死亡"①给予此在所开启的关于世界的独特视角,由此显示了人之生与动物之生的不同意义。这种对于死的态度"展示生命的深度"②,体现了生命意识的大智慧。

再次,"向死存在"使人生具有悲剧意识。悲剧原本是"戏剧的主要类别之一"③,后延伸为表达顺应历史要求的剧中主人公与社会冲突失败所激起观众"哀怜、悲痛、同情以至于愤慨"情感的"美学范畴"④。恩格斯在与斐·拉萨尔讨论德国农民革命时,把"历史的必然要求和这个要求实际上不可能实现"之间的冲突称为"悲剧"⑤,从而把悲剧提升到哲学范畴。此在把自己筹划到最本己的能在和此在必然地"不再此在"之间的冲突,正以悲剧的形式体现着本真的"向死存在"的悲剧意识,使人们由此而生关于"生命力的更为强烈的涌流之感"⑥。正是无数个怀着"向死存在"的悲剧意识的此在,在把自己筹划到最本己的必然会"不再此在"的能在上去,使价值世界的构建不断地发展。

最后,如何本真地做到"向死存在"?海德格尔从理论方面通过"畏""良知"和"决心"等环节,对现实的作为"在"的人生作了深刻分析,以把此在"筹划到它的最本己的能在上去"。然而,海德格尔不可能认识到,这个筹划过程是与在现实地投身于社会实践联系在一起的。马克思在对宗教进行批判时指出,"凡是把理论导致神秘主义的神秘东西,都能在人的实践中以及对这个实践的理解中得到合理的解决"⑦。这不仅是一个理论问题,而且更"是一个实践的问题"。构建为"我而存在"关系的实践活动是此在生存和发展的本体。每一个此在都以在的方式进行着实践活动,因此在存在着并且不得不在这,这不仅决定了此在必然地"向死存在",而且决定了此在能否本真地"向死存在"。在历史

---

① [德]海德格尔:《海德格尔选集》,孙周兴选编,生活·读书·新知上海三联书店1996年版,第472页。
② [俄]别尔嘉耶夫:《论人的使命》,张百春译,学林出版社2000年版,第253页。
③ 中国社会科学院语言研究所词典编辑室编:《现代汉语词典》(第6版),商务印书馆2014年版,第53页。
④ 冯契主编:《哲学大辞典》,上海辞书出版社1992年版,第58页。
⑤ 《马克思恩格斯选集》第4卷,人民出版社2012年版,第443页。
⑥ [德]康德:《判断力批判》,邓晓芒译,杨祖陶校,人民出版社2002年版,第88—89页。
⑦ 《马克思恩格斯选集》第1卷,人民出版社2012年版,第60页。

中，种种条件所决定了的实践活动内蕴着的在本质上的"达到'尽善尽美'的冲动"①，必须通过种种曲折的方式体现出来，决定了在此基础上的大多数此在的沉沦，尽管不排除一部分此在能本真地"向死存在"。历史进展到每一个社会成员都能在实践活动中"完全自由地发展和发挥他的全部力量和才能"② 时，就可以使因"此在"在社会层面上实现"向死存在"的本真状态。

至此，我们可以总结得出，生中有死，死中亦有生，死生一体。海德格尔提出"先行到死"，所谓的"先行到死"并不是要求"此在"真正地实现死亡，而是要求因此在"畏"的情绪中领会死亡，承担死亡的责任，"此在"才能实现自身可能性，从"沉沦"中解脱出来，实现自身独立性，不受他人或周围环境的束缚，勇敢地直面死亡、正视死亡，人在面对死亡之时要积极筹划人生，进而实现自身的价值。在此意义上，我们把"立功""立言""立德"理解为当个体生命在意识到自身生命有限性时，为实现自身的价值所做的一种努力。

三　生与死的困惑：当代社会自杀问题的分析

人的死亡是不可避免的，每一种生物的存在都具有一定的周期，只是周期长短不同而已，如一般的花草树木，都是春天发芽、夏天成长、秋天落叶、冬天枯萎。而人作为血肉之躯，获得了自然赋予的生命，同时也被规定了死亡，从胚胎生命的出现，到婴儿的降生，再经历幼年、青年、中年、老年直到生命的消逝，这是一个自然而然的过程。简言之，死亡本身包含了一种普遍性和不可避免性。既然死亡是不可避免的，那么，一个棘手的问题摆在我们面前，我们可以决定怎么死吗？换言之，我们可以选择死亡的方式吗？对此，我们接下来讨论与这些问题密切相关的自杀问题。

1. 自杀的本质及危害

对人生的生存方式和人生幸福的思考不能回避对自杀的全面认识。

---

① ［德］黑格尔：《历史哲学》，王造时译，上海书店出版社1999年版，第56页。
② 《马克思恩格斯选集》第1卷，人民出版社2012年版，第302页。

自杀，被加缪称作"唯一严肃的哲学问题"，对此，有学者指出："历史表明，哪里有社会，哪里就有自杀。自杀像人类一样古老、像凶杀一样古老、像自然死亡一样古老……但是迄今为止，人们对这个普遍的社会问题还是感到束手无策，可现实的发展却一再提醒我们所面临的问题的严重性。"[1]

世界卫生组织在十多年前提供的统计数据中显示，全球每年有近80万人死于自杀[2]，尝试自杀却并未成功的自杀者的人数更是前者的数倍。而近年来，据不完全统计全球自杀人数也是在逐年上升，从很多新闻媒体上我们也可以看到，青年学生漠视生命自杀的现象时有发生。当社会的沉沦、精神的颓废和灵肉的失衡使人凭借自杀而走向死亡深渊时，社会由此引起的震荡是足以让人处于惶恐不安的状态的。正是在这个意义上，可以说，分析自杀的本质与成因，探讨自杀与人类生活的复杂关系，并在此基础上制定防止自杀的有效方案，乃是摆在我们面前的紧迫任务。

从本质上讲，自杀是一个非常复杂的概念，许多哲学家、神学家、医生、社会学家、法学家等都从不同的学科、视角给出过自杀的定义。《大不列颠百科全书》将自杀定义为"有意或者故意伤害自己生命的行为"[3]。法国著名社会学家涂尔干认为，"自杀即由死亡者本身完成的主动或被动的行为所导致的直接或间接结果"[4]；而美国学者施奈德曼认为自杀是"有意的自我毁灭，其行动者有多种多样的痛苦，且把这种行为看作是解决某种问题的最好办法"[5]。在这里，我们暂且搁置关于死亡概念的复杂学术论争，简单地说，自杀就是个体有意识地自愿结束自己生命的极端行为。换言之，如果说疾病、意外等致死是一种生命的被动结束，那么自杀就是生命的主动结束。对此，叔本华说："自杀，亦即一个个别现象的自甘毁灭，也就是一个完全徒劳的、愚蠢的行为；因为现象毁灭

---

[1] 汪堂家：《死与思》，上海三联书店2019年版，第1页。
[2] 世界卫生组织（World Health Organization, WHO）发布《Preventing suicide: a global imperative》报告（2014年），首次聚焦全球自杀问题，该报告显示，2012年全球大约有804000人死于自杀。
[3] 转引自胡宜安《现代生死学导论》，广东高等教育出版社2009年版，第306页。
[4] ［法］涂尔干：《自杀论》，冯韵文译，商务印书馆1996年版，第11页。
[5] 转引自胡宜安《现代生死学导论》，广东高等教育出版社2009年版，第306页。

时，自在之物却依然无恙，犹如不管彩虹所依存的雨点是如何迅速地在替换更易，彩虹自身仍坚持不渝一样。"①

然而，不管自杀的概念如何定义，一直以来，人们对自杀的态度大多是统一的：反对自杀。从历史上看，不同的文化传统都曾明确反对自杀。儒家说天地有厚生之德、父母有养育之恩，"身体发肤，受之父母，不敢毁伤"②（《孝经·开宗明义章第一》），父母全而生之，己当全面归之。在西方，从古希腊到中世纪都反对自杀，直到近代早期，仍认为自杀是一种罪，教会和国家都反对自杀。例如，苏格拉底认为，从信仰的角度出发，人的生命属于诸神，没有神的谕令，人不可以自杀；奥古斯丁也指出，人对于自己的生命只有使用管理权，没有绝对的生死支配权。

直到近代晚期，随着社会的发展，人文主义兴起，人们对自杀的观念以及法律上对自杀的态度都发生了重要转变，"人是否有权利自杀"才真正成为一个可以讨论的问题。

那么，我们是否有权利自杀？应该说，关于这个问题的回答一直以来存在着两种截然不同的立场和观点。一种观点认为，人们没有选择自杀的权利。持这一观点的人坚持生命至上的原则，主张生命是人们从事一切活动的前提和基础，生命权是所有权利的基础，如果没有生命权，其他一切权利都将没有了基石。生命权具有不可让渡性，这种权利应高于其他任何权利，表现出的是对生命存在的绝对尊重。生命权作为一种基本权利，是人之为人所应享有的权利，是一种最低限度的道德权利，也就是说是一种普遍的道德权利。相反，另外一种观点认为，人有自杀的权利。而人们之所以认为人有自杀的权利的根本原因，是因为主张人是自由的、自主的。对此，波伊曼曾经在《生与死——现代道德困境的挑战》一书中指出："死亡权利似乎是生命权利的必然结果，因为如果我不能免除自己的生存权，这又算什么权利？不能免除的权利不算权利，而只能是义务。"③

然而，无论关于人是否拥有最终的选择死亡权的争论如何激烈，有

---

① 转引自段德智《死亡哲学》，商务印书馆2017年版，第512页。
② 《礼记·孝经》，胡平生、陈美兰译注，中华书局2016年版，第254页。
③ 参见胡宜安《现代生死学导论》，广东高等教育出版社2009年版，第323页。

一个不争的事实是：自杀是一种令人痛心的社会现象，其危害深远且广泛。它不仅对死者的个体家庭造成难以愈合的创伤，而且更对社会稳定、经济发展以及道德观念产生深远影响。自杀的危害是严重的，自杀绝不仅仅是一个人的生命选择的问题。因为，从本质上讲，死亡就不是一个纯粹个人的事件。对此，汤因比说："死亡是一种双人的感受，双人世界。"①

首先对于家庭而言，自杀无疑是一场毁灭性的灾难。它无情地剥夺了家庭成员间的欢笑与温暖，让亲人沉浸在无尽的悲痛之中。这种痛苦不仅难以言表，更可能引发连锁的心理创伤，让其他家庭成员也陷入绝望的深渊。换言之，一个人的自杀会给自己的亲友带来无法弥补的痛苦，亲友会长时间地出现内疚感、耻辱感。有调查指出，亲人自杀会导致其亲近的亲朋好友产生长期的心理问题，如抑郁症、焦虑症等负面情绪，从而使得整个家庭陷入一种灾难性的情境中，可能会导致家庭成员之间的关系破裂，甚至可能使整个家庭分崩离析。有调查显示："一个人自杀可能要严重影响6个亲友。"② 据不完全统计，中国每年有150万人遭受亲友自杀死亡所带来的严重心理创伤，400万人遭受亲友自杀未遂所带来的严重伤害。③

不仅如此，我们还要意识到，自杀的社会危害性非常严重。自杀不仅会影响个人和家庭，也会影响整个社会。自杀对社会稳定构成了严重威胁。它如同一颗定时炸弹，随时可能引发社会恐慌和不安。在自杀事件频发的背景下，社会的和谐与秩序遭受挑战，矛盾与冲突也可能因此激化。"自杀学之父"——美国的爱德温·史纳曼认为，自杀是会模仿的。例如，当年歌德《少年维特之烦恼》一书问世后，导致不少青少年模仿自杀，美国社会学家菲利普斯称这种现象为"维特效应"④。可见，

---

① 参见胡宜安《现代生死学导论》，广东高等教育出版社2009年版，第7页。
② 高钰琳主编：《大学生死亡教育》，人民卫生出版社2021年版，第101页。
③ 《"自杀"正在成为中国越来越严重的社会问题，该如何机智应对和干预？》，2017年6月24日，参见 https://www.sohu.com/a/151656938_99921930。
④ "维特效应"源于1774年德国大文豪歌德发表的一部小说——《少年维特之烦恼》，该小说讲的是一个青年失恋而自杀的故事。小说发表后，造成极大的轰动，不但使歌德在欧洲名声大噪，而且在整个欧洲引发了模仿维特自杀的风潮。

自杀虽然是个人的生命选择，但其影响却有社会示范作用。换言之，个体性的自杀行为会导致一种社会的行为选择模式的形成。

另外，自杀率的上升会对整个社会的健康产生负面影响。自杀者对生命的轻视也会让人们产生错误的价值观。例如，有人会错误地认为，自杀或许是一个解决问题、获得解脱、令冤枉委屈自己的人感到自责和后悔的途径，因此，在遇到冲突挫折时，个体或许觉得自己处在极度的绝望之中，只有自我毁灭才是唯一的解脱方式。由此可见，当社会自杀成为风气，客观上会助长社会萎靡之风。但实际上，毫无疑问，自杀并不是一种可取的人生出路，自杀在本质上是一种悲剧。另外，自杀还可能引发一系列连锁反应，波及社会的各个层面。从社会舆论的负面影响到道德观念的混乱，这些连锁反应无疑加剧了社会问题的复杂性。

2. 当代社会自杀率升高的原因

那么，究竟是什么原因造成了自杀？长期以来，自杀作为一种复杂社会现象，因其与人类追求生命的基本需要背道而驰，使得它像一个谜一样令人无法理解，不同的学派和不同的思想家有不同的看法。而作为社会学中第一本系统阐述自杀根源的著作，涂尔干在1897年发表的《自杀论》中关于自杀问题的分析最为大家所接受。

涂尔干从大量事实中得出结论，自杀的产生不是由于个体的非社会因素，而更多是由社会因素决定的。据此，涂尔干将自杀区分为利他型、利己型、失范型和宿命型四种类型。"利己型自杀"是因为对个人主义的强调削弱了个人对集体的依附，集体的生活目标和行动意义不再被接受。个人难以寻得自己的目标和行动后，便会感到迷茫，一点细小的挫折也难以承受。与之相反，"利他型自杀"的原因是个人主义过度衰退，社会对人们施以严格的控制。在这种环境下，集体高于一切。出于对集体的义务，或者为了获得集体的肯定和荣誉，甚至只是由于感到自己对集体的拖累，个人轻而易举地放弃掉自己的生命。而作为涂尔干所认为的19世纪欧洲最普遍的自杀类型——"失范型自杀"是因为法律和道德规范等社会约束的缺失，人的欲望在没有适当约束的情况下会无止境地增长，最终会与现实产生冲突，使人痛苦不堪，陷入精神上的危机甚至自杀。宿命型自杀是指个人因种种原因，受外界过分控制及指挥，感到命运完全非自己可以控制时而自杀。据此，涂尔干得出结论：社会整合度越低，利己型自杀率越高；社会整合度越高，利他型自杀率越高；社会规范对个人约束越弱，失范型自杀率越高；社会规范对个人约束越强，宿命型自杀率越高。正是由于涂尔干在《自杀论》一书中关于自杀原因的系统分析，才使得人们越来越重视社会隔离、社会失序、社会压力等因素对于自杀的影响。

当然，自杀的产生也有非社会性的因素。许多学者与涂尔干《自杀论》的分析不同，他们把自杀的原因归结为心理甚至生理因素，系统地论证了影响自杀的决定性因素与精神错乱、酗酒、种族、遗传、自然环境等的关系。对此，有学者认为，自杀可看作精神病人的本性发展过程的反作用，它普遍地存在于各种精神病患者之中。除此之外，还有学者认为气温气候对生物体也存在着不同程度的诱发自杀倾向的作用。具体而言，外在气温突然而剧烈的变化会扰乱生物体的内分泌和自律神经系统的活动，而如果此时不注意调节，就有可能出现一种谵妄症，从而产生自杀念头和行动。而心理学关于自杀最常见的解释是心理冲突，认为自杀是个人内心世界冲突、不可调和的结果。当然，信仰的丧失和精神的空虚也会导致自杀，对此塞涅卜说："厌倦和无聊也会使人自杀，乏味与空虚能置人于死命，尽管一个人既不英勇又不悲惨。"[①] 对此，托马斯·马萨亚克在《作为社会大众现象的自杀》一文中，将自杀率的上升归因于现代文明的兴起和宗教情结的衰退。

因此，如果我们按照上述关于自杀问题的分析，来探究当代社会自杀率升高背后的深层原因。可以看到，在当代社会自杀率升高的背后有着很多复杂且多元的问题，它涉及社会、经济、文化、心理等多个层面，然而究其根本来讲，当代社会自杀率的攀升与当代社会本身所具有的高度复杂性和竞争性有直接的内在关系。

现代社会的快节奏和高压力，使得许多人如同背负着沉重的包袱，喘不过气来。工作压力、学习压力、生活压力如同三座大山，压得人们几乎无法呼吸。这种长期累积的压力，逐渐侵蚀着人们的心理健康，导致焦虑、抑郁等心理问题的频发，从而增加了自杀的风险。对此，德国

---

① 参见［英］弗兰西斯·培根《培根随笔》，李登科译，作家出版社2015年版。

哲学家哈尔特穆特·罗萨在《加速：现代时间结构的变化》中将"加速主义"指认为当代社会的最重要的表现形式。换言之，当代社会本质上是一种"加速社会"。

具体来说，"加速社会"的最典型特征是科技日新月异、社会发展变迁、生活节奏加快，而这种典型的特征所带来的影响将直接作用于当代社会中的每一个个体。对此，哈尔特穆特·罗萨指出，人是一种时间性存在物，因此时代的加速带来的不仅是社会的改变，更是精神和心灵结构的变化。按照哈尔特穆特·罗萨的观点，如果说科技加速是一种"目标明确的、技术的，特别是工艺的（也就是说机械的）加速过程"①，那么，技术的使用、现代机器的普及，不仅没有降低工人的劳动强度，反而给工人带来更多的压力。对此，有学者分析指出："机器的运转速度日益提升，工人只有以更快的速度去从事劳动才能跟上机器的运转速度；与此同时，现代社会中，新技术被大量广泛运用，科技的不断更新与应用要求人们必须不断加快学习，以更快的速度适应新技术的更新换代，避免被技术所淘汰。科技的加速使人类被各种电子设备所环绕，各类现代加速技术替代传统的人工模式而成为新的监控模式，由电子监控、电子罚单等构建的现代技术监控模式使得每个个体都难逃被监控的宿命，人们的衣食住行等日常生活节奏被支配，人们害怕减速，担心被淘汰，心理恐慌加剧。为了在技术的竞争中占据优势，加速内卷和忙碌成为每个人的日常生活状态。人被迫服从于机器与科技，科技的使用非但没有推动人的解放，反而把人压制得更紧，人的解放与自由更无从谈起。"②

由此可见，身处这样的加速社会中，人与人、人与物的关系本身就会变得更加脆弱与易变。在现代社会中，人们越来越依赖于网络和社交媒体来建立社交关系，然而，这种虚拟的社交方式可能无法提供足够的情感支持和连接，使得人们在面临困难时感到更加孤立和无助。如果我们进一步分析，那么可以明确看到，这种"加速社会"所带来的最直接

---

① ［德］哈尔特穆特·罗萨：《加速：现代社会中时间结构的改变》，董璐译，北京大学出版社2015年版，第86页。
② 田方晨：《当代西方加速主义批判理论的历史唯物主义审视》，《国外社会科学前沿》2024年第2期。

的社会影响就是焦虑等社会心理问题的普遍产生。

对此,有学者按照涂尔干的《自杀论》的观点分析指出:"自从工业革命以来,持续剧烈的社会变迁带来了迅速变换也更难以应对的环境,人们接触到更广阔、更陌生,也更没有掌控的情形,不确定性进一步增加。因此,焦虑随着社会变迁的步伐而变化。在社会变迁的时代,社会结构重构,社会制度重建,人们习以为常的生活过程得到了消解与重塑,他们对社会过程的适应也就更为艰难。对于年轻一代更是如此,因为他们父母一代的人生经历与实践经验,失去了参考与借鉴的价值,自己的未来失去了参照,只能自我探索,当然也就有了更多的担忧。所以,社会中产生情绪错配的可能性也会得到巨大的提升,焦虑更容易进入到人们的日常状态之中。"① 由此可见,在多元文化社会中,价值观和信仰的冲突可能导致个体产生认同危机和内心困惑。这种困惑和冲突可能使个体感到无法适应社会环境,从而产生焦虑等负面情绪,增加自杀的风险。

在当代社会中,随着经济的发展,社会生活竞争日趋激烈,发生心理疾病的概率也会越来越高。例如,焦虑不再是某个个体的心灵困境,而更突出地表现为一种普遍性的社会心理状态。换言之,焦虑绝不仅仅是一个囿于个人层次、个人应对潜在风险的个人心理问题。从整体上讲,我们进入了一种全民焦虑时代,例如在现实生活中,焦虑仿佛是不可避免的,不分男女、不分年龄、不分职业,甚至不分工作和生活的状态。近年一项网络调查,"收集了近35000名15—44岁青年人的问卷,显示60%的人自我报告了高水平焦虑状态"②。焦虑的负面影响是显而易见的:焦虑会使人思维混乱,精神涣散,缺乏信心,产生烦躁、不安、恐惧情绪,直至心理变态、扭曲,严重影响了个体的心理平衡,更可能诱发他们产生自杀的念头或行为,使他们陷入无尽的痛苦和挣扎之中。如果"焦虑症"长期得不到有效医治与矫正,极有可能产生自杀甚至于报复社会、戕害他人生命的极端行为。对此,有学者就认为,"由于社会中的不

---

① 王天夫:《焦虑社会及其根源》,载周飞舟主编《北大社会学刊》(第2辑),商务印书馆2023年版。
② 王天夫:《焦虑社会及其根源》,载周飞舟主编《北大社会学刊》(第2辑),商务印书馆2023年版。

确定因素而在民众中产生的压抑、烦躁、不满、非理性冲突等紧张心理，这一紧张心理积聚到一定程度就会形成社会张力，最终以冲突或其他方式释放出来"①。

另外，还值得注意的是，焦虑、抑郁等负面心理，其实具有社会传播的属性，它们在本质上是一种现代社会中四处弥漫而又影响深远的社会心理与社会心态。这种负面情绪有着鲜明的社会属性与特征，能够迅速扩散，引发社会舆论，带来社会影响。所以说，当代社会自杀率的升高也和当代社会中焦虑、抑郁等心理问题本身的复杂性有直接关系。

当前我们处于高速发展的信息社会，短视频平台和软件在极大地丰富了大众的娱乐生活的同时，却也正在像一个黑洞，吞噬着人们的心灵健康。2020 年 10 月 12 日发布的《2020 中国网络视听发展研究报告》显示，中国人均单日使用时长增幅显著，人均每天刷短视频的时间是 110 分钟。在此，我们且不论短视频成为"时间杀手"后，人们外出锻炼身体机会减少从而带来的身心健康失衡的问题，单就短视频本身的内容和传播来分析，众所周知，当前的很多自媒体营销号短视频的逻辑就是制造矛盾、制造焦虑、贩卖焦虑。例如，短视频常常通过语不惊人死不休的语言风格和报道一些极端事件的方式获得大家的关注，从而获取平台流量。有研究表明，焦虑等负面情绪很容易被商业化，因为焦虑、烦躁给人的不安与不愉快，会驱使着人们想要迅速摆脱这种负面的体验状态。而正是因为身处负面情绪之中的人们对于脱离焦虑状态的紧迫需求，这种情绪本身就很容易成为资本针对的商机。而一旦焦虑、恐惧等负面情绪本身成为商业化的目标，那么，短视频平台不可避免地成为焦虑、不安情绪甚至是严重的自杀行为的"隐形推手"，比如，过度报道自杀事件可能会引发模仿效应，让一些人产生错误的认知和行为。

按照中国互联网络信息中心（CNNIC）发布的相关报告（第 51 次《中国互联网络发展状况统计报告》）来看，近年来中国的上网用户总人数持续增长，截至 2022 年 12 月，中国网民规模达到 10.67 亿，互联网普及率达 75.6%。而在网民这个群体中，青年学生人数又远远高于其他职业的人群。随着青年学生上网人群的扩大，互联网给青年学生带来的问

---

① 邱敏：《社会焦虑——一个微观层面的社会问题》，《社会》2003 年第 3 期。

题越来越多,其中一个很严重的问题就是自杀问题。近年来,青年学生因网络成瘾而导致一些在现实生活中各种行为异常、心理障碍和荒废学业等现象频繁发生,严重的有互联网狂躁症、互联网强迫症、互联网偏执性妄想症等问题,皆可能成为自杀的诱因。

不仅如此,近年来伴随着互联网媒介的发展而催生的青年学生亚文化对青年学生自杀心理形成的影响也值得关注。相较于传统的青年亚文化多产生于街角、舞厅、贫民区等地方,在互联网时代,互联网正成为青年亚文化产生的最大的场所。应该说,青年学生亚文化是青年学生这一特定群体的文化价值体系、思维方式和生活方式的体现,青年学生通过网络可以在各种聚合的圈子和平台中表达自己的烦恼、迷茫与孤独,从这个角度来说,互联网为青年学生提供一个"同类"聚合的平台,青年亚文化在缓和排解青年学生情绪、丰富青年学生生活等方面发挥出独特的作用。但是,与此同时,我们也要注意,互联网亚文化相较于传统的青年亚文化,它具有传播范围广、隐秘性和混杂性等特点,青年学生在这样的网络文化中沉迷久了,会与社会的主流文化越来越远,与现实生活相脱节。更为严重的,不排除有些青年学生受到很多不良网站的影响的情况,比如此前出现过的"自杀笔记""自杀手册"之类的网络出版物,还有"自杀社交媒体群""自杀游戏"之类的网络乱象等,这些都会对一些心理比较敏感和脆弱的青年学生造成影响进而形成沉重的心理负担,久而久之会产生自杀的心理,以上情况要引起学校和社会的关注。

总之,无论是哪种原因导致自杀行为的产生,就我们每个人来说,个人的命运总是存在于时代洪流之中,个人的悲欢离合、喜怒哀乐都被烙上时代的印记,而究其根本,如果找不到生命的意义和价值,从而丧失"生"的信念和勇气,那么就很容易选择自杀。因此,给"存在"以意义和价值才是身心健康、人生幸福的重要保障,只有这样,我们才不能被时代洪流冲走,才能找到自我,活出自我。

3. 如何应对当代社会自杀率升高的问题

近年来,当代社会自杀率的不断攀升,并且年轻人自杀倾向也越来越多,这一现象着实让人担忧。对此,我们需要直接面对这个问题,必须采取有效的措施来应对。按照沃瑟曼关于自杀的分析,"自杀过程的结果受危险因素、保护因素与个体素质之间的相互作用的影响。自杀不是一种疾病，而是认知、情感与交流之间相互作用的行为表现"①。可以明确的是，应对当代社会自杀率升高的问题需要个人、组织、医院、社会、政府的共同努力，换言之，在现实生活中，只有激发全社会的共同参与、形成强大合力，才能有效地应对当代社会自杀行为的发生。因此，概括来讲，我们将应对的途径和方式简单归纳为以下几个方面。

首先，提升全民心理健康意识是当务之急。我们必须积极推广心理健康知识，驱散笼罩在心理问题上的误解与偏见。面对自杀等令人沉痛的话题，我们不能再选择避而不谈，而应正视其存在，以理解其背后的深层次原因，摒弃对自杀问题的陈旧观念，不再把自杀当成一种羞耻或弱点的表现，而是鼓励那些受到心理问题困扰的人们勇敢寻求帮助，而不是让他们默默承受痛苦。同时，对于那些身处自杀边缘的人们，我们更应给予他们最真挚的关怀和最有效的支持，从而让每个人都能够自如地面对内心的挣扎，并知道如何寻求专业的帮助。例如，通过加强心理健康教育，在学校、社区、工作场所等各个领域，开展心理健康教育，帮助有需要的人建立积极应对压力的能力，从而在困境中展现出坚韧和乐观的态度，教育公众如何正确识别和处理自杀风险，倡导积极、健康的生活方式，保持良好的生活习惯、积极应对生活中的挑战、树立正确的生死观、建立和谐的人际关系等。

其次，建立健全心理援助体系是刻不容缓的任务。例如建立健全预防自杀的专门机构，给处于困难应激状态的人提供及时、专业的心理咨询服务，为需要的人提供温暖的慰藉和支持，帮助他们度过自杀性危机，恢复正常生活。再例如通过建立健全医院卫生健康服务和社区医疗服务一体化体系，筛查高危个体，针对青少年、老年人、失业者、离异者等高风险群体，我们需要量身定制心理干预和关怀，以降低他们的自杀风险。

再次，重视社会环境的改善。只有在公平、正义、和谐、宽容的环境中，人们才能够更好地健康生活，社交支持和连接减弱，很容易让人

---

① [瑞典]戴纽特·沃瑟曼主编：《自杀：一种不必要的死亡》，李鸣等译，中国轻工业出版社2003年版，第5页。

产生消极情绪。因此，从情感的角度上讲，让每个人都能够感受到来自家庭、朋友、社区和政府的关爱与支持，这对于减少自杀现象的发生至关重要。从社会环境营造的角度来讲，有社会学者通过分析指出："从社会学角度来看，我们有必要尽可能排除任何诱发、增强以及扩大人们自杀倾向的社会环境。"① 对此，比如政府通过强化制度支撑，营造公平就业环境、制定和执行公平的分配政策；企业通过建立健全管理机制，避免企业员工之间各种不公平、不良竞争等情况的出现，以及媒体降低对报道自杀事件的渲染等，都对降低自杀率有积极影响②。

最后，针对上述网络亚文化引发人们产生自杀心理的诱因，社会（学校、家庭、媒体、政府等）应该建立联动机制。通过联动机制，增强抵制不良网络文化影响的能力，尤其是对近年来出现的网络霸凌、恶意言论等现象，进行相关的有效干预，争取尽早发现、尽早干预。与此同时，也需要引导个人树立正确的网络观、养成健康的上网习惯等。

总之，如何有效地应对当代社会自杀率升高的问题是一个非常复杂的问题，需要社会各方协同采取行动。目前众所周知的一些常规性和专业性的应对方式，如"教育与增强意识的项目；筛查高危个体；药物治疗如抗抑郁药物，包括选择性 5-羟色胺再摄取抑制剂、抗精神病药物；心理治疗如酒精依赖项目、认知行为治疗；对自杀未遂者的后续关注；限制致死方法的可及性；对自杀报道的媒体报道指南"③ 等，都旨在共同创造一个更加美好、更加健康的社会，共同守护生命的尊严与价值。

思考题：

1. 如何理解生与死的关系？如何理解死亡的意义？
2. 如何理解海德格尔所说的"向死而在"？
3. 我们应该树立什么样的生死观？

---

① 翟书涛：《选择死亡——自杀现象及自杀心理透视》，北京出版社 2001 年版，第 243 页。
② 胡宜安：《现代生死学导论》，广东高等教育出版社 2009 年版，第 353 页。
③ 费立鹏：《国内外自杀预防研究的进展与思考》，《广西医科大学学报》2022 年第 9 期。

4. 造成当代社会自杀率升高的原因有哪些？应该如何降低自杀率？

延伸阅读：

1. ［古罗马］西塞罗：《论老年　论友谊　论责任》，徐奕春译，商务出版社1998年版。

2. ［古希腊］柏拉图：《苏格拉底的申辩》，吴飞译疏，华夏出版社2017年版。

3. ［英］弗兰西斯·培根：《培根随笔》，李登科译，作家出版社2015年版。

4. ［德］叔本华：《人生的智慧》，韦启昌译，上海人民出版社2015年版。

5. 史铁生：《我与地坛》，人民文学出版社2011年版。

6. ［法］埃米尔·迪尔凯姆：《自杀论》，冯韵文译，商务印书馆1996年版。

7. 陈平源编：《生生死死》，复旦大学出版社2005年版。

8. ［美］戴维·L·德克尔：《老年社会学》，沈健译，天津人民出版社1986年版。

9. ［法］卢梭：《一个孤独的散步者的梦》，李平沤译，商务印书馆2008年版。

10. 段德智：《死亡哲学》，商务印书馆2017年版。

后　　记

众所周知，哈佛大学的幸福课程闻名遐迩，令人羡慕。2018年，我入职上海大学的第二年，时任上海大学校长的金东寒院士在一次学术交流的间隙找到我，希望我给全校本科生开设"人生与幸福"的选修课。我作为专业哲学工作者，顿时感觉到这在今天是一门切中时弊、对青年学生十分有益的课程，于是欣然应允。经过一番筹划，我们决定由"上海大学价值与社会研究中心"承担这一教学任务。陈新汉教授、尹岩教授、杨丽副教授与我一起组成了这门新课程的教学小组。

"人生与幸福"课程以"培养全面发展的人"为目的，构建以幸福为核心，适合当代青年学生身心特征、满足其发展健全人格和成才需要的教学内容体系，并采取"学生问题导向的立体化教学模式"开展教学。课程以哲学系过去近20年的通识课程"哲学与智慧""哲学与人生"所取得的突出教学成果和经验为基础，在教学中注重做到如下几点。第一，在教学中把科研成果与学生的"幸福难题"相结合，立足"现代人生以及人生幸福"等基础性问题的哲学反思，运用新技术、新媒体以及课堂调研等手段，深入了解学生中存在的种种影响人生幸福的困惑，将其凝练为一系列问题，反思学生追寻幸福之路上的种种误区，建构关于"人生与幸福"的比较完整、自洽、连贯且与学生的思想实际相契合的教学目标与内容体系。第二，根据学生的身心特点、认知规律和价值观教育规律，利用"智慧课堂"优势，完善和发展"学生问题导向的立体化教学模式"，将具有高度抽象性的人生与幸福问题，以具体、生动、感性的教学方式进行讲授，提升教学效果。第三，注重培养学生思考人生幸福问题的哲学思维能力，包括批判能力、反思能力等，拓展学生的精神境界，发挥独特的思政育人作用。

通过几年的课程建设和教学实践，"人生与幸福"课程取得了比较出色的教学效果，学生的评价一直比较高，教学改革的成效也比较突出。2021年，"人生与幸福"获批上海大学重点课程项目、上海高校市级重点课程项目，同时进入学校核心通识课板块；2022年，《人生与幸福》获上海大学校级本科教材建设项目立项；2023年，"人生与幸福"入选上海高校市级一流本科课程。以"人生与幸福"课程教育教学模式为例完成的教改项目"学生问题导向的立体化思政课教学模式探索与实践"，2022年获得了上海市优秀教学成果奖二等奖。教学小组发表了与该课程相关的教改论文多篇，如陈新汉的《关于生命意识的哲学思考》(《哲学研究》2022年第1期)，孙伟平、夏晨朗的《基于智能技术的思政课教学方式创新》(《中国大学教学》2022年第11期)，孙伟平、贺敏的《培育社会主义核心价值观 铸牢共同思想基础》(《人民教育》2023年第23期)，孙伟平的《社会主义核心价值观融入大学思政课的一体化探索》(《中国大学教学》2024年第5期)等等。

与课程相配套的《人生与幸福》教材建设，是该课程科学化、规范化建设的要求，也是提升教学质量、保证教学效果的需要。自课程建设伊始，教学小组就高度重视教材建设，一直将搜集素材、积累资料、编写教材作为教学的有机组成部分。几位主讲教师都写出了比较详细的授课提纲，围绕授课要点制作了课程PPT，并且与师生们互相交流，广泛征求意见。2022年《人生与幸福》获上海大学校级本科教材建设立项之后，大家立即着手教材的编写；通过几年的努力，几易其稿，今天终于要与读者见面，接受诸君的批评和指教了。

本教材是教学小组几年来精诚合作的结晶。主要编写人员包括孙伟平教授、陈新汉教授、尹岩教授、杨丽副教授，以及贺敏、刘宇飞、钱贤国三位研究生。具体分工如下：导言，孙伟平、贺敏；第一章，陈新汉；第二章，刘宇飞、孙伟平；第三章，贺敏、孙伟平；第四章，钱贤国、孙伟平；第五、六章，尹岩；第七章，杨丽。初稿、修改稿完成后，大家互相审阅，并互相提出修改意见和建议；项目组在互相交换意见的基础上，还进行了三次集中研讨。最后，由孙伟平、陈新汉、尹岩统稿、定稿。

  杨丽协助孙伟平承担了课程管理、项目申报等工作；刘宇飞协助孙伟平承担了书稿的格式编辑等工作。

  在课程建设和教材编写过程中，上海大学叶海涛教授、焦成焕教授、顾晓英教授、邱仁富教授（现为北京中医药大学马克思主义学院院长）、孙会岩副教授、袁晓晶副教授等提出过不少宝贵的意见和建议；在教材出版过程中，中国社会科学出版社赵剑英社长、喻苗副编审等给予了大力支持，提供了多方面的帮助；在此，一并致以诚挚的谢意！

孙伟平

2024 年 3 月 29 日